TIME DEAL

LEONARDO PATRIGNANI

TIME DEAL

DeA

Redazione: via Inverigo, 2 - 20151 Milano

www.deaplanetalibri.it

Stampa: PuntoWeb s.r.l., Ariccia 2017

Al mio agente Piergiorgio Nicolazzini,
per ogni istante dedicato
ad accompagnare il mio cammino.

Si può minacciare di una cosa diversa dalla morte?
Ciò che sarebbe interessante e originale
sarebbe minacciare di immortalità.
Jorge Luis Borges

L'interrogato aveva gli occhi in fiamme, la fronte madida di sudore, i gomiti piantati sulla superficie bianca e lucida del tavolo. L'aspetto di un ragazzo da poco maggiorenne, intento a mordicchiare con insistenza l'interno della bocca mentre fissava la donna di fronte a lui. Un silenzio pesante, presagio di momenti oscuri, avvolgeva la stanza, spoglia e anonima come si conviene a una saletta per interrogatori. Ma Ray Lodge non si trovava in un carcere o in una stazione di polizia. Non aveva le manette ai polsi. La persona seduta dalla parte opposta del tavolo, alle prese con un sottilissimo foglio di appunti elettronico, non era un'investigatrice o una guardia. La targhetta identificativa di metallo appuntata al taschino del camice grigio, su cui si rifletteva la fredda luce dei led posti sul soffitto, ne svelava il nome: CLAIRE HALL.

«Le farò una serie di domande.» La dottoressa ruppe il silenzio dopo aver raccolto la lunga chioma castana in una coda di cavallo. Ora ricambiava lo sguardo deciso di Ray, non meno sicura di saperlo sostenere, mentre il volto imberbe del suo interlocutore si faceva sempre più paonazzo. «La prego di rispondermi con la massima sincerità.»

Lui si limitò a chinare appena il capo. Claire si schiarì la voce e, dopo aver digitato qualcosa sul documento in grafene, dalla luminosità cangiante, spesso quanto una pellicola e ultraflessibile, cominciò.

«Il suo nome.»

«Ray David Lodge.»

«La sua età.»

«Trentaquattro anni.»

«In che quartiere abita?»

«Elmo.»

«Titolo di studio?»

«Accademia.»

«Superiore?»

«Certo, che domande. Accademia superiore.»

«Specializzazione?»

«Sistemi di sorveglianza.»

«Sposato?»

«No.»

«Fidanzato?»

«Abito da solo, dottoressa. Ha intenzione di invitarmi a cena?»

«Dove si trovava ieri sera, intorno alle 22?»

Ray Lodge conficcò i denti nelle labbra fino a farle sanguinare. Man mano che rispondeva alle domande, il colore della sua pelle tornava rosa, ma il battito del cuore nel petto non accennava a rallentare.

«Posso bere dell'acqua?» Si voltò verso destra, dove un largo specchio occupava mezza parete e dava l'idea di non essere altro che un gigantesco occhio curioso.

«Potrà bere alla fine» rispose Claire, monocorde. «Ripeto la domanda: dove si trovava ieri sera, intorno alle 22?»

«Piazza della Rifondazione.»

«C'è un motivo politico dietro la scelta del luogo?»

«No.»

«Ricorda quello che ha fatto?»

«Certo.»

«Può raccontarmelo?»

Ray Lodge si asciugò il sudore sulla fronte con un fazzolettino, poi passò una mano nei capelli biondi, mossi e ribelli, gli stessi che da bambino erano il vanto di sua madre. Infine diresse lo sguardo nel vuoto, come se la scena stesse prendendo vita di fronte ai suoi occhi. «Sono arrivato dai portici. All'altezza del negozio di elettrodomestici ho tagliato tra due colonne e ho puntato il centro della piazza. Una volta lì, ho appoggiato lo zaino per terra accanto alla fontana e ho tirato fuori il mitra. Attorno a me c'era un viavai di persone, ha presente, le voci... una confusione davvero insopportabile. Non sapevo con esattezza che cosa sarebbe successo, sentivo solo di doverlo fare. Mi stavano scoppiando le tempie, volevo metterli a tacere una volta per tutte. Nessuno si è reso conto di quello che stavo facendo, nessuno mi ha prestato attenzione. Quando ho iniziato a sparare, ecco, a quel punto...»

«Come ha scelto le sue vittime, signor Lodge?»

«Non le ho scelte. Ho fatto fuoco verso la folla. Verso il rumore.»

«Ricorda le loro grida?»

«Ricordo il panico in ogni sua forma, dottoressa» continuò con tono sereno, le pupille immobili. «Ricordo i bambini. I più fortunati riuscivano a fuggire, gli altri cadevano. Ricordo gli adulti, i loro occhi. Il terrore nei loro ultimi sguardi. La pietà, la disperazione. Alcuni inciampavano sui cadaveri, nel correre verso le colonne, mentre io sparavo nel mucchio. Ricordo gli anziani, la loro ridicola e vana fuga. Non ne ho risparmiato uno.»

«Ha ucciso finché ha avuto munizioni.»

«Ho svuotato il caricatore, sì. Non ne avevo altri, ma devo ammettere che era piuttosto capiente. Ho fatto il mio dovere, dovevo ristabilire il silenzio. Poi è arrivata la polizia e... be', il resto lo sa già.»

«Come si sente nel descrivere il suo gesto?»

Ray fece spallucce. Sbuffò e si guardò attorno per qualche istante, come se volesse chiedere un'opinione alle silenziose mura. La vernice bianca e fresca gli restituiva una prospettiva infinita. Forse un'anticipazione di quello che lo aspettava. Reclusione. Silenzio. Spazio senza contorni. Tempo. Tanto tempo. Nessun tempo. «Non lo so» disse sottovoce. «L'ho fatto e basta.»

Claire picchiettò con i polpastrelli sul foglio, la cui illuminazione si era appena attenuata, poi rimase qualche istante col capo chino. «Mi conferma una volta ancora il suo nome?» chiese senza guardarlo in faccia.

«Ray David Lodge.»

«L'età?»

«Trentaquattro anni.»

«Tutto quello che ha dichiarato corrisponde al vero?»

«Certamente.» Ray sospirò. «Che cosa mi succederà adesso?»

«Non è compito mio darle queste informazioni.» La dottoressa si alzò e fece alcuni passi verso la porta, mentre l'interrogato affondava la testa nelle mani.

Appena fuori dalla stanza, Claire Hall svoltò verso sinistra e, pochi metri più avanti, trovò un'altra porta. Spinse la maniglia ed entrò, passando dalla luce abbagliante dei led al buio quasi completo. Sulla sinistra, il rettangolo di vetro oltre il quale si poteva osservare la figura di Ray Lodge incurvata sul tavolo. Sulla destra, due uomini. Uno basso, tarchiato, la divisa grigia del personale medico. L'altro molto alto, magro, in abiti eleganti.

«È successo davvero?» domandò quest'ultimo. «Sono chiuso in laboratorio da due giorni, non ho seguito i notiziari.»

Con un cenno del capo, Claire si rivolse al collega in camice: «Hai il filmato delle telecamere a disposizione?»

«Sì.» Il dottore si piegò sul banco digitale, una tavola lunga poco meno di quattro metri che ospitava un mosaico di schermi. Selezionò una serie di opzioni all'interno di uno di essi facendo danzare le dita sulla superficie, senza neppure sfiorarla. Il riquadro si ingrandì in maniera da sovrapporsi agli altri, che si ridussero a un sottile contorno in secondo piano, e offrì un video dall'inquadratura fissa, aerea, dai colori vivi e la definizione eccellente. Le casse della KeyMad rimasero mute, giacché la traccia audio nella finestra in basso a sinistra presentava una linea piatta priva di onde, tipica dei sistemi di sorveglianza cittadini durante l'amministrazione Colier.

«Questa è piazza della Rifondazione» commentò la dottoressa Hall. «Ieri sera, alle 22 in punto.»

L'uomo si avvicinò al banco, gli occhi azzurri e inespressivi ora illuminati dalla luce intensa dello schermo. Osservò il vasto piazzale semideserto, in un orario in cui le famiglie della zona erano già da tempo rincasate per la cena. Gli storici portici dalle larghe e maestose colonne in pietra. La fontana intitolata al Governatore Carl Russell. Attese.

Il getto degli zampilli veniva deviato dal forte vento, mentre qualche sporadico passante entrava in campo per uscirne pochi istanti dopo. E finalmente lui, Ray Lodge, spuntava da una colonna, diretto verso il centro della piazza. Si sfilava lo zaino e lo poggiava per terra, in prossimità della fontana. Poi tirava fuori una mitraglietta, si guardava attorno, alzava gli occhi al cielo e spalancava la bocca in un grido muto. Infine stringeva le mani sull'arma e sparava. Sparava intorno a sé, con la furia omicida di uno spietato assassino. O di una persona gravemente malata.

Ray Lodge, al centro dell'inquadratura nel monitor, stava scaricando colpi su colpi nell'aria. Perforava il cemento, infrangeva vetrine. Uccideva polvere e asfalto. La strage di innocenti, quella appena descritta alla dottoressa Hall, stava avvenendo altrove, nelle pieghe talvolta insondabili della mente umana.

«Iscrivetelo al Programma Hansen» sentenziò l'uomo dalle guance scavate e l'abito da cerimonia. Poi lasciò la stanza.

I DUE MEDICI ANNUIRONO in silenzio mentre, al di là del finto specchio, Ray Lodge – un uomo di trentaquattro anni con l'aspetto di un adolescente – gesticolava e parlava con qualcuno che forse, nella sua testa, era seduto accanto a lui.

1

La gioventù non è il futuro.
La vita eterna non è un sogno.
La gioventù è il presente.
La vita eterna è realtà.

«Perfino sulla facciata della chiesa?» domandò il ragazzo, gli occhi alzati al cielo. Una goccia di pioggia acida cadde dritta sulla pupilla e gli fece strizzare le palpebre. Niente di inusuale per la città di Aurora: il cielo ormai quasi del tutto coperto presentava il consueto scontro impari tra il timido sole di febbraio e l'armata di nuvole corpose e gonfie pronte a oscurarlo. Stava per venir giù un altro acquazzone, era meglio affrettare il passo e arrivare al lavoro prima di subirne le conseguenze.

«Non lo sapevi?»

«Che cosa?»

«Non è più una chiesa.» L'amico accanto a lui offrì un sorriso amaro, poi soffiò con la bocca storta verso il ciuffo di capelli corvini che gli cadeva sul lato destro del viso. Un vezzo piuttosto buffo, secondo tutti tranne lui. «L'hanno venduta.»

«In che senso… *venduta*?»

«Venduta, Julian. Ceduta. Me l'ha detto il tizio che monta gli impianti audio nelle case dei clienti. Mancava solo quello, in questo quartiere. Ora è sotto la TD.»

«Un'invasione» osservò Julian a bassa voce. Sempre meglio non farsi sentire da orecchie curiose. Ultimamente ne giravano troppe, non solo in quel quartiere ma in tutta la metropoli.

«Non hanno perso tempo a piazzare l'insegna con lo slogan.»

«Vedo, Stan. Vedo.»

Altre gocce di pioggia caddero sulle teste dei ragazzi, portando in dote un carico di metalli pesanti, tossici come l'aria che i cittadini di Aurora respiravano ogni giorno. Ora che Julian si era rasato a zero (da solo, con risultati discutibili) le sentiva picchiettare e rimbalzare una dopo l'altra sul cranio. Serpeggiò in mezzo a un paio di pozzanghere, eredità della notte precedente, poi fece uno scatto sulla destra per ripararsi sotto i portici che correvano lungo la strada.

Stan tenne il passo e si affiancò. «Te l'ho già detto che sembri un detenuto del carcere Medina?»

«Te l'ho già detto che un giorno ti taglio a sorpresa quel ciuffo?»

Stan se lo sistemò in modo che cadesse di taglio obliquo vicino all'occhio destro. «Stolto, non comprendi il mio genio.»

«Devi capirmi, sai, sono nato sano di mente» sghignazzò Julian, poi guardò l'amico con aria perplessa. «Ma dov'eri ieri sera? Sono passato verso le 10, dopo aver fatto addormentare Sara. Ho lanciato un paio di sassolini, ma alla finestra è comparso solo tuo fratello.»

«Non c'ero» rispose Stan, la testa bassa.

«Grazie, questo lo so. Ti ho chiesto...»

«*Julz*, lascia stare.»

Lui si fermò di colpo e lo afferrò per un braccio. I loro sguardi, eterni fratelli. I loro occhi sinceri, che si incrociavano e comunicavano tra loro da diciassette anni, dai primi giorni di vita all'Ospedale Centrale di Aurora. Julian conservava ancora la fotografia delle due culle, una accanto all'altra in un'ampia sala dalle pareti azzurre. Il suo disperato pianto, mentre Stan dormiva beato. Amici da sempre. Amici per sempre. «Non fare lo stronzo. Tu non hai segreti. Non con me. E poi detesto quando mi chiami *Julz*, è da quando hai tolto il pannolone che te lo dico.»

«Non mi va di parlarne... *Ju-li-an*» tirò dritto.

«Si tratta di una ragazza?» Oltre i portici, un'auto transitò ad alta velocità su un'enorme pozza d'acqua e sollevò un'onda anomala che per poco non investì i due. «Ti sei visto con una ragazza? No, perché nel caso io ti consiglierei di fare un salto dal parrucchiere. Dico, per il prossimo appuntamento. Sai, per farle capire che sei... normale.»

«No, idiota.» Stan indicò un uomo a una decina di metri da loro. «Un giorno mi procurerò quegli stivali. Sono straordinari, ma costano una fortuna.»

«Aileen dice sempre che dovresti trovartene una anche tu.»

«Hanno un rivestimento idrorepellente, sai? Se ci sguazzi nel fango non si sporcano per niente per via del trattamento...»

«Mi stai ascoltando?» sbottò Julian.

«Ti ascolto eccome.» Stan tirò su il colletto della giacca e lo abbottonò. «Voglio ricordarti che tu e Aileen siete un'anomalia. Nessuno si mette insieme a sette anni... e ci rimane fino a diciassette.»

«Il segreto è essere ottimisti.»

«Come no. E comunque non c'entrano le ragazze.»

«Stan, vogliamo continuare così finché non indovino, oppure prima o poi parli?»

Un tizio, all'apparenza coetaneo, spuntò fuori da un vicolo e si fermò di fronte ai ragazzi, come in una posa militare, sull'attenti. A differenza dei quattro stracci che avevano addosso loro, ovvero jeans, maglietta nera e la classica giacca beige slavata e consumata della ditta per cui lavoravano, lo sconosciuto indossava un pantalone bianco e una felpa blu con il logo TD al centro, di un giallo acceso.

«Buongiorno, ragazzi» sorrise, entusiasta. Aveva sul mento i segni di una barba rasata male, o forse di una pelle che non andava d'accordo con le lamette. «Come andiamo, oggi?»

«A piedi, come al solito» replicò Stan.

«E facciamo anche tardi al lavoro» aggiunse Julian «perciò, se vuoi scusarci...»

«Posso lasciarvi un plico?» Ne porse uno, dalla copertina verde lucida, senza aspettare una risposta. Julian lo prese col fare di chi non vedeva l'ora di sbarazzarsene.

«*La gioventù è il presente*» disse l'altro nel congedarsi, il tono leggermente più grave, solenne. «Scusate il disturbo, vi auguro una magnifica giornata.» Lo sconosciuto dalla felpa blu passò in mezzo ai due e proseguì il suo cammino in direzione opposta.

Neanche troppo insistente, pensò Julian. Ce n'erano alcuni, specialmente negli ultimi mesi, che seguivano i passanti per tutto il tragitto. Cortesi, mai maleducati, ma sempre dannatamente appiccicati alle chiappe del prossimo. Stan li prendeva in giro, lui a volte dava loro corda, a volte faceva finta di niente.

Ma il fatto che stessero conquistando la città era indiscutibile. Se avevano il potere di farsi vendere addirittura una chiesa...

«Ormai li becchiamo tutte le mattine» sussurrò Julian mentre ripensava allo slogan sulla facciata e scuoteva la testa.

«La presenza di questi fenomeni per strada» mormorò Stan, circospetto, «è il motivo per cui, degli affari miei e del perché non fossi in casa ieri sera, ti parlerò in un altro momento.»

«Va bene.» Julian alzò lo sguardo verso un palazzo lontano, in cima al quale era affisso un pannello digitale che indicava l'ora, poi riprese a camminare. Il plico, come da copione, finì nel cestino all'angolo. Conoscevano entrambi benissimo il contenuto. «Stiamo facendo tardi sul serio.»

«Sara sta meglio?» domandò Stan mentre svoltavano in una via traversa che si allontanava dalla zona più trafficata e puntava verso quella industriale. Sopra le loro teste, un tratto del cavalcavia dell'Anello, l'imponente raccordo di Aurora a cinque corsie, una delle quali dedicata ai veicoli a levitazione magnetica di recente fabbricazione. In confronto alle auto tradizionali, a quanto aveva raccontato più volte Stan (la cui passione per materiali, tecnologie all'avanguardia e scoperte scientifiche dava spesso origine a incomprensibili monologhi durante i quali Julian era solito pensare a tutt'altro), questi prodigi dell'industria automobilistica erano in grado di percorrere l'intero tragitto in un quarto del tempo.

«Sto aspettando i risultati delle analisi. Lei sta bene, ma non so, non sono tranquillo.»

«Per quella storia di tua nonna, quella di cui mi hai parlato in mensa?»

«Purtroppo i sintomi sono quelli.»

«Io non so davvero come tu faccia, Julian» lo interruppe Stan. «Magari tra qualche tempo potresti chiedere ad Aileen di venire a vivere da te. Ti darebbe una mano con la bimba. In fondo, siete una coppia da sempre.»

Lui scoppiò a ridere. «Stai parlando di Aileen Sheridan. È già un miracolo se siamo riusciti a rimanere assieme per tutto questo tempo, visto quello che i suoi genitori pensano della gente del nostro quartiere. E poi sono tutti *affiliati.*»

«Sì, lo so, ma...»

«E io me ne guardo bene.»

«So anche questo. Far cambiare idea a te è come sperare che splenda il sole di notte.»

«Fai poco lo spiritoso. Neanche tu l'hai preso. E non mi risulta che tu voglia prenderlo.» Julian scrutò il volto perplesso di Stan. «Vero?»

«Sì, sì, tranquillo, non ho preso niente. Solo che ultimamente ci sto... pensando, ecco.»

«Rimarrò l'unico dannato vecchio in questa città» osservò Julian con lo sguardo dritto di fronte a sé, immaginando un futuro fatto di orde di ragazzini che giocavano a rubargli il bastone.

«Guai a discutere con Julian Darrel su una questione di principio» lo canzonò Stan.

«Non è colpa mia se Aurora si sta spaccando in due. Quelli sono degli invasati, ormai è come parlare di una specie di religione. Ho sentito di una famiglia con due figli, abitano nel quartiere dell'Elmo... uno dei ragazzi si è rifiutato di affiliarsi, mentre i genitori sono addirittura dei finanziatori della TD. Non c'è stato verso di convincere il figlio. Sai com'è finita?»

«L'hanno cacciato di casa?»

«Bravo. Io non voglio avere niente a che fare con tutto questo. E sono certo che anche Aileen avrebbe preferito lasciar perdere, ma i suoi l'hanno messa al muro e lei ha ceduto. È un condizionamento.» Picchiò due dita contro la tempia sinistra. «Un maledetto condizionamento. E quando viene dalla tua stessa famiglia sei fregato. Pian piano si prenderanno tutta la città.»

«Eppure funziona...» Stan liberò un lungo sospiro, poi scosse la testa.

Julian si chiese se non stesse immaginando un futuro simile al suo. Ma si sarebbe visto col bastone, come lui, o tra i ragazzini che giocavano a rubarglielo? «Sembra proprio di sì» concluse, malinconico. «Ma un tempo io e Aileen ci promettevamo di invecchiare assieme, come i nostri nonni. Saremmo anche morti assieme, chissà, ma era giusto così ed era magnifico immaginarlo. Grazie a loro, questo non sarà mai più possibile.»

Costeggiarono in silenzio la facciata principale di una fabbrica tessile e, quando arrivarono all'incrocio, Julian tirò fuori dalla tasca il tesserino di riconoscimento. Lo strinse nella mano per evitare che si bagnasse, perché l'ultima cosa di cui aveva bisogno era perdere tempo per farselo rifare. I badge si smagnetizzavano con una facilità estrema e gli uffici della ditta erano popolati da incapaci il cui unico scopo era far passare la giornata.

Lo passò sullo scanner posto all'ingresso del magazzino della Synth alle 8 in punto. Inizio turno. Tredici ore con una di pausa pranzo nel mezzo. Questa era la vita di Julian Darrel, l'anno in cui ogni certezza si sgretolò per sempre. Questo il suo lavoro dietro le quinte del megastore di elettronica da quando, quattro anni prima, lui e la sorellina Sara erano rimasti orfani. Soli, senza nessuno a cui chiedere aiuto. Adesso la piccola, affidata in custodia a Julian, di anni ne aveva otto. Un fragile cucciolo che non si interrogava ancora su quanto fosse marcia la loro società. Ma capiva. Capiva come stava il fratello, capiva come la pensava. Julian era certo che comprendesse anche quella storia dell'eterna giovinezza – del resto ormai trionfava ovunque, in televisione, sui manifesti, nei discorsi della gente – e come molti ne fossero attratti. Da quando la TD Pharma, l'industria guidata dalla dinastia Werner, aveva esteso la vendita a tutte le classi sociali, abbassando drasticamente il prezzo fino a renderlo irrisorio, il farmaco era diventato non più un mito o un costosissimo privilegio per una ristretta cerchia di persone, bensì una conquista accessibile a tutti. Ma qual era la vera moneta di scambio? Era questo l'interrogativo che Sara non riusciva ancora ad afferrare e sul quale lui stesso poteva solo fare ipotesi. Le teorie del complotto ad Aurora si sprecavano, ma di solito non era che un cumulo di spazzatura. Julian aveva sempre storto il naso, ma la sua era più che altro una forma di innato scetticismo, di diffidenza verso l'opinione di chi sembrava troppo convinto delle sue idee.

«Guarda chi c'è!» Stan indicò un ampio schermo a muro che trasmetteva a rotazione continua gli spot della Synth.

«Paulie "Wolf" Nelson» sbuffò Julian. «E io che stravedevo per lui.»

Il tizio in primo piano nel video aveva i capelli lunghi e indossava una giacca di pelle marrone. Stava parlando dei suoi esordi nel rock e, mentre raccontava cose che entrambi già sapevano, si alternavano sullo schermo immagini del suo passato. Anche Julian e Stan erano andati a vederlo suonare dal vivo, tanti anni prima, quando la vita era più semplice e si chiedeva ancora il permesso ai genitori.

«*L'aspettativa di vita si abbassa sempre di più, lo sappiamo tutti*» disse a un certo punto il musicista. «*Ma oggi viviamo nell'Era del Cambiamento. Oggi, grazie al* Time Deal, *è possibile scegliere.*»

Anche un alieno appena atterrato sul pianeta si sarebbe potuto rendere conto della rivoluzione medica di cui stava parlando Paulie: le foto del suo passato presentavano di volta in volta una data diversa. Una stagione dopo l'altra, dagli esordi con i Leader all'età di sedici anni alla sua carriera solista appena cominciata. Negli ultimi quattordici anni di vita, Paulie Nelson (detto "lupo", per via di un tatuaggio che copriva tutta la schiena) non era invecchiato di un solo giorno. Il suo sorriso smagliante, nella pubblicità della TD che invitava all'affiliazione, valeva molto di più di qualsiasi plico.

«*La gioventù non è il futuro. La vita eterna non è un sogno*» dichiarò con il timbro suadente e caldo con cui cantava le ballad che Julian e Aileen ascoltavano da piccoli (una di queste, *That was you*, era stata la colonna sonora del loro primo bacio). «*La gioventù è il presente. La vita eterna è realtà.*»

«L'avevo già visto» disse Julian. «Solo non capisco perché lo trasmettano qui da noi, in mezzo alle pubblicità degli elettrodomestici.»

«Avete letto la circolare?» Fred, il caporeparto, si intromise come al solito, facendo arrivare la sua stazza prima della voce e spostando Julian mezzo metro più in là. «Alle 15 siamo tutti convocati nella sala delle riunioni.»

«Perché mai?» chiese Stan, lo sguardo cupo.

«Tagli al personale, dicono» rispose, con il ghigno furbo di chi godeva al pensiero che la disgrazia toccasse un collega.

Un brivido attraversò la schiena di Julian, seguito da un istante di freddo glaciale. Non poteva permettersi di perdere quel posto, col quale pagava l'affitto, il cibo, la scuola di Sara e una tutrice di sessantadue anni di nome Alma che abitava nel loro stesso condominio, al piano di sopra, e teneva la bambina a casa al pomeriggio (una che, come Julian, non aveva alcuna intenzione di prendere il *Time Deal* perché, anche di fronte a tonnellate di prove lampanti, continuava a sostenere che fosse una truffa).

«Non ci pensare» disse Stan mentre Fred si allontanava.

Lui lesse negli occhi dell'amico una strana forma di serenità, come se sapesse qualcosa che gli altri ignoravano. «Andiamo, su.»

Mentre si avvicinavano agli armadietti per cambiarsi e indossare la tuta da lavoro, Julian ripensò allo spot di Paulie Nelson. Stan aveva ragione, non si poteva discutere su questo: il *Time Deal* funzionava. Funzionava eccome.

E aveva sovvertito l'ordine naturale delle cose.

Erano le ultime ore normali dell'ultimo giorno normale della vita di Julian Darrel. Non aveva idea di cosa lo aspettasse, ma percepiva nell'aria quella statica, indefinibile tensione sul punto di scaricarsi con violenza sull'umanità e produrre un evento catastrofico, in grado di rovesciare il mondo. Allo stesso modo in cui si intuisce l'arrivo del temporale, avvertiva la sensazione che le cose ad Aurora stessero per cambiare drasticamente. Quindici anni dopo il lancio su larga scala del farmaco, per la prima volta era certo che si fosse raggiunto un punto di non ritorno. Una volta accesa la miccia, poteva accadere di tutto.

E l'innesco, anche se al momento non era capace di riconoscerlo, fu una frase che gli disse Aileen durante la pausa pranzo, quando venne a trovarlo sul posto di lavoro. I capelli rosso fuoco della ragazza stretti in una lunga coda, gli occhi azzurri appena velati di commozione, la voce candida e soave di cui lui si era innamorato a sette anni, rimanendo stregato per sempre: «Siamo stati invitati dalla nonna alla cascina. Ci tiene tanto a conoscerti».

Julian le chiese di ripeterla. Poi di ripeterla ancora. Quindi domandò che razza di scherzo fosse quello, che cosa le saltasse per la testa. Quando si rese conto che lei era seria, che credeva davvero a quanto aveva detto, chiuse gli occhi per un attimo. Pregò che fosse solo un momento di confusione dovuto a una qualche forma di stress.

Aveva conosciuto la nonna di Aileen cinque anni prima di quel giorno. Nella residenza in campagna, alle porte di Aurora. L'anziana e arzilla signora ci teneva così tanto a conoscerlo.

Tre anni più tardi era morta.

2

Da lassù si respira un profumo inebriante.

Libertà. Il richiamo dell'infinito.

Da lassù tutto è diverso. Aurora è diversa, il futuro è diverso.

Da quel punto si domina il destino.

Potevano scegliere gli altri. Ha scelto lui. Ha scritto il suo domani. Ancora pochi attimi e spiccherà il volo.

Alcuni vedranno l'uomo dalla finestra di casa, alcuni se ne accorgeranno solo all'ultimo istante, mentre il suo corpo atterra sull'asfalto. Qualcuno griderà, qualcuno rimarrà impietrito. Pochi cercheranno di impedire il gesto o chiameranno la polizia mentre lui, le braccia spalancate, in punta di piedi in cima all'Orologio Maggiore, decreterà la fine della sua corsa e si abbandonerà al vento.

Solo una manciata di gelidi istanti e la sua essenza ormai è puro ricordo. Di chi gli voleva bene, di chi lo conosceva. Ora è nuova materia, ignota agli uomini. I conflitti di Aurora, le speranze e le bassezze umane non sono più un suo problema.

Finalmente le voci tacciono.

I volti scompaiono.

Silenzio.

«È successa una cosa assurda» confessò Julian mentre saliva le scale insieme a Stan e agli altri dipendenti. Tutti diretti alla sala riunioni, tutti con il fiato sospeso. Alcuni di loro non sarebbero tornati il giorno successivo. Il contratto di lavoro di un impiego come quello prevedeva, ormai da almeno dieci anni, la possibilità di essere rimossi dall'incarico con effetto immediato e senza l'obbligo di una motivazione specifica da parte della ditta. Una brillante iniziativa dell'amministrazione Colier. Prendere o lasciare.

«Quando?»

«In pausa.»

«Non ti ho visto in mensa. Dov'eri?»

«È passata Aileen. Voleva salutarmi, così sono uscito.»

«E...?»

Julian si fermò a metà della scala e appoggiò la schiena al muro. Con la mano cercò di ravviarsi i capelli, sovrappensiero, dimenticando di averli appena rasati.

«Che diavolo hai?» chiese Stan mentre osservava i colleghi salire senza degnarli di uno sguardo, ognuno di certo in balìa delle più prevedibili preoccupazioni. Le famiglie da mantenere, la casa, i figli. E quel posto di lavoro, improvvisamente a rischio.

«Ha detto una frase che non ha senso. Ne era convinta. Pienamente convinta.»

«Non sta bene?»

«Sta benissimo!» sbottò Julian, poi si morse un labbro e cercò di tenere a freno i nervi. «Ma crede che sua nonna ci abbia invitato alla cascina in campagna. Peccato che sia morta. I genitori di Aileen hanno venduto quella casa due anni fa.»

Stan non rispose. Fuggì con lo sguardo di lato, le sopracciglia lievemente inarcate, come se avesse a che fare con uno schizofrenico in preda a sinistre visioni. «Adesso dov'è?»

«Le ho detto di tornare a casa e di riposarsi. Mi ha guardato storto.»

«Quindi lei è convinta che la nonna sia viva?» Stan cercò di abbassare il tono e si guardò attorno.

«E che abiti ancora lì.» Julian fissò il pavimento. Poi si scostò dal muro e riprese a salire, in mezzo al flusso di magazzinieri in tuta beige che andavano incontro al loro destino professionale.

«Non era mai successo niente di simile?» chiese ancora Stan.

«No.»

«I suoi lo sanno?»

«Bella domanda.»

Salirono assieme l'ultimo gradino, poi seguirono i colleghi fino a una porta doppia che dava su un'ampia sala priva di quadri o inutili suppellettili, con un lungo tavolo sulla sinistra e una decina di file di sedie sulla destra.

«Dai, mettiamoci comodi» tagliò corto Stan.

Si sedettero sul fondo. I posti erano quasi tutti occupati e regnava un singolare silenzio. Silenzio uguale paura. Silenzio uguale preghiere. Stan fece un respiro profondo, ma non sembrava preoccupato. Sembrava quasi consapevole. Che qualcuno gli avesse dato una soffiata sull'esito di quella riunione? Julian pensò che non fosse possibile, anche perché altrimenti sarebbe stato un gran bastardo a non rivelargli il segreto in anticipo.

Cinque minuti dopo le 15 un ragazzo fece il suo ingresso.

Si diresse verso la cattedra e prese in mano il microfono poggiato vicino a una bottiglietta d'acqua. Per l'aspetto elegante e il fare autoritario e deciso, fu chiaro sin da subito a tutti che non si trattava affatto di un giovane. Julian sbuffò un sospiro amaro che sembrava dire *lo sapevo*. Un altro passo avanti verso la riconfigurazione della società. La chiesa del quartiere era solo una delle conquiste. Ora anche le ditte iniziavano a cambiare faccia.

«Mi chiamo Rodan Sheen» esordì il finto adolescente, il capello castano con la riga di lato e il viso pulito, senza un filo di barba. «E come avrete già capito, sono il nuovo direttore della Synth Electronics. Inutile dirvi che sì, sono un fiero affiliato della TD Pharma. Ho dato una svolta alla mia vita quando avevo ancora diciotto anni, spinto dalla lungimiranza di mio padre. Vengo da una famiglia di imprenditori, nel mio destino era scritto che sarei diventato a mia volta dirigente d'azienda. Certo, da ragazzo non immaginavo di conservare la freschezza atletica che state contemplando.»

Julian e Stan si scambiarono uno sguardo di compassione. Nella loro idea della natura, un (falso) diciottenne che diceva *lungimiranza* e *contemplando* e faceva il capetto di fronte a decine di adulti (metà dei dipendenti era tra i quaranta e i cinquant'anni) non aveva ragione di esistere.

«Ho preso innumerevoli informazioni su questa società, sul personale, sui negozi... non fatico a immaginare che la voce sia già circolata, dunque non tergiverserò e andrò subito al punto: alcuni di voi oggi saranno rimossi dall'incarico. Ho dato totale fiducia alla precedente amministrazione per stilare la lista che tra poco vi enuncerò, dunque spero sia chiaro a tutti che la responsabilità di queste scelte non ricade direttamente sulla nuova gestione. Prima di leggervi i nomi, signori, voglio ricordare a tutti che, per un futuro più sano e luminoso, *Time Deal* è la scelta. Aurora diventerà, anzi, in parte lo è già, il regno del vigore fisico, della giovinezza. Con risultati straordinari per tutti. Questo porterà ad avere, nel prossimo futuro, aziende con un personale più contenuto ma notevolmente più produttivo. La rivoluzione è già cominciata.»

«Sembra un spot elettorale» bisbigliò un tizio rachitico accanto a Stan, con le "f" al posto delle "s" per via di una dentatura con qualche spazio nero di troppo. «Sta a vedere che mi tagliano. Lo so che mi tagliano.»

Julian abbozzò un mezzo sorriso solidale, poi si rivolse a bassa voce a Stan: «Ecco perché passano gli spot di Paulie Nelson in mezzo a quelli della Synth. Si sono presi pure la ditta, dopo la chiesa».

«Si prenderanno tutto il quartiere» osservò l'amico. «Come è successo all'Elmo e nelle zone abitate da quelli pieni di soldi.»

Il nuovo direttore tirò fuori un sottilissimo palmare dal taschino della giacca e sfiorò il display con l'indice. «Veniamo dunque al triste ma necessario elenco. Coloro che nominerò verranno assistiti, alla fine di questo breve incontro, dalla nostra segretaria.»

E cominciò.

Attorno a Julian, gente con gli occhi chiusi, gente con le dita delle mani intrecciate, gente sudata, gente stranamente serafica. Lui non sapeva che cosa pensare, così si concentrò su Sara. La sua piccola compagna di viaggio in questa tortuosa strada che alcuni chiamavano vita, altri – Stan, per esempio – sopravvivenza. Loro due, gli unici Darrel in circolazione, rimasti soli dopo quel maledetto incidente. Loro, che si addormentavano assieme leggendo vecchie storie di mare e si svegliavano con la voglia di orzo e biscotti secchi. In realtà, mentre Rodan Sheen elencava i nomi dei dipendenti licenziati, l'unico pensiero di Julian andava alle analisi di laboratorio della sorella (che gli erano costate almeno quattro giorni di lavoro) e a quel gene che sperava tanto non avesse ereditato. Perché la nonna ci era rimasta, in giovane età, poco dopo aver dato alla luce sua madre. Allora il *Time Deal* non esisteva. Erano i primi decenni dopo la guerra, ci si preoccupava di decontaminare, combattere la radioattività e attendere una fine che non sarebbe mai arrivata. Dunque, se la natura aveva programmato una bomba a orologeria e l'aveva inserita nel tuo DNA, te la tenevi e ci convivevi fino al momento dell'esplosione.

«Leaves Stanley.» La voce del direttore destò l'attenzione di Julian, che si voltò di scatto verso l'amico.

«Lo sapevo già» confessò Stan con un rantolo.

«Com'è possibile?»

«Ho fatto delle stronzate, ultimamente. Non te ne ho parlato, scusami. È anche per quello che ieri sera non ero in casa. Mi stavo occupando di altro.»

«Altro?»

«Un'alternativa. Sapevo che avevo i giorni contati, in ditta. Certo, non pensavo che venisse a sbattermi fuori addirittura uno della TD.»

«Stasera, quando saremo fuori di qui, mi spiegherai che cosa diavolo stai combinando. Niente scuse.»

Stan rispose con un sorriso malizioso e Julian vide qualcosa di diverso nel suo sguardo. Sembrava un'aria di sfida, l'eco di una voce che risuonava nell'animo e che lo chiamava a qualcosa di non convenzionale. Nei suoi occhi la complicità che li legava quando, da bambini, facevano qualcosa che infrangeva le regole dettate dai genitori. Solo che ora avevano diciassette anni. Maggiorenni, per i parametri di Aurora, dove la soglia era fissata a sedici. Al primo sgarro si finiva in carcere.

Ancora poche ore e tutto sarebbe stato chiaro.

«Avanti, parla» ordinò Julian non appena i due si incontrarono fuori dalla Synth. Pioveva ancora, ma non era una novità. L'orologio digitale sul palazzo dall'altra parte della strada segnava le 9 in punto della sera, ma i colori erano gli stessi. Come se la giornata non fosse nemmeno trascorsa.

«Non qui.» Stan si fece scuro in volto.

«Chi vuoi che ci senta?»

«Gli stessi che ti mettono il plico tra le mani e sbucano come topi dai tombini» rispose.

«Va bene.» Julian tirò la cerniera della giacca fino al colletto. La sua attenzione fu richiamata dalla fotografia di una ragazza dai capelli viola, di nome Miriam Palmer, affissa a un palo della luce. Non era la prima volta che si imbatteva in un annuncio simile, distribuito in seguito alla scomparsa di qualcuno insieme a un numero da chiamare per fornire eventuali informazioni. «Vieni da me.»

Il quartiere industriale era l'area più anonima di Aurora. Un agglomerato di bassi caseggiati color topo di fogna, piccoli chioschi e capannoni. L'appartamentino dei fratelli Darrel non era troppo distante dal magazzino della Synth. Un quarto d'ora a piedi. Il più delle volte Julian faceva la strada con Stan, ma i due non si davano mai un vero e proprio appuntamento al mattino. L'amico abitava con il padre e il fratello maggiore a un paio di isolati di distanza. Aveva perso la madre all'età di nove anni, per una delle mille malattie che infestavano Aurora dai tempi della guerra. Respiratoria, nel suo caso. L'aspettativa di vita della metropoli era scesa dai settant'anni dei tempi del bisnonno di Julian, ai cinquantacinque, massimo sessanta della sua epoca. Chi arrivava a settanta-settantacinque veniva considerato un privilegiato. Una delle ragioni principali era l'aria che toccava respirare ai cittadini ogni giorno, con i livelli di tossicità talmente elevati che gli organi preposti a monitorarli continuavano a spostare la soglia della tolleranza più in alto, senza un vero motivo scientifico ma solo per dare alla popolazione l'illusione che non si fosse poi così fuori dai parametri. E invece lo si era eccome, sempre. L'onda lunga del conflitto nucleare, che altrove aveva sterminato ed estinto, divorato e polverizzato, aveva abbracciato anche Aurora. Non l'aveva inghiottita, ma l'aveva soffocata lentamente con la sua tetra e mutevole presenza, in perenne lotta con il ciclo delle correnti che a grande fatica si schieravano a protezione dell'isola. Come se la Natura, indomabile e testarda, lottasse da quasi cento anni per mantenere in vita una delle sue innocenti e indifese figlie.

La decontaminazione da radioattività, opera durata decenni che aveva riguardato palazzi, terreni, carcasse di animali, cadaveri, grossi volumi di liquidi o gas e altri materiali, aveva risolto solo parte del problema nel periodo del fallout nucleare. La fine, tanto temuta e annunciata decenni prima della nascita di

Julian, non era mai giunta, e in città si era diffuso nel tempo un moderato ottimismo. E così, le nuove generazioni convivevano con l'inquinamento come col traffico metropolitano, e Julian non era da meno. Se il *Time Deal* fosse stato scoperto e distribuito a tutte le classi sociali nel primo ventennio dopo la guerra, gli aveva detto un giorno suo padre, forse nessun cittadino avrebbe osato rifiutare il trattamento. Quasi un secolo più tardi la motivazione non era più così forte e, anzi, il timore degli scettici era che non ci fosse alcuna certezza a proposito dell'efficacia della terapia sulla lunga distanza. Per non parlare dei mostruosi scenari dipinti dai complottisti e dagli attivisti di turno, che si scagliavano contro la casa farmaceutica impugnando prove e testimonianze spesso discutibili, ma di facile impatto sull'opinione pubblica.

Quando arrivò di fronte al cancelletto, Julian tirò fuori le chiavi e dettò l'unica regola di quell'incontro privato: «Non davanti a Sara, qualsiasi cosa tu mi debba raccontare. Prima pensiamo a lei».

«Va bene» rispose Stan.

Si incamminarono lungo il sentiero che tagliava in due il cortiletto. Il faccino della bimba era appiccicato al vetro della finestra al terzo piano, come tutti i giorni a quell'ora. Julian alzò la mano e sbatté più volte indice, medio, anulare e mignolo contro il pollice, simulando un gesto che per alcuni significava "blaterare inutilmente". Sara rispose con la stessa mimica. Per loro era da sempre una paperella. Nient'altro che una paperella, una forma di saluto. Talvolta Julian pensava che gli sarebbe piaciuto davvero vederla crescere, aiutarla nello studio, passare più tempo con lei. Invece le faceva da mangiare, la metteva a letto, stava con lei finché non prendeva sonno (ma spesso si addormentava per primo) e al mattino le preparava la colazione. Tutto qui. Eppure, se non avesse avuto il fratello, Sara sarebbe finita in qualche lugubre orfanotrofio, ed era l'ultima cosa che Julian voleva.

Lui e Stan salirono le scale a due a due e, quando si trovarono sul pianerottolo di fronte all'appartamento della signora Alma, notarono come sempre la porta spalancata e la piccola Darrel già pronta a scendere. Il suo viso dalle gote rosse, gli occhi grandi color nocciola, un'innata gioia di vivere che demoliva con un sorriso tutto il marcio della loro umile esistenza. Alma le aveva fatto le treccine e lei si voltò di profilo per farne bella mostra.

«Piccoletta!» Julian allargò le braccia. Veniva da tredici ore in ditta, ma non avrebbe mai negato a Sara il piacere di saltargli addosso.

«Ciao, delizia» disse Stan alle sue spalle.

«Ciao, Stanny!» La voce squillante di Sara rimbombò nella tromba delle scale.

«Quante volte ti ho detto di non chiamarmi *Stanny*...» la punzecchiò lui.

«Sicuramente meno...» Julian si voltò con un ghigno. «... di quelle in cui io ti ho detto di non chiamarmi *Julz*.»

«A me Stanny piace...» Sara finse un'espressione mogia. Poi scese dalle braccia del fratello e andò a stampare un bacio in fronte alla signora Alma. Con la mano accanto alle labbra per proteggere la sua confessione, avvicinò la bocca all'orecchio della tata e sussurrò: «E anche *Julz*».

Cinque minuti più tardi, mentre Sara sedeva al tavolo rotondo della cucina e Stan la torturava con il solletico, Julian stava saltando delle patate in padella. Pensò per un attimo all'insensato incontro con Aileen. Avrebbe dovuto sistemare anche quella situazione, prima o poi, ma non gli andava a genio l'idea di lasciar sola la bambina per tutta la notte, anche se a otto anni Sara sapeva cavarsela benissimo ed era già capitato più volte. Si cresce in fretta, quando si deve badare a se stessi senza l'aiuto di mamma e papà.

«Che cosa hai fatto oggi?» chiese Julian mentre portava in tavola tre piattini di patate e carne in scatola. Questo offriva la casa.

«Colorato.»

«Solo?»

«*Ehm*... sì.» Sara, seduta storta con una gamba sotto l'altra, inforcò un pezzo di carne. «Ah, e le treccine. Ho fatto le treccine!»

«Ma io intendevo a scuola...»

«Niente di che.»

«In sei ore, niente di che?» la incalzò Stan.

«E va bene, abbiamo fatto un tema.»

«Su quale argomento?» domandò Julian. Sara non era una bambina di poche parole. Anzi, era una gran chiacchierona. Se faceva la preziosa, in questo caso, poteva voler dire solo una cosa: quel compito l'aveva messa a disagio.

«Era un tema sui nostri genitori.»

«Ah, ecco» commentò Stan, poi annegò l'imbarazzo in un bicchiere d'acqua.

«E tu che cosa hai scritto?» azzardò Julian. Era inutile girarci attorno.

«Niente.»

«L'hai consegnato in bianco?»

«Sì.»

Julian poggiò le posate e fece avanzare i gomiti sul tavolo. «Tesoro, ne abbiamo parlato tante volte. Non c'è niente di male a raccontare la storia dei nostri genitori, fino al momento in cui sono stati con noi.»

«Lo so.» Sara abbassò lo sguardo.

«Ti ricordi come si erano conosciuti?»

«*Ehm...*»

«Te lo ricordi, ne sono sicuro. Fa' uno sforzo.»

«Ah, sì!» Sgranò gli occhi. «Quando videro l'oceano assieme per la prima volta.»

«Sul ponte Walt, sì. Un incontro magico, con la luna piena che si rifletteva sulla superficie dell'acqua in una rara notte di cielo terso. Potevi raccontare quello nel tema. I ricordi felici sono tutto quello che abbiamo di mamma e papà. Dobbiamo tenerli stretti, che ne pensi?»

Sara annuì, poi riprese a mangiare. Lei e Julian adoravano le storie di mare, forse perché non avevano mai solcato l'oceano (nessuno poteva farlo) ma era grazie a quello che i loro genitori si erano innamorati.

«July?»

«Sì.»

«Che cosa c'è dopo l'oceano?» Gli occhi di Sara si spalancarono, sognanti, colmi di curiosità.

«Quello che c'è dopo l'universo.»

«Cioè?»

«Cioè nessuno lo sa» si intromise Stan, prima di usare quella che Julian chiamava *la voce della cospirazione*, un'intonazione nasale e grottesca che, solo per come suonava, invalidava anche la più verosimile delle teorie. «O magari qualcuno lo sa ma non ce lo viene a dire.»

Sara alzò gli occhi al soffitto, perplessa, poi offrì una smorfia di insoddisfazione. «Ma se io prendo una nave e vado, e navigo, e navigo...»

«L'hanno fatto, cucciola.» Julian abbassò il tono della voce, cercando di suonare credibile. Del resto, anche se poteva sembrare, non stava mentendo. «Ci hanno provato in passato, ma non sono più tornati. Meglio non sfidarlo, il mare. E poi le navi non esistono più da un pezzo. Abbiamo solo i traghetti per il Santuario, ma quelli sono riservati a dottori e pazienti.»

QUANDO SARA FINÌ DI MANGIARE schizzò a letto, come se avesse capito che Stan era lì per parlare con suo fratello in privato e volesse lasciarli soli. Non chiese nemmeno a Julian (o July, come lo chiamava lei) di leggerle una storia. Dichiarò di essere molto stanca e, dopo un paio di bacini sulle guance a entrambi, se ne andò a dormire. La casa era piccola, quella era l'unica stanza. La zona che loro chiamavano cucina era in realtà una piccola saletta, con i fornelli da una parte del muro, un tavolo rotondo in mezzo, una vecchia televisione poggiata su un cassone di legno in un angolo e un paio di armadi. Di fronte alla televisione, due poltrone dalla pelle consunta, rimediate qualche tempo prima al mercatino del quartiere del Toro. Fu lì che si sedettero i ragazzi, per concludere finalmente il discorso iniziato tante ore prima.

«Adesso parli.» Julian inchiodò Stan alle sue promesse.

«Temo che per qualche tempo sarà meglio non vederci troppo in giro, io e te.»

«E perché mai?»

«Per la tua sicurezza. Hai troppo da perdere.»

Julian aggrottò la fronte. Era la prima volta, in diciassette anni, che Stan si esprimeva in maniera criptica. «Spiega.»

«Mi sono infilato in un giro strano» disse, poi fece una pausa e fissò una profonda crepa nel muro, ma la sua mente doveva essere altrove. «Me lo sono quasi andato a cercare, il licenziamento di oggi. Nelle ultime settimane ho combinato qualche piccolo casino.»

«Che genere di casino?»

«Perso qualche bolla, messo alcuni prodotti nello scaffale sbagliato, archiviato male sul terminale... cose del genere.»

«Di proposito.»

«Di proposito, sì. Non volevo fare niente di eclatante, ma mi serviva un pretesto. Certo, non pensavo che mi allontanassero tanto in fretta. E per mano di un affiliato della TD, poi. Ma forse è meglio così. Anche se è paradossale.»

«Perché paradossale?»

«Perché il giro in cui mi sono infilato, ecco... è un giro di contrabbando di *Time Deal*. E di altri farmaci.»

Julian rischiò di farsi andare di traverso il bicchiere d'acqua che stava sorseggiando. «Cosa?»

«Hai capito bene.»

«Dico, sei impazzito?»

«Posso guadagnare il triplo di quello che mi danno in quel postaccio di merda. Lavorando la metà delle ore.»

«Ma se ti beccano finisci in galera. A vita!»

«Credi che non lo sappia? Mi sono stufato.»

Julian si prese qualche secondo per riflettere. Era già molto grave spacciare sostanze di vario genere, pensò, come le droghe ricreative, perché si rischiavano pene pesantissime. Ma contrabbandare il *Time Deal*, in un periodo in cui la società farmaceutica iniziava a controllare interi quartieri, era pura follia. Quelli abituati a pensare male, che spesso però ci prendevano in pieno, erano certi di una progressiva comunione d'intenti con le forze dell'ordine di Aurora. Era la conseguenza più logica del potere acquisito. Da economico a politico, non ci voleva molto per intuirlo.

«Maledizione, Stan. Questo cambia tutto. Non dovresti neanche stare qui.»

«Lo so. Infatti adesso me ne vado. Non voglio che tu passi dei guai per colpa mia.»

Julian scosse la testa, incredulo. «Ma davvero… si guadagna così bene?»

«Sì.» Stan lo fissò con uno sguardo che tradiva un malsano godimento. «Non hai idea di quante persone, là fuori, non vogliano avere niente a che fare con il codice comportamentale degli affiliati della TD Pharma, ma desiderino il farmaco e siano disposti a spendere cifre folli per farsi fare l'iniezione in gran segreto.»

«Assurdo. Ormai il farmaco è praticamente gratuito.»

«Già.»

«Non sapevo che ci fosse un codice comportamentale.»

«C'è, anche se non lo conosco nel dettaglio. Chiedi ad Aileen, ma tanto non potrà parlartene. E comunque… nessuno ti dà la vita eterna gratis.»

Julian giocherellò con le dita delle mani fino a farle scrocchiare tra loro. «A pensarci bene, comunque, non si può definire "vita eterna".»

«Be', certo. Se ti investe un camion, muori. Però, in assenza di gravi incidenti o malattie, potenzialmente sei immortale.»

«Sì, ma anche lo slogan è sbagliato. Parlano di gioventù, ma il *Time Deal* lo prendono anche gli adulti. Certo, moltissimi tra quelli pieni di soldi lo hanno preso quindici, dieci anni fa, o l'han fatto prendere ai figli quando avevano la nostra età. E d'accordo, saranno giovani per sempre. Ma ce ne sono anche tanti che se lo sono fatti iniettare a cinquant'anni. O anziani terrorizzati dall'idea di morire, che l'hanno assunto a sessanta, settanta. I pochi che ci sono arrivati, dico.»

«Sì, ma pensa alle malattie, o a certi incidenti invalidanti. Se ti succede qualcosa di brutto adesso, sei giovane, il tuo sistema immunitario funziona alla grande. In percentuale, rispetto a un settantenne, tu sopravvivi e lui muore. Pensa a cosa succederà domani. Dopodomani. Ragiona in prospettiva.»

«Ho capito cosa intendi. Si va verso una società abitata solo da adolescenti. *Finti* adolescenti, perlopiù.»

«E da piccoli stronzi come Rodan Sheen a capo delle varie istituzioni, o delle fabbriche, dei giornali, delle televisioni e così via.»

«E poi ti chiedi perché io preferisca non far parte di tutto questo!» Julian si alzò, poggiò il bicchiere sul tavolo e si allungò col busto prima a sinistra e poi a destra, le braccia intrecciate dietro la nuca, per stirare i muscoli. Avvertì un paio di piccoli crampi e cercò di muoversi in modo da scioglierli prima che si ingigantissero.

«Ero come te.» Stan abbassò il tono. «Forse lo sono ancora. Ma il fatto che mi giri così spesso tra le mani, negli ultimi tempi...»

«Ma perché, hai già cominciato a spacciarlo?»

«Sì, da un paio di mesi, ma avevo pochissimo tempo per via del lavoro. Dovevo fare in modo che mi licenziassero. Adesso avrò tutto il giorno a disposizione. Dicevo, il fatto che io sia continuamente a contatto con queste maledette fiale mi sta facendo pensare che un giorno potrei anche cambiare idea.»

«Rispetto al farmaco, spero. Non a chi lo produce.»

«Questo è ovvio. Anche perché, se la TD Pharma mi scopre, sarà difficile che mi proponga di far parte dei loro adepti. Con tutta probabilità mi faranno rinchiudere in isolamento al Medina.»

«Tu lo sai che stai compromettendo la nostra amicizia, vero?» Julian appoggiò il fondoschiena al bordo del tavolino mentre strozzava un groppo in gola.

«Io ti voglio bene, lo sai.» L'altro si alzò e gli andò incontro. «Questo non cambierà mai. Sei mio fratello. Hai l'aspetto di un galeotto ma sei mio fratello.»

Julian allungò una mano, Stan esitò un istante e la strinse. Si guardarono negli occhi, com'era accaduto migliaia di volte, ma mai pensando che potesse essere l'ultima.

«Per quanto riuscirò, ti coprirò sempre. Ma la mia priorità...» Julian si girò verso la stanza da letto. «...è lì che dorme. Verrà sempre prima lei, se dovessero esserci casini.»

«Lo rispetto» annuì Stan, gli occhi lucidi. «Questo non è un addio. Non potrebbe mai esserlo, tra noi. Ma le cose cambieranno parecchio.»

«Mi stai lasciando solo con quel fighetto di Rodan Sheen» sdrammatizzò Julian mentre soffocava il magone. «Non te lo perdonerò mai.»

L'amico rise, ma era un riso carico di tensione e commozione. Poi si gettò tra le sue braccia e lo strinse forte. Niente sarebbe stato più come prima, dopo quella sera. Lo sapevano entrambi. Abitavano a due isolati di distanza ma sarebbero diventati due mondi. Stava rischiando grosso e, se uno come lui faceva una cosa simile, significava che Aurora aveva davvero imboccato la strada maestra verso un futuro terribile. Che cosa sarebbe stato della generazione di Sara, e di quella dei suoi figli?

STAN SE NE ANDÒ SENZA aggiungere altro, lasciandosi la porta di casa Darrel alle spalle e sparendo nel buio della tromba delle scale. Julian chiuse a chiave, si sedette di fronte alla piccola televisione e la accese. Su Natura 2, una sequenza di proiezioni grafiche mostrava la rotazione di una sfera invasa da macchie nere che, al progredire di un indicatore numerico in basso a destra nello schermo, si facevano sempre più grandi. Una voce roca e profonda accompagnava le immagini: «*...e risponde a quello che un tempo chiamavamo* inverno nucleare, *un lungo periodo in cui milioni di tonnellate di fumo tossico prodotto dalle esplosioni...*»

Julian si stropicciò gli occhi, abbassò il volume e si voltò verso la camera da letto. Tutto ciò che doveva proteggere era lì, ma c'era un'altra persona che aveva bisogno di lui. Abitava dalla parte opposta della città, nel quartiere della Guglia. Si disse che sarebbe andato a trovare Aileen il giorno dopo, nella speranza che quell'assurdità sulla nonna fosse davvero solo il frutto di qualche forma di stanchezza o febbre.

Invece era l'inizio della fine.

3

«Composta» ordinò la voce ferma di Mann Sheridan.

«Chiedo scusa» bisbigliò Aileen, poi sedette come si conveniva. Drizzò la schiena, avvicinò le gambe fino a farle toccare tra loro, poggiò i polsi sul bordo del tavolo e attese che Mina, la governante, servisse la cena. Nel momento di silenzio che seguì, il suo sguardo si perse in giro per la sala e incontrò dapprima un ripiano occupato solo da animali di cristallo, poi un quadro che raffigurava due corpi stilizzati in lotta, infine una libreria in legno pregiato ricca di manuali e saggi scientifici.

«Ti è passato il mal di testa?» domandò Tarja con un tono quasi accusatorio.

Nell'osservare l'aspetto della donna, Aileen pensò che sarebbe dovuta tornare dal parrucchiere. I capelli erano voluminosi e curati, ma la tinta bionda iniziava a lasciare spazio alla ricrescita rossa alla base. Avevano lo stesso colore, ereditato dalla nonna. Nonostante i suoi quarantotto anni, nella folta chioma di sua madre non c'era spazio per un solo capello bianco. Ne aveva un paio, prima dell'arrivo del *Time Deal.* Tagliati e mai più visti in seguito. Sembrava che la donna si fosse sottoposta alla terapia esattamente in corrispondenza della prima soglia del declino. Da quel giorno aveva anche smesso di utilizzare creme per la pelle e pomate antirughe. I minimi segnali cutanei della sua età erano e sarebbero rimasti tali senza peggiorare negli anni. Non avrebbe mai avuto le mani grinzose ma affascinanti della nonna. Secondo Tarja era una benedizione, secondo Aileen una patetica farsa. Una farsa di cui lei sarebbe stata protagonista a sua volta.

«Sono ancora un po' intontita, ma stasera andrò a dormire presto.»

«Dove hai pranzato?» chiese il padre. Anche quando voleva mostrarsi preoccupato, i lineamenti del viso di Mann rimanevano duri e contratti. La mascella larga, la fronte spaziosa e gli occhi vicini e minuscoli facevano il resto. Lui era il generale, lei la recluta al primo giorno di addestramento. Da sempre. «All'Accademia?»

«Sì» mentì. Ricordava di essere stata da Julian, alla Synth, ma il mal di testa aveva cancellato ogni traccia del loro dialogo.

«Brava» si complimentò l'uomo prima di addentare un boccone di carne, che trangugiò masticandolo appena, poi riprese: «Ho visto i tuoi voti più recenti, sull'archivio digitale. Le medie si sono abbassate, ultimamente».

Aileen guardò sua madre. Era impassibile. Quel genere di partita si giocava ogni volta tra lei e Mann.

«L'anno prossimo sarai alla Kingston» proseguì l'uomo con il tono che usava quando voleva richiamarla alle responsabilità imposte dal loro cognome «e mi voglio augurare che tu ti presenti con una votazione finale superiore a quattrocentocinquanta.»

«La Kingston?» Aileen li interrogò entrambi con uno sguardo stupito. «Non avevamo detto che ne avremmo discusso?»

«Intanto che fai trascorrere i mesi per prendere una decisione che dovrebbe essere logica, tua madre ha spedito la richiesta di ammissione.»

«Grazie» rispose lei in tono ironico. Si chiese se ci fosse ancora qualcosa su cui aveva libera scelta, nella sua vita.

«La Kingston di Aurora...» La madre si voltò appena, lo sguardo altezzoso. «...ha provveduto a istruire me e tuo padre in maniera eccellente. Se oggi vivi nel quartiere della Guglia e vieni servita e accudita da collaboratori e maggiordomi da quando sei nata, devi ringraziare il nostro percorso formativo. Non si diventa avvocati di alto livello, non si rappresentano colossi come la KeyMad, famiglie di industriali come i Parson, i Jones, perfino la TD Pharma, per puro caso o per favoritismi particolari. Occorre eccellere.»

«Certo» annuì Aileen, la testa reclinata sul pezzo di carne immerso in un sugo di piselli. «Posso almeno continuare a seguire i corsi di giornalismo che frequento in Accademia?»

«E ci siamo presentati entrambi con cinquecento» sottolineò il padre, per mortificarla, ignorando la domanda della figlia. «Con menzione.»

«Lo so» sospirò la ragazza. «Negli ultimi tempi ho preso qualche voto sotto la media, ma recupererò. Ho ancora diversi mesi. Sotto il quattro e ottanta non scendo.»

«Sarà il caso!» Mann troncò la conversazione, poi fece un paio di cenni a Mina.

La paffuta donna in divisa azzurra con le gote perennemente arancioni (l'unica della servitù ad aver visto nascere Aileen) accese lo schermo a muro, un pannello sottile come il tovagliolo con cui l'uomo si stava pulendo la bocca, già sintonizzato sulle notizie locali.

In realtà, pensò la ragazza, tutte le volte che aveva preso voti inferiori al suo standard era stato a causa di quei dannati mal di testa. Non le piaceva fare la vittima, quindi non diceva quasi mai niente ai genitori o agli insegnanti, ma capitava sempre più spesso. Diverse volte non aveva idea di cosa succedesse in quei momenti di confusione. Al massimo ricordava dei frammenti, come capita con i sogni più bizzarri, le cui improbabili scene riaffiorano alla memoria durante il corso della giornata. Per fortuna quegli episodi duravano poco, qualche decina di minuti, ma si portavano dietro almeno un paio d'ore di emicrania. Prendeva il *Narcen*, per farla passare. Anche il *Narcen* era della TD Pharma, ma si trattava di un semplice composto a base di paracetamolo. Una medicina di largo consumo, una di quelle che vendevano prima di fare il grande salto. Quando ancora aveva senso parlare di una concorrenza tra le tre principali case farmaceutiche di Aurora. E per quanto le fosse stato imposto di rispettare il codice (e di non parlarne con nessuno, Julian compreso), Aileen faceva ancora fatica a considerare la TD più di quello che era, appunto: una casa farmaceutica. Tutti i bei discorsi sulla loro sede, il famoso Santuario, la appassionavano poco. Inoltre, secondo lei, la maggior parte dei ragazzi della sua età non vedeva l'ora di crescere e avere l'aspetto di un adulto. Altro che eterna gioventù! L'adolescenza era un presente in costante evoluzione. Una successione di attimi unici e inviolabili. Era trasformazione e scoperta. L'eterna gioventù, invece, era una fissazione dei genitori e degli adulti in genere.

«Posso andare a riposare?» chiese a bassa voce dopo aver finito di mangiare.

«*...le immagini di una ripresa amatoriale che mostra il Governatore Supremo, Otis Colier, negli ultimi istanti prima di lanciarsi dal punto più alto dell'Orologio Maggiore, un gesto inspiegabile che...*» ronzava lo schermo a muro.

Mann e Tarja avevano gli occhi incollati al video. Nel momento del volo suicida, la ripresa veniva tagliata e l'inquadratura tornava sulla presentatrice.

«Scusate, posso andare a riposare?» ci riprovò.

«Poveraccio» commentò il padre, e dal tono non fu chiaro se si trattasse di compassione o di disprezzo.

«Dicevo...»

«Sì, Aileen, puoi andare» rispose finalmente la madre. «Ma ricordati che domattina abbiamo un impegno. Ti sveglierò presto.»

«Già, il guscio.»

«Esatto. Buonanotte, cara.»

«Buonanotte, mamma.» Sorrise, poi si voltò verso il padre, che aveva gli occhi fissi sull'avvenente presentatrice del notiziario. «Buonanotte, papà.»

Aileen lasciò il salone e camminò fino alla scala che portava al piano delle camere da letto. Esitò solo un istante, la mano poggiata sul principio del corrimano di legno. Avrebbe desiderato voltarsi e gridare la sua rabbia per l'ennesima decisione pianificata su cui non avrebbe potuto mettere bocca, o per il totale disinteresse dei genitori verso il suo amore per una materia di studio diversa da giurisprudenza, ma non lo fece. Il timore reverenziale che nutriva nei confronti di Mann e Tarja era capace di paralizzarla.

Salì le scale pensando a quello che l'aspettava il giorno seguente. Non l'aveva mai entusiasmata l'idea di perdere l'unica mattina in cui poteva dormire per andare al guscio, una delle piccole sedi della TD sparse per la città. Di certo non avvertiva un senso di protezione, lì dentro, come il termine suggeriva. Piuttosto si sentiva in gabbia. Ma ne aveva sentite, di brutte storie. Ragazzi che si erano ribellati alle regole imposte dalla famiglia ed erano stati spediti nei collegi-rifugio ai piedi delle montagne; nuovi istituti scolastici che accettavano solo iscritti provenienti da famiglie affiliate alla TD; farmacie del quartiere dell'Elmo che negavano i medicinali ai cittadini che non facevano parte della loro "cerchia". Ma non solo. Sapeva anche di mogli che si erano rifiutate di seguire i mariti nell'affiliazione, o viceversa, con il risultato che alcuni di questi scontri avevano finito per distruggere il matrimonio.

Aileen preferiva tenere duro. Aveva accettato di sottoporsi all'iniezione, due anni prima, per non scatenare le ire dei genitori. Se aveva bisogno di sfogarsi c'era Julian, l'unica persona che capiva esattamente come si sentiva. I suoi non potevano fare niente per impedirle di vederlo, anche perché l'unica volta che ci avevano provato lei era scappata di casa (all'età di undici anni) per una settimana, si era rifugiata da sua nonna ed era stata proprio lei a convincerli ad accettare che la figlia frequentasse un ragazzo di una classe sociale meno abbiente. Il vero dilemma, per Aileen, derivava dal fatto di essersi sottoposta alla terapia appena la legge lo consentiva, seguendo il volere della famiglia. Per una questione a lei poco chiara, legata allo sviluppo del sistema immunitario, si poteva prendere il *Time Deal* dai quindici anni in su. E così aveva fatto. Da quel momento, dunque, aveva smesso di invecchiare. Presto Julian avrebbe compiuto diciotto, venti, venticinque anni. Sarebbe cambiato nell'aspetto, a differenza sua. I pensieri del ragazzo erano destinati a maturare insieme al corpo, mentre i suoi sarebbero cresciuti nella grottesca cella di un involucro eternamente giovane.

Quanto sarebbe stato bello poter parlare di tutto questo con la nonna, che portava il suo stesso nome ed era davvero il suo guscio, ma lei non c'era più. Peraltro, secondo la filosofia del Santuario, non stava da nessuna parte. Così insegnavano agli incontri, quando gli affiliati si radunavano nei centri di studio in città: la morte era la fine di tutto.

Per questo motivo alla TD Pharma avevano cercato e trovato il modo per tenerla il più lontano possibile.

«Dimmi che stai scherzando.»

«No, signorina Aileen, i suoi genitori ne stanno parlando proprio adesso.» Mina spalancò il consueto sorriso che trasformava le sue guance in due bocce infuocate. Poi chiuse la porta della stanza, come faceva ogni sera quando teneva compagnia alla ragazza mentre si cambiava. Una presenza confortante, mai fastidiosa. In fondo, era l'unica persona della casa con cui Aileen aveva un dialogo alla pari. «Ma sarebbe fantastico, per la sua famiglia. Non trova?»

«Insomma...» La ragazza si sfilò la maglia mentre la governante poggiava la vestaglia color panna sul letto. Nello specchio sull'anta dell'armadio, il profilo slanciato, il seno piccolo, sodo, la pelle liscia dalla carnagione chiara, la chioma rossa ora sciolta.

«Ma non tanto per una questione economica. Più che altro per il prestigio.»

«Certo che fare un pensiero del genere a poche ore dal suicidio del Governatore Colier...» Aileen indossò la vestaglia.

«Credo che la cosa fosse in ballo da tempo, in verità.»

«Sul serio?»

«Se ho capito bene la TD Pharma, che finanzia il partito, ha bisogno di un candidato affidabile. Il presidente Werner non vuole scendere in campo e ha visto in suo padre un'alternativa concreta. Come dargli torto, no? Ci vuole una persona carismatica per battere alle urne quel gruppo di ecologisti... ha presente? Quelli guidati da Adam Coven, il tizio con la gonna che è sempre in TV. Ci pensi, signorina: *Mann Sheridan, Governatore Supremo di Aurora*. Non suona bene?»

Aileen replicò con una smorfia mentre infilava un paio di pantofole. Poi rifletté sulle parole di Mina. Non era affatto convinta che quell'incarico portasse prestigio alla famiglia. I suoi erano già molto stimati in città, e il ruolo di Governatore era da sempre sotto tiro. Un simile ufficio, peraltro, avrebbe reso la sua esistenza ancora più complicata. Il rigore, la forma e il finto decoro non facevano per lei.

«Arriverà un giorno in cui mi darai del tu?» chiese alla governante, sarcastica.

«Non finché sarò alle sue dipendenze.» Mina stirò le labbra in un bonario sorriso.

«Ma tu sei alle dipendenze dei miei. Lo sai che io non faccio differenze tra le persone.»

«Perché hai un animo nobile.»

«Hai visto?» Rise. «Mi hai dato del *tu*.»

«Una piccola distrazione...» sospirò Mina.

Aileen le rivolse un'occhiata di tenera complicità. Anche Mina era stata costretta, dal contratto di lavoro con i suoi genitori, ad affiliarsi al Santuario. Avrebbe conservato l'aspetto di una quarantenne piuttosto in carne. Non che le dispiacesse, restare giovane. Ma Mina, agli occhi di Aileen, era una di quelle persone che si lasciava condurre dal gregge. Le bastavano la sicurezza economica, data dal posto di lavoro, e la serenità. Non era sposata e non aveva figli, viveva con la famiglia Sheridan da che lei aveva memoria, e non si faceva più di tante domande sulla politica di Aurora o sul futuro della società. Secondo Aileen, la decisione di Mann di correre per quel posto portava solo problemi. Per la governante invece era motivo di orgoglio. Si poteva dire che Mina incarnasse alla perfezione lo stereotipo del cittadino di mezz'età di Aurora, che non si lamentava troppo di come girava il mondo e si lasciava convincere facilmente dallo spettacolo, senza indagare su ciò che succedeva dietro le quinte. Questo atteggiamento aveva senz'altro favorito la diffusione del *Time Deal.* Tutti alla ricerca di una sorta di immortalità, senza farsi troppi problemi o scrupoli. La generazione di Aileen stava subendo le convinzioni di genitori poco critici verso il sistema, con i quali era impossibile dialogare. Da come si era diffusa, la religione (o per meglio dire, filosofia) scientifica del Santuario pareva una tradizione secolare, ma aveva sì e no qualche decina di anni. Guai a contraddire chi sosteneva a gran voce quella posizione, però. Chi era in grado di donarti l'eterna giovinezza era considerato da molti alla stregua di una divinità. E con quale tracotanza si potrebbe mai contestare una divinità?

«Non mi dispiace, come distrazione...» Aileen si avvicinò per abbracciare la donna. Le voleva bene, anche se non glielo dimostrava quasi mai con un vero contatto fisico.

«Le accendo lo schermo?» chiese Mina prima di uscire.

«Faccio da sola, non ti preoccupare. Buonanotte, Mina.»

«Sogni d'oro, signorina Aileen.»

La ragazza si sdraiò e infilò il braccialetto elettronico. Da quello poteva controllare la televisione, mandare messaggi agli amici, tenere monitorato il ritmo del sonno e gestire l'illuminazione della stanza. Se solo Julian avesse avuto uno di quegli apparecchi, gli avrebbe scritto. O l'avrebbe chiamato, visto che l'ultimo modello del dispositivo aveva anche quella funzione (e si poteva ascoltare la voce dell'interlocutore tramite una pecetta adesiva minuscola applicata direttamente nella parte interna dell'orecchio). Ma Julian non possedeva niente del genere, e talvolta lei lo invidiava. Tutta questa tecnologia, tutte le innovazioni mediche, cos'erano se non un inganno alla natura dell'uomo? Erano ragionamenti che faceva spesso con lui, visto che era l'unico a sorbirsi le sue *Teorie sull'Esistenza* (un elenco in costante aggiornamento che era solita compilare a mano su un quaderno spesso, dalle pagine bianche, da cui non si separava mai). Ma c'era un'enorme differenza tra loro, secondo lei: Julian era libero.

Con scarso entusiasmo, Aileen lesse un messaggio di una compagna di corso che le ricordava di portarle gli appunti alla prima occasione, poi chiuse gli occhi e cercò di capire che cosa fosse successo durante la pausa pranzo. Che accidenti poteva aver detto a Julian? Non lo ricordava, neanche con il più sovrumano degli sforzi. Eppure era certa di averlo sconvolto.

Da qualche parte tra i ricordi più recenti c'era il volto incredulo del ragazzo di fronte alle sue parole. Era accaduto oggi? Era accaduto davvero?

Tentò di prendere sonno di fronte a un programma per bambini. Lo faceva spesso, da quando aveva scoperto che dormiva molto meglio se si addormentava con le filastrocche cantate dai pupazzi del *Melmet* o con le storie dei *Mondi Immaginari di Haig*. Il canale per i più piccoli era il primo nella sua lista di preferiti. Certo, in alternativa poteva prendere una compressa di *Prefrem*, visto che – in quanto affiliata – disponeva di una fornitura gratuita di quello e di altri medicinali. Ma per una volta preferì un sano intrattenimento televisivo alla pillola gialla che sua madre, senza mai sgarrare, mandava giù ogni notte.

Prima di addormentarsi, Aileen digitò una combinazione di pulsanti sul braccialetto e lo schermo a muro le restituì una vecchia fotografia di Julian, seduto su un muretto a strapiombo sull'oceano, sul volto il sorriso genuino che la vita aveva cercato di strappargli via. Nell'immagine aveva i capelli scompigliati e l'idea di tagliarli a zero non lo sfiorava nemmeno. Ai tempi era geloso dei suoi riccioli castani, ribelli. Nell'osservarlo pensò che forse un giorno avrebbero potuto avere dei bambini, finché non le venne in mente la figura del suo uomo ormai cinquantenne, mentre lei e i figli sembravano un gruppo di coetanei. Provò orrore, nell'immaginarsi un simile quadretto famigliare.

Provò orrore nel figurarsi il futuro di Aurora.

4

Stan e l'uomo pelato si incontrarono nel cuore della notte, di fronte a un lungo cancello verde che brillava sotto la luce dei lampioni. L'ora dei cani randagi. L'ora dei topi di fogna. L'ora in cui il volto marcio della metropoli risplendeva al riflesso dei led nelle pozzanghere.

«Klaus» disse il ragazzo.

«Seguimi» rispose l'altro, e s'incamminarono lungo un vicolo deserto che costeggiava la strada principale. C'era anche la luna, da qualche parte. Doveva esserci, al di là del sipario di polveri e nubi, oltre il mantello tossico di Aurora.

Di tanto in tanto una macchina sfrecciava nel viale, alzava onde lerce formate da goccioline di pioggia e fango e spariva. Chissà, pensò Stan, forse un giorno tutte le strade, e non solo la corsia speciale dell'Anello, sarebbero state riprogettate in modo da far circolare solo mezzi di trasporto a levitazione magnetica. Così nessun figlio di puttana avrebbe più giocato a insozzare lo sventurato passante, sterzando di proposito per affondare con la gomma in una pozzanghera.

Nel quartiere del Teatro regnava il silenzio dell'indifferenza. Quella che un tempo era la zona artistica della città, negli anni era stata occupata dalla peggiore feccia di Aurora, tanto che il teatro da cui l'area prendeva il nome era stato chiuso, insieme ad altre strutture dedicate alla cultura. Tutte le attività destinate a un certo tipo di pubblico, raffinato e benestante, si erano spostate nella zona dei quartieri ricchi della Guglia e del Diamante. Quasi per una voluta coincidenza si trattava della porzione di città delimitata da uno dei due rami del fiume Cento, che scendeva dalle montagne per separarsi in due corsi d'acqua: il primo tagliava verso est dal centro della città e sembrava disegnare un'ideale barriera a forma di L a protezione delle famiglie più facoltose di Aurora; l'altro proseguiva verso sud per poi lasciarsi alle spalle la metropoli, serpeggiare attraverso l'arida campagna, dove alcuni piccoli paesi puntellavano la sua valle, superare una vasta zona desertica e infine aprirsi in una foce a estuario per consegnarsi all'oceano.

«Ho saputo che ci sono novità» disse Klaus dopo aver svoltato in un vicolo privo di lampioni.

«Ti hanno raccontato della Synth?»

«Sì, ho un vecchio amico che ci lavora. A lui è andata bene.»

«Mi fa piacere.»

«Che mi dici di te, Stan?»

«Sono riuscito a farmi sbattere fuori.»

L'uomo tirò fuori un mazzo di chiavi dalla tasca, ne scelse una e, dopo essersi guardato attorno, la infilò nella serratura di una porta. Non stava piovendo, ma le grondaie lasciavano cadere ancora antipatici goccioloni che puntualmente atterravano nel colletto di chi si attardava di fronte alla porta di casa. «Vieni.»

Una volta al riparo, Klaus accese una luce. Si illuminò una

stanzetta angusta: il piccolo negozio di un calzolaio. Sulla destra del bancone, una porticina. L'uomo andò in quella direzione, la aprì e schiacciò l'interruttore per illuminare una ripida e stretta scala. Stan lo seguì facendo attenzione a dove metteva i piedi.

«Perché siamo venuti qui?»

«Il punto dell'altra volta è troppo esposto. Ho paura che qualche ronda, di tanto in tanto, ci faccia un pensierino. Qui non viene nessuno, il proprietario ha chiuso sei mesi fa.»

«Ne hai, di amici...»

Il pelato arrivò in fondo e premette un altro tasto, facendo luce su una stanza più spaziosa, con le pareti invase da scaffali pieni di vecchie scarpe e un tavolo spoglio al centro. Sotto il tavolo, alcuni zaini. «Noi dottori amiamo rimanere in contatto con i clienti migliori.»

«Immagino.» Stan, non visto, inarcò un sopracciglio. Ne aveva eccome, di amici, quel medico. Dai più influenti ai più umili.

«Ti direi "siediti", ma come vedi non ci sono sedie.»

«La roba è lì?» Stan gettò un'occhiata in direzione degli zaini.

«Sì.»

«Misto come l'altra volta?»

«Misto. Ci sono *Garedal*, *Sefril*, compresse di *Atrenial*, qualche boccetta di *Pralia* e, ovviamente, TD.»

«*Atrenial* non l'ho mai sentito.»

«È un farmaco per l'ipertensione arteriosa. Non ci guadagni niente e non è costoso, ma visto che in alcune zone della città le farmacie hanno iniziato a fare distinzioni tra i cittadini, diverse persone potrebbero chiedertelo. Per comodità, più che altro. Come medicinale è prescritto soprattutto alla fascia tra i quarantacinque e i sessanta ed è ben tollerato dall'organismo. Una volta che te lo prescrivono, lo prendi a vita. Quindi...»

«...lo vendo a dei perfetti candidati per il *Time Deal*.»

«Sei sveglio» ghignò il dottore. «Non potevi studiare medicina o, che so, giurisprudenza?»

«Sì, potevo. Invece ho scelto di scaricare scatoloni. Poi mi sono annoiato e adesso spaccio. Un bel percorso, non trovi?»

«Esemplare.»

«Come li porto quattro zaini fuori di qui? L'altra volta era uno.»

«Laggiù...» Il dottore indicò un armadietto in metallo, semiaperto. «...ci sono un paio di divise da netturbino. Indossane una. Metti anche il berretto, le recite vanno fatte bene. Al piano di sopra troveremo un carrellino, di quelli che usano per trasportare la spazzatura. Nella tasca superiore degli zaini ci sono i sacchetti neri del pattume. Travestili da sacchi dell'immondizia e il gioco è fatto.»

«Menomale che abito a dieci minuti da qui.»

«Nessuno rompe le scatole ai netturbini. Ma se ti beccano, ovviamente... non ci siamo mai visti.»

«E chi ti conosce?» sghignazzò Stan.

Il dottore stirò le labbra sottili e screpolate in un sorriso. Sulla pelata rimbalzò la luce dell'unica lampadina appesa al soffitto mentre gli occhi vispi di Klaus, nascosti dietro a un paio di lenti dalla montatura spessa, indugiavano per un istante di troppo sul discutibile ciuffo laterale del ragazzo. «Fai il tuo lavoro con calma, la lista degli appuntamenti ce l'hai. Aspetta nuove comunicazioni.»

«D'accordo. Il prezzo è sempre lo stesso?»

«Per il *Time Deal*, sì. Duecento tagli a iniezione.»

«Per gli altri farmaci?»

«C'è un foglietto in ogni confezione. Siringhe ne hai ancora, vero?»

«Sì» disse Stan dopo un attimo di esitazione, come se stesse facendo mente locale sulle forniture ben nascoste nel suo appartamento. «Sono coperto. Ma al prossimo giro mi sa che dovrò ricaricare.»

«Non fare stronzate con le punture.» Klaus indurì lo sguardo. «So che te l'ho già detto, ma insisto. Questa cosa la si fa nell'ombra, ma la si fa con cura. Un utilizzo e getti via. Se le finisci aspetti. Non fare mai due iniezioni a pazienti diversi con lo stesso ago. Non voglio che i nostri clienti finiscano in ospedale per colpa nostra.»

«Sono un eccellente infermiere, che cosa credi?» Stan sollevò un sopracciglio ma non trovò complicità nel medico. C'era poco da scherzare, era evidente.

«Ora che il tuo coinvolgimento è a tempo pieno, aumenterà il giro dei clienti. Dovrai essere preciso. Dovrai essere ovunque e allo stesso tempo non esistere. Se hai bisogno di materiale medico, domani e dopodomani mi trovi al Magazzino 6, quello dietro all'autorimessa.»

«Ricevuto. Forse te l'ho già chiesto, ma... perché non se lo possono iniettare da soli?»

«Perché il farmaco non deve girare. Meno gira, meno si rischia che venga studiato e riprodotto da terze persone. Lo somministriamo noi, punto e stop. Dubbi?»

«Nessuno.»

«Hai saputo del suicidio di Otis Colier?»

Stan strizzò gli occhi, come nel tentativo di mettere meglio a fuoco un oggetto distante. «Il Governatore?»

«Si è gettato dall'Orologio Maggiore. Questo pomeriggio. L'hanno raccolto con la paletta.»

«Brutta storia.»

«Sì, ma c'è un dettaglio che la gente non conosce.» Klaus abbassò il tono della voce, come se i muri potessero origliare. «La settimana scorsa l'ho visitato al Santuario. Si era presentato volontariamente.»

«Pure lui era un affiliato?»

«Già.»

«Da poco, immagino. Non mi pareva che avesse smesso di invecchiare, negli ultimi anni. Però potrei sbagliarmi, in televisione sono sempre tutti in forma smagliante.»

«Era sotto *Time Deal* da una quindicina di mesi. Un affiliato in prova, diciamo. Nutriva forti dubbi ideologici. Non che la terapia sia reversibile, ma diciamo che la sua motivazione era più opportunistica che altro.»

«E perché si è fatto visitare?»

«Perché da qualche settimana sosteneva di vedere cose che gli altri non vedevano. E sentiva voci nella testa. A qualsiasi ora del giorno e della notte.»

«Allucinazioni.»

«Proprio così. Avrei voluto seguire il suo caso con attenzione, gli avevo dato appuntamento alla prossima settimana a casa sua.»

«E invece ha preferito farla finita.»

«Non va affatto bene. Non è il primo caso di questo tipo

che il mio reparto ha registrato negli ultimi tempi, ma abbiamo bisogno di dati. Se si ammazzano non possiamo raccoglierli. E poi, questo volevo studiarlo per conto mio...»

«Dati su che cosa?» Stan scosse appena la testa, in parte curioso, in parte spaventato dai possibili risvolti della faccenda.

«Problematiche connesse al medicinale.»

«Mi stai dicendo che il *Time Deal* ha effetti collaterali? L'elisir della vita eterna è una fregatura?»

«Nient'affatto.» Klaus si irrigidì, come se stesse prendendo lo sfottò sul personale. «La terapia funziona, ma ogni persona è un universo a sé, per la medicina. E ogni farmaco può generare reazioni avverse, anche a causa della sua interazione con altre sostanze, delle caratteristiche del soggetto o di mille altre situazioni correlate. Inoltre, il *Time Deal* non è esattamente... un farmaco come gli altri. Il nostro lavoro è anche quello di catalogare esperienze, incrociare dati, capire. Altri reparti, al Santuario, svolgono questo compito da molti più anni del mio.»

Stan mugugnò, l'aria pensosa.

«Parliamo di un numero ristretto di persone, comunque» riprese Klaus. «Fino a poco tempo fa, si trattava di uno 0,4 percento della popolazione a cui era stata somministrata la terapia.»

«Quasi una persona ogni 250. Mica tanto ristretto...»

«Considera che, per alcuni di questi, gli effetti indesiderati sono di poco conto: cefalee, disorientamento temporaneo, nausea o febbre nel peggiore dei casi. E si esauriscono nei primi giorni dopo l'assunzione. Come dopo la somministrazione di un vaccino, ecco. Ultimamente invece il numero totale è cresciuto e stiamo registrando episodi preoccupanti. Reazioni tardive, impreviste. Il Governatore era un caso da approfondire. Non mi stupirei se si fosse buttato di sotto proprio perché spinto da qualche allucinazione visiva o uditiva.»

«Magari era semplicemente depresso. A me i politici di Aurora sembrano tutti schizzati.»

«Può darsi. Ma senti questa: una mia collega ha interrogato un affiliato che sosteneva di aver fatto una strage di innocenti in piazza della Rifondazione. In realtà aveva svuotato il caricatore di un mitra contro le colonne e i piccioni.»

Stan prese coscienza della gravità della situazione e annuì col capo. «Fantastico. Aurora si sta trasformando in un manicomio?»

«L'altro giorno mi hai chiesto perché faccio quello che faccio.» Klaus iniziò a tirar fuori gli zaini da sotto il tavolo. Ne mise un paio in spalla e con un gesto della mano invitò Stan a fare lo stesso.

«E tu hai evitato di rispondere.»

«È una situazione complessa. Negli ultimi tempi abbiamo registrato una gamma di problematiche a carattere prevalentemente psichiatrico, tutte quante in individui sotto *Time Deal*. Sto facendo analisi specifiche su quello e sugli altri prodotti della casa, per capirci qualcosa. Ne parleremo meglio quando avrò i risultati.»

«Cosa intendevi quando hai detto che non è un farmaco come gli altri?»

«Quello che ho detto. Ma non siamo qui per parlare di fisica o chimica. Ora forza, saliamo. Ti aspetta un turno da netturbino.»

Stan non fece più domande e si limitò a eseguire gli ordini. Ma mentre indossava la pettorina catarifrangente e il berretto, e infilava gli zaini nei sacchi neri per poi caricarli sul carrellino, il suo pensiero era fisso su un dettaglio: la storia raccontata da Julian a proposito di Aileen, quella battuta insensata sulla nonna defunta.

Effetti collaterali...

5

«*E questa qual era? La quinta? La sesta?*»

«*La quarta, Julian. Non sei attento!*»

«Ops.»

«*Ti perdono solo perché mi hai regalato il disco dei Leader. Lo ascoltiamo assieme da te?*»

«*Ok! Speriamo che abbiano scritto un altro pezzo come* That was you.»

«*Impossibile.* That was you *è unica. Dai, vediamo se hai buona memoria… Prima Teoria sull'Esistenza?*»

«*"L'unica cosa che conta è il momento che stiamo vivendo. Nessun passato, nessun futuro."*»

«*Seconda?*»

«*"Quando sbagli strada, in realtà ti stai dirigendo dove è scritto che tu vada."*»

«*Grande! Terza?*»

«*Ti amo, Aileen.*»

«*Quella non è una teoria…*»

«*Infatti.*»

«*Scemo. Ammettilo che non te la ricordi. Comunque anche io ti amo, anche se per i miei non ha senso dirlo alla nostra età.*»

«Siamo insieme da sette anni. Quando pensi che impareranno a far finta di accettarmi?»

«Mi piacerebbe saperlo. Lasciamo stare. Insomma, la Terza Teoria?»

«"Se cambi punto di vista e riesci a guardarti dall'esterno, ogni paura svanisce".»

«Sono quasi commossa. Allora mi prendevi in giro... te le ricordi tutte.»

«Io ti ascolto sempre, anche quando non sembra.»

«Ma qual è la tua preferita?»

«Senza dubbio la quarta, quella che hai inventato oggi.»

«Davvero? In realtà io non ne sono sicura, magari la cambio.»

«Non ci provare, Aileen. È perfetta. "Il tempo è il ritmo delle nostre emozioni"... come osi cambiarla? È proprio così. Quando sei felice, il tempo vola. Quando ti annoi a morte l'orologio sembra immobile. Anche Paulie Nelson sarebbe d'accordo, dovrebbe scriverci su una canzone.»

«In effetti è così che funziona. Proprio per questo temo che io e te non ce ne accorgeremo neanche, e saremo già vecchi.»

«Proprio per questo non voglio che tu prenda il Time Deal.*»*

«Ne abbiamo già parlato, lo sai che non dipende da me.»

L'IMMAGINE DI UNA AILEEN di quattordici anni si dissolse in un istante e Julian, sdraiato su un fianco, spalancò gli occhi e si imbatté nello sguardo curioso della sorellina. Sara si era svegliata puntuale come sempre, all'alba di quello che nel gergo di Aurora veniva definito *riposo*, ovvero il giorno in cui non si andava a scuola o al lavoro. Un giorno che nel suo calendario scolastico arrivava ogni dieci, in quello lavorativo di Julian ogni trenta. La Synth era sempre aperta, e nelle rare festività annuali concedeva al massimo una rotazione su turni, per permettere ad alcuni dipendenti particolarmente meritevoli di trascorrere la ricorrenza con la famiglia. Insomma, ci si doveva accontentare di una dozzina di giorni liberi all'anno.

«Ieri abbiamo studiato la storia del nostro pianeta» fu la prima frase di Sara.

«Ho sonno...» Julian rotolò sul fianco opposto.

«Su, interrogami. Ti prego, ti prego, ti prego. Sono stata attenta!»

«Com'è nata Aurora...» bofonchiò lui, la faccia schiacciata sul lenzuolo. Aveva ancora un quarto d'ora e l'avrebbe impiegato volentieri a dormire, ma non poteva ignorare l'entusiasmo della sorellina.

«Allora» iniziò Sara, ma subito si bloccò per pensarci su. Dopo alcuni secondi, in cui Julian rischiò di riprendere sonno, riprese: «I nostri antenati l'hanno fondata tantissimi secoli fa».

«Da dove venivano?»

«Da un altro continente. Molto lontano.»

«Come mai sono venuti qui?»

«Perché... perché...» si arrese.

Julian si decise a voltarsi. Non avrebbe più dormito, questo era certo. Tanto valeva portare a termine l'interrogazione. «Perché ai tempi si poteva ancora...»

«...si poteva ancora viaggiare! Viaggiare per mare. Le navi attraversavano tutto il mondo. La mamma sognava sempre di arrivare dall'altra parte dell'oceano.»

«Esatto» sorrise lui prima di stritolarle la guancia tra indice e medio. «E poi?»

«Poi nel resto del pianeta c'è stata la guerra.»

«Che tipo di guerra?»

«La gente non poteva più respirare bene e molte città erano distrutte. Una guerra... *chimica*, ecco! Così l'ha definita la maestra. Che significa?»

«Che non si sparavano con i fucili. Utilizzavano armi diverse. Composti, sostanze, bombe in grado di... ma torniamo ad Aurora. Qui invece la situazione com'era?»

«Aurora era l'unico posto inc... incron...»

«Incontaminato.»

«Ecco, sì. Non ho capito bene che cosa voglia dire. La maestra ci ha fatto vedere un disegno, una specie di fungo.»

«Significa che era l'unica parte del mondo, o una delle poche, sopravvissute agli effetti di quel fungo. Anzi, di *quei* funghi. Chissà quanti ce ne furono.»

«Ed erano pieni di aria cattiva?»

«Diciamo così. Grazie al sistema delle correnti che circondano la nostra isola siamo riusciti a tenere a bada l'aria cattiva per un bel po'. Il fatto di trovarci in mezzo all'oceano ha aiutato. Forse Aurora era il punto più lontano da entrambi i fronti principali della guerra. Almeno così diceva il nonno.»

«Ma pian piano la gente ha cominciato ad ammalarsi anche qui e l'aspettativa di vita è scesa.»

«*Aspettativa di vita...*» Julian guardò Sara con ammirazione. «Quanti concetti da bambini grandi che vi insegnano! A ogni modo sì, dovrebbe essere andata così. L'aria cattiva non ci ha spazzato via, ma diciamo che non è mai stata nostra amica. Abbiamo imparato a conviverci.»

«Sì, però una cosa non mi torna. Perché abbiamo smesso

di viaggiare? Potevamo trovare qualche altro posto come questo. Qualche isola fortunata.»

«Il nonno diceva sempre a papà che era per via delle politiche di protezionismo di un vecchio Governatore di nome Carl Russell. Aveva imposto ad Aurora di diventare totalmente autosufficiente, indipendente. Altri sostengono che fosse per i pericoli, delle radiazioni... il resto del pianeta non dev'essere molto ospitale.»

«Capisco.» Sara piegò un lato della bocca in una smorfia, come se non avesse afferrato qualche vocabolo ma si vergognasse a chiedere il significato. «Ma Carl Russell è quello del calendario?»

«No, quello è il padre. Fu Sam Russell a istituire il *Refoundation Calendar*, novantacinque anni fa.»

«E gli fecero una statua in piazza della Rifondazione.»

Julian liberò uno sbadiglio. «Eh, no. Quello della statua è proprio il figlio Carl. Se la fece scolpire da un artista dei suoi tempi. Un tipo poco vanitoso, eh?»

«Che confusione. Ma adesso ho capito. Più o meno. Grazie, *Julz*.»

«Pure tu ti ci metti, con questo nomignolo!» rise lui, poi la afferrò con una morsa a tenaglia sui fianchi. La sorella non poteva opporsi alla sua arma segreta e il solletico finiva sempre per farle venire il singhiozzo. Per mandarlo via era solita bere dell'acqua in apnea, ma bastava incrociare lo sguardo del fratello per scoppiare di nuovo a ridere ed essere costretta a riprovarci da capo.

«Di che cosa parlavate ieri sera tu e Stanny?» chiese Sara, appena finita la tortura.

«Di cose da grandi.»

«Io *sono* grande!»

«Allora di cose da vecchi.»

«Io *sono*...» La bambina alzò gli occhi verso il soffitto pieno di crepe del bilocale. «No, non lo sono. Però non è giusto, non mi dite i vostri segreti. Io te li dico sempre, i miei.»

«Perché io sono il tuo principe.» Julian allargò le braccia in attesa del suo balzo. Lei non se lo fece chiedere due volte. La strinse e pensò che quella bambina era la sua fortuna, la sua salvezza. Tutto quello che di buono gli era rimasto nella vita. A parte Aileen, certo. Ma quanto tempo sarebbe passato ancora prima che Mann Sheridan si mettesse davvero contro di lui e gliela portasse via? Non stava già tentando in tutti i modi di separarli, costringendolo a invecchiare senza di lei? Julian si aggrappò a Sara con tutta la forza di cui era capace. Poi, nel tempo di un forzato sorriso, seppellì i cattivi pensieri e si rivestì da fratello maggiore. «Monellina, andiamo a fare colazione.»

«L'orzo non è finito, vero?»

«Scherzi? Ce n'è quanto ne vuoi»

Sara esultò, poi corse a sedersi al tavolo. Mentre Julian apriva un'anta di legno per tirar fuori il barattolo d'orzo, lo spiazzò: «Anch'io un giorno prenderò il TD?»

Lui rimase fermo di fronte alla dispensa, gli occhi fissi sulla maniglia, poi chiuse e si voltò. «Ne riparliamo tra qualche tempo, okay? Tanto fino a quindici anni non si può, il tuo corpo non è ancora pronto. Dopo... si vedrà.»

«Tu perché non lo prendi?»

«Perché voglio diventare grande.»

«Ma sei già grande, l'hai detto prima. Anzi, sei vecchio!»

«Mi hai fregato!» Julian alzò una mano in segno di resa, poi riempì un pentolino d'acqua e accese il fuoco sotto il più piccolo dei fornelli. «No, sul serio. Sono grande, ma non come papà. Papà era grande e forte. Voglio diventare come lui.»

Sara si accontentò di quella risposta e non fece più domande. Julian, invece, se ne fece fin troppe. Che cosa sarebbe diventata, Aurora, nel giro di sette anni? Di quale potere economico e politico avrebbe disposto la TD Pharma il giorno del quindicesimo compleanno di sua sorella? Poteva diventare obbligatoria per legge, prima o poi, la somministrazione di quel farmaco, come sostenevano alcuni? Aveva ancora in testa le parole di Rodan Sheen: *Per un futuro più sano e luminoso... aziende con un personale più contenuto ma notevolmente più produttivo... la rivoluzione è già cominciata...*

Proprio così. Era già cominciata e senza dubbio era pianificata da tempo. Quale fosse il punto di arrivo, era ancora un mistero. Che volto aveva, l'Aurora del futuro, per i vertici del Santuario?

Julian era nato in quella metropoli e, per quanto lo riguardava, la città e l'isola omonima su cui essa sorgeva erano il pianeta intero. Che cosa c'era nel resto del mondo? Devastazione, forse. Aria tossica. Acque inquinate. Nessuna risorsa, nessun futuro. Eppure lui sapeva che un tempo c'erano state terre sconfinate, continenti con lingue e culture diverse. Prima della guerra chimica. Delle esplosioni nucleari, che non riusciva neanche a immaginare. Prima della fine.

Ma chi era stato a scrivere la Storia degli ultimi cento anni di Aurora, quella che i ragazzi imparavano sui banchi? O forse, per dar credito a qualche teoria del complotto, chi l'aveva riscritta più volte fino a farla diventare vera?

«Non viene a trovarci Aileen stasera?» chiese Sara mentre Julian versava l'acqua calda in una tazza, insieme all'orzo, e la poggiava sul tavolo. «Quand'è *riposo* di solito viene...»

«Non lo so» rispose lui, lo sguardo distratto dall'immagine mentale della sua ragazza che faceva riferimento a una realtà passata, spacciandola per attuale. «Ma vedrò di sentirla nel corso della giornata. Magari riesco a chiamarla dal lavoro.»

«Il mio amico Connor dice che suo zio ha l'ultimo modello del braccialetto. Con quello si può anche telefonare.»

«Si vede che suo zio se lo può permettere.»

«Beato lui!» Sara sospirò e bevve un sorso. «Ahi, scotta.»

«Soffia.» Julian scosse appena il capo. «Sono degli aggeggi pratici, Sara, anche appariscenti e belli da vedere. Ma sono solo aggeggi.»

«Come gli schermi a muro» fantasticò la bambina.

«Esatto, come gli schermi a muro. Si diventa dipendenti, da certe tecnologie...»

Sara si voltò verso il vecchio televisore, un apparecchio che tre volte su quattro riproduceva le trasmissioni a scatti. Era vecchio, sì, e meritava un lancio in discarica, ma Julian aveva da tempo provveduto a bloccare in anticipo ogni velleità: chi aveva i soldi per prenderne uno nuovo? Di quelli sottilissimi, a muro, poi. Chi li avrebbe mai avuti?

«Forza!» Batté le mani. «Ora vestiti, cucciola. O farò tardi al lavoro.»

Sara saltò dalla sedia e corse in camera. Fu allora che bussarono alla porta. Lui si avvicinò perplesso, vista l'ora. Si augurò che non ci fossero problemi con Alma, o non avrebbe saputo dove lasciare la bambina. Sbirciò dalla toppa della serratura, un vecchio modello, largo, attraverso il quale si riusciva a scorgere un angolo di pianerottolo.

Era Stan.

«Non voglio trattenermi» disse trafelato l'amico appena Julian lo fece entrare «ma ho qualcosa da dirti.»

«Sara si sta cambiando. Non possiamo parlarne mentre vado al lavoro?»

«No» ansimò, un gomito poggiato contro lo stipite. «Da oggi dobbiamo avere meno contatti possibili, lo sai. È per voi che lo dico.»

«Avanti.» Julian lo invitò a proseguire senza muoversi di un centimetro.

«Tieni d'occhio Aileen. Indaga su quell'episodio.»

«La storia della nonna?»

«Quella.»

«Che cosa c'è che non va?»

«Ieri il Governatore Supremo di Aurora si è suicidato. Da fonte certa so che era un neoaffiliato della TD e che negli ultimi tempi soffriva di allucinazioni. Potrebbe essere un effetto collaterale del farmaco, anche se non c'è la certezza. Ci sono stati molti casi negli ultimi tempi. Volevano studiare anche questo al Santuario e... be', l'avrebbero fatto, se Colier non si fosse gettato dall'Orologio Maggiore.»

«Non mi piace.» Lo sguardo di Julian era carico di apprensione.

«Neanche a me.» L'amico indietreggiò verso il pianerottolo. «Ma ripeto: attento ad Aileen. Cerca di capire che cosa le sta succedendo.»

«Grazie, davvero.»

Stan si voltò e oltrepassò l'uscio, poi ruotò la testa di lato, fece per aggiungere qualcosa ma rimase muto. Nessuno dei due disse niente, mentre Sara chiamava il fratello dalla camera da letto. Rimasto solo, Julian chiuse la porta e vi appoggiò la fronte.

Un tuono violento e inatteso fece tremare la finestra.

Allucinazioni.

6

Vista da fuori, la sede del guscio sembrava un palazzo anonimo, di quelli abitati solo da scartoffie, computer e dipendenti svogliati. Sorgeva nel quartiere dell'Elmo, centro nevralgico delle attività della TD Pharma ad Aurora. A livello architettonico non era niente di memorabile o di paragonabile agli edifici avveniristici che sorgevano a est di Guglia e Diamante, tra la zona abitata e la costa, dove l'estro di artisti come Oleander e Frey si era espresso in tutta la sua imprevedibile e bizzarra natura.

Rispetto agli standard di Mann Sheridan, e in generale allo status della sua famiglia, l'Elmo era invece un'area modesta. Ceto medio. Inutile parlare dei quartieri industriali o di zone malfamate come Teatro. Laggiù, secondo il padre di Aileen, abitavano i pezzenti (e Julian era uno di quelli). Se fosse diventato davvero Governatore, pensava lei, avrebbe regalato alla stampa e ai cittadini parole misurate e di rispetto per tutte le classi sociali, eppure la ragazza conosceva benissimo il suo pensiero. Non usciva mai dalle mura di casa, ma tra quelle rimbombava come un tuono. E dal momento che lei era innamorata da dieci anni di uno di quei pezzenti, non riusciva a sopportare le battute e gli sfottò del suo vecchio (mai diretti verso Julian in particolare, ma verso la gente del suo rango, come se fossero tutti un branco di delinquenti).

«In orario perfetto» ci tenne a precisare Tarja non appena scese dalla macchina.

Serge, l'autista dal naso aquilino e il pomo d'Adamo pronunciato, aprì la portiera a entrambe e salutò con deferenza, poi rimase impalato. Aileen si augurò che andasse almeno a bersi una tazza di tè, visto che lei e la madre dovevano trascorrere al guscio un paio d'ore. Intanto, una figura indistinta le vide arrivare dall'interno di una porta a vetri e la aprì per accoglierle.

«Tarja, signorina Aileen» disse la voce accomodante di una donna sui cinquanta, bassa e minuta, i capelli corti color platino. «Bentornate.»

«Buongiorno, Silvia.» Tarja si piegò leggermente sulle ginocchia per avvicinare il volto all'altezza dell'altra e appoggiare delicatamente la guancia in segno di cordiale saluto.

«Che piacere» disse quella, voltandosi verso Aileen. «E tu, cara, sempre bellissima. Ma prego, entrate.»

Lei se la cavò con un timido sorriso e seguì le due donne all'interno. Un banco a mezzaluna invaso da volantini introduceva in un ambiente minimalista, con qualche futile oggetto (perlopiù piccole sculture in legno) a occupare sottili mensole bianche e un paio di poster incorniciati che esaltavano la terapia scoperta e lanciata dalla TD Pharma. Uno dei due recitava, con uno slogan a caratteri cubitali: IL SANTUARIO HA A CUORE IL TUO DOMANI.

«Voglio subito introdurvi nel gruppo di oggi» squillò la signora. «Abbiamo diverse persone iscritte alla conversazione, sono già tutti seduti in aula.»

Quella che Silvia chiamava "conversazione" era una sorta di discorso introduttivo che veniva fatto a chi si avvicinava per la prima volta al *Time Deal*. Gli affiliati si prestavano volentieri a questo genere di incontri, perché la loro presenza nel pubblico dava fiducia ai nuovi, ma Aileen aveva sentito quel discorso talmente tante volte che avrebbe potuto tenerlo lei stessa.

Appena fu all'interno dell'aula, un'ampia sala dalle pareti verde acqua che offriva una sfilza di quadretti con i volti felici degli iscritti alla filiale del guscio, si accorse che era gremita in ogni ordine di posto. Con una rapida occhiata individuò i volti noti e li distinse da quelli sconosciuti. Poi si sedette in terza fila, accanto alla madre. Le uniche due sedie libere, tenute appositamente per il loro arrivo. *In orario perfetto*, risuonò nella testa della ragazza. Macché. Tarja doveva aver capito male: quella gente era lì almeno da mezz'ora.

Fu proprio Silvia a salire sul piccolo palco per rivestirsi del ruolo di maestro di cerimonie. Lo faceva spesso, anche se preferiva lasciare l'incombenza al socio Chris, l'elegante ragazzo di colore seduto quel giorno in prima fila. Di certo l'avrebbe chiamato in causa, prima o poi.

«Buongiorno, amici di Aurora» iniziò, e Aileen si preparò ad almeno venti, venticinque minuti di noia mortale. I nuovi avrebbero fatto domande, la donna avrebbe risposto per prima e poi si sarebbe divertita a cercare testimonianze complici nel pubblico. «*La gioventù è il presente. La vita eterna è realtà.*»

In seguito, non avrebbe saputo spiegare come accadde. Fu durante uno degli applausi della platea alle parole di Silvia.

Come al rallentatore, il suo sguardo si posò sui volti pieni di speranza dei novellini, poi sul sorriso tirato della madre, infine sulla dentatura perfetta di Chris, appena salito sul palco per affiancare Silvia nella conduzione. Per un istante non ricordò più che giorno fosse. Le venne il terrore di aver saltato la lezione all'Accademia. Avvertì il battito del cuore farsi più insistente nel petto e cominciò a sudare freddo. D'istinto mise una mano sopra quella di Tarja, il mento iniziò a tremare e ogni cosa accanto a lei parve più lontana, sfocata. Mentre le parole di Silvia e Chris si mescolavano fra loro, e di fronte ai suoi occhi roteava un caleidoscopio di colori con al centro il volto preoccupato di sua madre, Aileen cercò di respirare a fondo. Chiuse gli occhi e respirò. Riaprì gli occhi e respirò. Due, tre volte. Quattro. Fino a far tornare le cose a posto. Nessuno pareva essersi accorto di niente. Un sospiro. Un respiro più lungo. Calma.

Fu allora che Chris scelse il momento sbagliato per chiedere alla persona sbagliata una testimonianza.

«La nostra Aileen, per esempio» disse con voce stentorea. «Lei sì che è un esempio lampante dei benefici dei prodotti della TD Pharma. Non mi riferisco solo al *Time Deal*, ma anche alla nostra gamma di integratori per lo sport, per lo studio e per la memoria. Alzati, cara, ti prego. Potete ammirare come sia in piena forma. I suoi successi in discipline quali equitazione e scherma ne sono la prova.»

Almeno cento occhi si posarono su di lei. Si guardò attorno, confusa, senza riuscire a capire chi fossero quelle persone. Sentiva pulsare la tempia destra, sapeva che prima o poi l'occhio avrebbe iniziato a lacrimare. Ma che razza di domanda aveva posto quell'uomo, i cui lineamenti si erano fatti estranei e di cui all'improvviso non ricordava il nome?

«Mamma...» bisbigliò. Tarja le offrì uno sguardo torvo mentre un microfono passava di mano in mano fino ad arrivare a lei. La madre sembrava volerle dire con gli occhi *avanti, parla.*

«Io...» biascicò Aileen, la voce ora amplificata e diffusa in tutta la sala. «Non saprei.»

«Sappiamo che sei dei nostri da due anni, mi sbaglio?» chiese ancora l'uomo. «Ne avevi quindici quando ti somministrarono la terapia.»

«In che senso?» ribatté senza pensarci. «Devo ancora compierli, quindici anni.»

La gente attorno a lei si stranì. Sua madre si stranì. E l'uomo di colore. E la donna bassa accanto a lui.

«E mi piacerebbe andare a cavallo» continuò «ma non l'ho ancora fatto. I miei genitori vogliono aspettare che ne abbia almeno dodici.»

Si levò un coro di stupore. Tarja Sheridan si schermò dietro un sorriso finto, sfilò il microfono dalle mani della figlia e si alzò in piedi. «Perdonateci» disse, in evidente imbarazzo. «La mia Aileen oggi non è in grande forma. La porto a bere un bicchiere d'acqua, dev'essere un po' confusa. A chi non è capitato... sapete, parlare di fronte a tanta gente può giocare brutti scherzi.»

«Guarda che ora sto bene» le sussurrò lei.

La madre la zittì con uno sguardo di pietra.

Ma era la verità, pensò Aileen tra sé. Adesso stava bene. Il giramento di testa era passato e non sudava più freddo. Semplicemente non riconosceva quel luogo e non capiva le domande del presentatore. Ma mentre la gente si produceva in un altro incomprensibile applauso, lei abbassò la testa per osservare il proprio corpo. Vide un seno che non era il suo. O meglio, era quello che sperava di avere un giorno. Non quello di una bambina di undici anni. Anche le gambe erano più slanciate, sode. La madre la prese per mano e la portò fuori dalla sala prima che lei potesse farle una sola domanda sul suo aspetto.

«Che diavolo combini?» le gridò in faccia Tarja non appena si trovarono all'esterno dell'aula. «Sei impazzita?»

«Mamma, io...»

«Forse credi di essere divertente. Cosa penseranno i nuovi arrivati? Che la TD Pharma ci imbottisce di sostanze psicotrope?»

«Non so di che cosa parli...» Lo sguardo di Aileen si perse oltre la figura della madre e cadde su un manifesto con il logo della casa farmaceutica.

«Svegliati!» Tarja le tirò una sberla.

«Scusami» disse con un filo di voce dopo alcuni istanti di silenzio. Poi non riuscì a trattenere le lacrime. Sprofondò nel petto della madre perché provava vergogna a farsi vedere dalle persone che si erano avvicinate curiose al siparietto. Di lì a poco anche la tizia che affiancava il presentatore di colore sul palco venne fuori dalla sala e le poggiò una mano sulla spalla.

«Scusatemi tutti» disse ancora Aileen. Ma non aveva idea del perché si stesse scusando. Non aveva fatto niente di male. A pensarci bene, non riusciva neanche a ricordare dove fosse.

«Forse è meglio se la riporti a casa» disse la donna a sua madre.

«Certo. Spero che questo spiacevole episodio venga presto

dimenticato, Silvia. Ah, per quella questione legale che mi accennavi al telefono, passa pure da me domani in studio. Per te non c'è tariffario.

«Grazie di cuore.» La presentatrice abbassò la testa e offrì un abbraccio. «Sei fantastica, davvero.»

«Ci mancherebbe altro, cara. A vostra totale disposizione.»

In un attimo Tarja e Aileen erano fuori dal palazzo e la donna si dirigeva a passo spedito verso l'auto senza degnarla di uno sguardo. Lei cercò di starle dietro. Si sentiva in colpa per qualcosa che non riusciva a comprendere e non capiva che cosa fosse successo al suo corpo. Doveva assolutamente parlarne con Julian che, pensò, a quell'ora era senz'altro a scuola.

Quanto all'autista che le aprì la portiera, be', non aveva mai visto quell'uomo in vita sua.

7

Neanche ventiquattro ore dopo il discorso d'insediamento del nuovo direttore, la Synth aveva già cambiato volto. E se non era bastata l'arte oratoria di Rodan Sheen a far capire ai dipendenti quale sarebbe stato l'andazzo da quel giorno in avanti, ci pensò una circolare ufficiale distribuita a tutti coloro che erano sopravvissuti ai tagli al personale. La consegnarono direttamente i ragazzi con la felpa della TD piazzati all'ingresso della ditta, in prossimità degli scanner, a mo' di sentinelle. Uno di questi, dalla carnagione olivastra e il naso schiacciato, allungò il foglio a Julian dopo essersi armato di falsa cordialità per salutarlo.

«Cos'è questa storia?»

«Nuove direttive» rispose l'affiliato, mal celando un certo fastidio nel dover svolgere quel ruolo.

Julian colse un impercettibile accenno di disagio e si chiese se potesse azzardare qualche domanda indiscreta. Poi diede un'occhiata al documento. «È uno scherzo, vero?» ghignò. «Chi è stato a scriverlo? Fred?»

«Non conosco alcun Fred.»

«Ascolta, sul serio. Non ha senso. E poi, cos'è questa novità? Fino a ieri distribuivate plichi per strada per intortare la gente, e ora...»

«Sono le nuove regole del direttore Sheen.» Il tizio mantenne lo sguardo fisso di fronte a sé, evitando di incrociare la sua espressione incredula.

«È ridicolo, dai. Affiliazione obbligatoria? Cos'è, un ricatto?» Julian si guardò attorno, le mani poggiate sui fianchi. Alcuni dipendenti avevano già la penna in mano e tenevano il foglio schiacciato contro un muro, mentre lui sentiva salire l'ansia, figlia dell'impotenza di un semplice dipendente di fronte al suo padrone. D'un tratto cercò di cambiare discorso, o forse solo di prendere tempo. «Posso chiederti quanti anni hai?»

L'affiliato si voltò appena, colto di sorpresa dalla domanda.

«È un segreto governativo o puoi dirmelo?» scherzò Julian, ma mentre le labbra erano stirate in un mezzo sorriso, le sopracciglia aggrottate raccontavano un sentimento in netto contrasto.

«Ne ho trentacinque.»

«Non pensi mai che tutta questa storia sia un controsenso?» insistette, deciso ad approfittare della disponibilità del suo interlocutore. «Che sia l'esatto opposto della nostra natura?»

«Non sono affari tuoi.»

«E invece lo sono.» Julian cambiò tono e incupì lo sguardo. La rara occasione di confrontarsi con un affiliato che non rispondesse al nome di Aileen (lui non la considerava tale, nonostante lo fosse a tutti gli effetti) era piuttosto ghiotta. «Sono affari di tutti. Te lo leggo in faccia che in quei panni ti senti ridicolo.»

L'altro si voltò di scatto, infastidito. Sembrò digrignare i denti, nel tentativo di contenersi. Eppure, i suoi occhi non erano in grado di mentire. Restò in silenzio ma fece parlare le contrazioni muscolari del viso.

«Io sono un ragazzo» continuò Julian. «Tu dovresti essere... che cosa? Un uomo? Eppure hai le mie stesse fattezze. Forse dimostri addirittura meno anni di me. Perché diavolo lo fate? E poi, come fate a essere sicuri che domani...»

«Basta, per cortesia!» L'altro cercò di mantenere un tono calmo e una postura composta. «È il mio primo giorno qui, vedi di non crearmi dei problemi.»

«Curioso che per te sia il primo» rispose Julian, il tono ora beffardo, «perché per me forse sarà l'ultimo.»

«Ci hai riflettuto bene?»

«Certo.» Julian si voltò e vide i suoi colleghi firmare e passare, uno dopo l'altro. Ma avevano letto la circolare? Capivano la portata di tale scelta? Mentre l'affiliato lo osservava perplesso, lui si figurò nella mente il bivio di fronte al quale si trovava. No, non ci aveva riflettuto bene. Non poteva farlo così, in una manciata di minuti, per strada. Da una parte i suoi ideali, i valori, i principi che aveva sempre difeso e insegnato a Sara. L'idea di non manipolare l'esistenza umana, di non violentare la natura. Dall'altra, il volto della bambina. Il prossimo affitto. La retta della scuola. I medicinali. Le responsabilità di cui si era fatto carico dalla morte dei suoi genitori. D'un tratto si accorse che la mano con cui teneva il foglio stava tremando. Quando alzò lo sguardo, lo sconosciuto era ancora in attesa di sentirlo concludere la frase. «Rodan Sheen non si può permettere di arrivare e cambiare tutto da un giorno all'altro in questo modo.»

«Allora non hai capito» disse il finto ragazzo, quasi sconsolato. «Non è Rodan Sheen il problema.»

«Che cosa intendi dire?»

«Il problema è molto più in alto.»

Julian rimase immobile e osservò con aria perplessa lo pseudo-giovane che aveva di fronte. Che si fosse pentito di aver assunto il farmaco durante l'adolescenza? Cos'era, un'altra vittima di rigide imposizioni famigliari, come Aileen?

«Se fai così» bisbigliò l'affiliato «rischi di perdere in partenza una battaglia che non sei comunque in grado di vincere. Tempo sprecato. Lascia perdere.»

«Tu sei fuori di testa» sussurrò Julian. «A voi fanno il lavaggio del cervello, ecco cosa. Aurora è una città libera, lo è sempre stata. Il governo non permetterà che una società farmaceutica ci imponga una scelta del genere.»

Il suo interlocutore piegò appena il capo, regalò a Julian uno sguardo benevolo, quasi compassionevole, poi sussurrò: «Giovinezza e illusione, che splendida coppia».

Un collega dell'affiliato, l'aspetto di un quarantenne dalla mascella pronunciata e le spalle larghe, si avvicinò all'improvviso. «Qualche problema, Logan?»

«Sì, signore. Questo dipendente critica il direttore Sheen e la nuova gestione.»

Julian chiuse appena gli occhi. Ora c'era suo padre, nel teatro della mente, illuminato da un faro puntato verso il centro del palco. Gridava qualcosa a proposito della difesa delle proprie convinzioni, a qualsiasi costo. Forse la più importante delle eredità che gli aveva lasciato.

«Corrisponde al vero?» L'adulto si rivolse a lui, destandolo dai suoi pensieri.

Julian evitò di rispondere. Si fermò a pensare che quest'altro potesse avere perfino una sessantina d'anni. Probabilmente era l'anziano di turno, se così si poteva dire, dunque era anche il capo di quel Logan. E per quanto il tizio dalla pelle olivastra avesse cercato di tenere la posizione, Julian poteva scommettere che non si trovasse affatto a suo agio in quei panni. *Il problema è molto più in alto*, aveva detto. Il problema. Così l'aveva definito. Chissà quante persone, ad Aurora, si erano pentite di aver assunto il *Time Deal*. Chissà quante avrebbero desiderato tornare indietro, se solo fosse stato possibile. Chissà quante rimpiangevano di non poter invecchiare e maturare come previsto dalle leggi della biologia. Forse Logan era una di quelle.

«È così o no?» incalzò l'uomo.

«È così» ammise. «E allora?»

«Lo sai che ti stai giocando il posto di lavoro, vero?» Il tizio gli rivolse uno sguardo duro, quasi sprezzante. «Vedi di firmare ed entrare, forza.»

Julian tacque, ma la pellicola dei suoi pensieri si riavvolse per tornare a un momento preciso, incorniciato nei ricordi indelebili della sua adolescenza. E lì una voce, un richiamo, una confessione sincera pronta a sbilanciare il peso delle motivazioni in gioco.

«Beato te. I miei non vogliono sentire ragioni. Sai cosa? Ho paura. Che ne sappiamo di quello che succede nel nostro corpo dopo aver preso il farmaco? Magari ora funziona, ma tra dieci anni cosa accadrà? Se solo potessi rifiutarmi, Julian… a volte vorrei essere nata in un quartiere come il tuo, in una famiglia normale, con un cognome che non ti obbliga a scelte forzate. Beato te, sul serio. Hai una fortuna che ti invidio: tu puoi scegliere.»

«No» rispose Julian con la voce dell'istinto, dopo aver messo di nuovo a fuoco l'interlocutore. In un attimo si rese conto che in cuor suo, grazie agli insegnamenti del padre e alle riflessioni di Aileen, aveva già scelto.

«Questo è il ringraziamento per l'offerta che ti viene fatta?» lo incalzò l'affiliato. «Ti danno un lavoro, ti regalano la possibilità di poterti mantenere rimanendo in piena forma, senza ammalarti o indebolirti... e tu rinunci a tutto questo? Non capisci il privilegio che ci è stato concesso?»

«Nessuno ti dà la vita eterna gratis.» Julian ripeté una frase pronunciata da Stan nell'accennare al codice comportamentale imposto agli affiliati della TD Pharma. Lo disse con fermezza, ma un treno di dubbi e timori lo investì in pieno volto. Rimanere impassibile era l'unica cosa da fare, ma era un compito davvero arduo. L'altra parte del bivio, quella occupata dal senso del dovere verso la sorella minore, sembrava sempre di più la salita ripida verso una cima irraggiungibile.

«Tu sei un piccolo ribelle...» riprese l'altro, poi con una mano indicò la fila di dipendenti che stavano passando il badge sugli scanner. «...e uno stupido. Guarda i tuoi colleghi. Stasera torneranno a casa e avranno ancora un lavoro, potranno continuare a dare da mangiare alle loro famiglie. Tu che cosa sei? Un buono a nulla. Vivrai ai margini della società. O magari in mezzo a quelle comunità nei deserti a ovest, o ai piedi delle montagne. Questo è il tuo futuro. Lo sai, vero? I tuoi genitori ti butteranno fuori di casa, quando scopriranno...»

«I miei genitori sono morti.» Julian rifilò al tizio uno sguardo glaciale. Si rese conto di essersi appena ribellato, per la prima volta nella vita, a un sistema più grande di lui, consapevole del fatto di rischiare di pagare un conto molto salato. «Ma se mio padre fosse ancora vivo, le garantisco che sarebbe fiero di me. E magari verrebbe a sputarle in faccia.»

«Tornatene a casa.» L'altro strinse i pugni e serrò le labbra, mentre Logan scuoteva il capo. «E non farti più vedere. Riferirò al direttore, da domani dovrai trovarti un altro impiego.»

«Sempre meglio che avere a che fare con gente come voi.» Julian si voltò e fece per andarsene.

«Mangerai pesci malati e topi di fogna.» L'uomo sghignazzò alle sue spalle, poi fece tuonare una risata grassa e forzata. «I tuoi genitori dovevano insegnarti il rispetto!»

Julian arrestò il passo. Non fu semplice, ma dovette frenare l'istinto di girarsi e saltare addosso all'affiliato per spaccargli la faccia. Fece un lungo respiro e riprese a camminare, mettendo tra sé e la Synth una distanza che sarebbe aumentata fino a diventare definitiva.

Una volta sotto casa, salì i gradini delle scale a due a due e si rinchiuse all'interno dell'appartamento, quasi in cerca di protezione. I pensieri confusi e il respiro affannoso, prese a fare avanti e indietro nello stretto bilocale, perdendo la cognizione del tempo. Finché gli sembrò di soffocare. Così uscì e fece il giro dell'edificio fino al retro, dove teneva legata una vecchia bicicletta dal sellino consumato e il manubrio coperto di ruggine. Talmente malridotta che neanche i ladri se la filavano.Dalla tasca interna della giacca beige della Synth tirò fuori un paio di guanti che utilizzava in magazzino, quando doveva spostare carichi pesanti. Li indossò e montò in sella. Poi partì, diretto al quartiere della Guglia.

8

La bicicletta di Julian serpeggiò per le strade di Aurora scartando detriti, fogliame fangoso e pozzanghere. Saltò su e giù dai marciapiedi mezzi distrutti, sfrecciò accanto ad automobili abbandonate e cassonetti traboccanti per i troppi rifiuti. Una volta lasciato il quartiere industriale, il ragazzo pedalò attraverso le vie dell'Elmo e del Toro, dove gli edifici non erano diroccati ma non si poteva certo affermare che fossero esempi architettonici degni di nota. Visionari come Oleander, l'ideatore del più bel palazzo di Aurora, che somigliava a una torre pendente e ospitava il raffinato ristorante Bradbury, non si degnavano nemmeno di farsi vedere da quelle parti.

Come dei lampi improvvisi, durante la corsa, i volti in bianco e nero di alcuni cittadini scomparsi, piantati su diversi pali della luce, fissarono Julian con lo sguardo disperato di chi ha bisogno di aiuto. C'era anche Miriam Palmer, quella ragazza dai capelli viola che lui aveva già visto altrove. Era evidente che in quella zona il numero di casi superava la media degli altri quartieri. Elmo e Toro, del resto, erano le aree a più alta densità di popolazione, con la maggiore concentrazione di condomini e scuole. Anche per questo motivo il traffico si congestionava facilmente, specie a quell'ora del mattino. Julian bruciò diversi semafori rossi rischiando di farsi tirare sotto da un paio di camion, con alla guida uomini robusti poco inclini alla pazienza. Ci volevano un paio d'ore per attraversare l'intera città, tagliandola in due lungo una diagonale che andava da sud-ovest a nord-est, ma poteva farcela in un'ora e tre quarti, a patto di guizzare in mezzo alle auto e sfiorare qualche fiancata. In macchina ci avrebbe messo una quarantina di minuti, percorrendo l'Anello in condizioni di traffico normale. Ma chi l'aveva mai avuta, una macchina.

Che cosa ho fatto...

Superato il quartiere del Toro, risalì per il Largo Emporio, la strada che ospitava il più alto numero di esercizi commerciali in tutta Aurora, che oltre alle quattro corsie a doppio senso di marcia era dotata anche di una pista ciclabile, fino a raggiungere la vasta piazza della Rifondazione, una zona interamente pedonale delimitata da due mezzelune di portici. Su alcune colonne erano evidenti diverse file di buchi, roba da far pensare a una sparatoria. Julian notò il dettaglio senza farci troppo caso, poi tirò dritto e imboccò un viale alberato che conduceva verso il quartiere Diamante, e lì si rese conto che il vento stava aumentando in intensità. Le fronde dei pioppi artificiali ai lati della strada cercavano di resistere alle violente folate, piegandosi di lato come l'elastico di una fionda nel momento di massima tensione prima di essere rilasciato. Julian dovette sputare più volte i granelli di polvere sollevati dal vento, mentre i muscoli delle gambe non si arrendevano e continuavano a spingere la bicicletta alla massima velocità. Una volta a destinazione, avrebbe avvertito il freddo glaciale che stava avvolgendo Aurora, consueta dote delle poderose correnti d'aria che accompagnavano spesso la pioggia. Ma ora, surriscaldato dallo sforzo fisico, non ci faceva caso. E mentre tagliava la strada agli automobilisti in coda in prossimità del ponte sul fiume Cento, lo attraversava zigzagando tra i mezzi, approfittava della discesa per accelerare ancora e infine imboccava le vie che si insinuavano nel cuore residenziale del quartiere Diamante, pensava a Sara e al suo futuro.

Come avrebbe potuto mantenere la sorella, senza un lavoro? E come trovarne un altro se le varie ditte del quartiere industriale fossero finite una dopo l'altra sotto il controllo della TD Pharma? Avrebbe dovuto cedere, per forza, e non solo lui. L'intera città si sarebbe piegata, o forse lo stava già facendo. Non esisteva una terza possibilità.

Si soffermò a riflettere sul fatto che la metà della popolazione sopra i quindici anni aveva preso, chi tanto tempo prima, chi più di recente, il *Time Deal.* Quanto tempo occorreva prima che fosse coperta la totalità dei cittadini? Quale grottesca dittatura dell'eterna giovinezza avrebbe caratterizzato la metropoli, e a quali rischi di sovrappopolazione si sarebbe andati incontro negli anni a venire?

Che cosa ho fatto...

Julian superò la zona delle villette, un'area dalla pianta esagonale occupata da lussuose abitazioni private, e pedalò verso Guglia. L'ingresso nel quartiere in cui abitava Aileen era contrassegnato da una fila di bandierine bianche e rosse appese a un cavo che collegava due torrette in pietra, dalla stretta forma cilindrica. Da lì in poi si entrava in un vero e proprio polmone verde, senz'altro uno dei punti più eleganti della metropoli. Pedalare nel quartiere Guglia era un piacere, per chi – come Julian – era abituato alle strade piene di buche, alle viuzze anguste tra un capannone e il successivo, agli edifici dai muri crepati e al manto di polvere e metalli pesanti che aleggiava sulla metropoli, senza tetti verdi e rigogliosi a proteggere i passanti. A ben guardare, però, tutta quella vegetazione non era altro che il risultato di esperimenti botanici di laboratorio. A quanto ne sapeva lui, c'era poco di naturale e molto di sintetico in quell'appariscente e profumata oasi.

Julian scese dalla bici in corrispondenza della proprietà degli Sheridan. Per avvisare del suo arrivo, utilizzava lo stesso sistema da anni: lanciava una piccola pietra contro la cassetta delle consegne, un bussolotto di latta in cima a un palo al centro del cortile. Era lì che i genitori di Aileen lasciavano le comunicazioni per la servitù. Il rumore era inconfondibile, a condizione che Julian riuscisse a centrare la cassetta da una quindicina di metri di distanza, impresa che non sempre riusciva al primo colpo.

Quel giorno non ce ne fu bisogno. Quando appoggiò la bicicletta al cancello che delimitava la proprietà, gli bastò alzare gli occhi verso la finestra della camera della ragazza per scorgerne la figura oltre il vetro, la testa affossata nelle mani, l'espressione triste nell'osservare il mondo fuori da casa sua. Lo sguardo di Aileen si illuminò alla vista di Julian e una mano si levò per chiedergli di aspettare. Una manciata di secondi più tardi, la ragazza uscì dal portone principale e gli venne incontro lungo il ciottolato che tagliava in due il praticello.

«Julian!» Le palpebre si spalancarono per la gioia.

«Sei sola in casa?»

Aileen si avvicinò al cancello, una barriera in acciaio alta poco più di un paio di metri. Sfiorò col palmo della mano una placca metallica affissa a un muretto in pietra per far scattare il meccanismo d'apertura, poi oltrepassò le sbarre prima che il passaggio fosse del tutto aperto. «Mia madre ha raggiunto papà allo studio legale, Mina sta rassettando la taverna.»

Julian le andò incontro a passo lento, il volto contratto, le braccia tese per invocare un abbraccio. Quando i due profili furono a un soffio di distanza, appoggiò le labbra a quelle della ragazza. Poi riaprì gli occhi e la osservò da vicino, in tutta la candida bellezza che il tempo non avrebbe mai potuto corrompere. Si soffermò per un istante ad ammirare le minuscole efelidi sul naso, le guance appena arrossate, gli occhi... gli occhi tristi. Custodi di brutte notizie.

«Stai bene?» le chiese.

«Non lo so» rispose lei, il capo chino. «Il braccialetto dice che la mia pressione è bassa mentre il battito, al contrario, è alle stelle. Devo prendere un calmante. A parte questo, ho l'ordine di rimanere in casa. Oggi ho combinato qualcosa che... ora è passata, ma, ecco, non mi sentivo in me. Ho fatto una figuraccia al guscio. Almeno, questo è quello che mi hanno raccontato.»

«Non è il caso che io entri, vero?»

«Se lo vengono a sapere i miei, poi dovrò passare il resto della giornata a spiegare perché non ho rispettato le loro regole. Pensa, mio padre si sta per candidare come nuovo Governatore di Aurora... t'immagini? Onestamente spero che eleggano qualcun altro. In proposito ho scritto una nuova Teoria sull'Esistenza: "Diventare personaggi importanti rovina la vita di chi ti sta intorno".»

«Già.» Julian fece un cenno di assenso col capo. «Tranquilla, rimaniamo fuori. Se vedo l'auto di Mann spuntare dal fondo del viale, salto in sella e sparisco.»

La ragazza si torturò una ciocca di capelli e gli rivolse uno sguardo carico d'ansia, mentre alle spalle dei due transitavano un paio di biciclette con in sella i figli dei vicini di casa degli Sheridan, due gemelli di dodici anni dai capelli color platino. «Ho paura che mi stia succedendo qualcosa di strano.»

«Facciamo due passi?» azzardò lui. «Solo fino all'incrocio, promesso.»

Aileen si guardò attorno circospetta, poi lo prese per mano e si incamminò mentre riportava fedelmente il racconto di sua madre. Quello che lei stessa aveva ascoltato solo un'ora dopo la scenata al guscio, prima che Tarja uscisse di casa in tutta fretta. Nel riavvolgere il nastro ricordava solo un gran mal di testa, i sorrisi di volti senza nome, il vociare confuso delle persone. Sguardi di curiosità, di sorpresa, di accusa, tutti rivolti a lei. Ma, a quanto disse, non aveva modo di richiamare alla memoria il contenuto di quell'incontro, dove era evidente che qualcosa era andato storto. Appena tornate a casa, la madre – inferocita – l'aveva riferito per telefono a Mann, e così anche lei ne aveva avuto conferma mentre pian piano tornava in sé.

«Quindi tu non riesci a ricordare niente?»

«Il vuoto, Julian. Solo qualche ombra. È successo lo stesso con te, vero, fuori dalla mensa?»

Lui sospirò. «Mi hai detto una cosa che non aveva senso. Eri così convinta… mi sono spaventato.»

«Cosa ho detto?»

«Che tua nonna ci teneva a conoscermi. Che ci aspettava alla cascina in campagna.»

«Fantastico.» Sul volto di Aileen si dipinse l'espressione rassegnata di chi stava prendendo coscienza di avere a che fare con un disturbo serio, da sottoporre all'attenzione di un medico. «Ho una brutta malattia, vero?»

Julian arrestò il passo e si voltò. «Non pensarci nemmeno. Stan...»

«Che c'entra Stan?»

«Pare che tu non sia la sola ad avere questo tipo di problemi.»

Aileen fece un passo indietro. Il mento iniziò a tremarle. «Di che cosa parli, Julian? Quale problema?»

«Lui crede che sia legato al *Time Deal*. Una specie di effetto indesiderato.»

«Che accidenti ne sa Stan del *Time Deal*? Lui non è un affiliato.»

Julian riprese a camminare, questa volta con le mani affondate nelle tasche. Iniziò a raccontare dei tagli al personale operati da Rodan Sheen e del licenziamento del suo migliore amico. Rivelò ad Aileen la verità sull'attività illegale di Stan, le riferì l'aneddoto sul suicidio del Governatore Colier e la informò sulle nuove regole imposte ai dipendenti della Synth. La vide ascoltare in silenzio, ma con l'aria di chi stava per cedere a un attacco di panico. Forse si stava facendo largo anche in lei la convinzione che Aurora avesse cambiato volto e la sua famiglia si trovasse dalla parte sbagliata. O forse temeva di vedere sgretolarsi per sempre la realtà di cristallo in cui aveva vissuto fino a quel momento.

«Che cosa...» prese a singhiozzare la ragazza. «Che cosa diavolo sta succedendo?»

«Non ne ho idea.» Lo sguardo di lui si perse in fondo al viale, alla ricerca di risposte, di soluzioni.

«Ti prego.» Aileen si gettò sul suo petto. «Tienimi stretta. Non lasciarmi per niente al mondo. Io ho bisogno di questo. Solo di questo.»

«Sono qui, Aileen, lo sai. E ci sarò sempre, qualsiasi cosa accada. Anche quando sarò un vecchietto con la barba bianca e tu sarai ancora giovane e incantevole.»

Lei si scostò appena. «Tu non cambierai mai idea, vero?»

«Ne abbiamo parlato tante volte.»

«Ma adesso hai perso il lavoro. Le cose sono diverse, in città. È solo questione di tempo. Prima o poi...»

«Mi obbligheranno, giusto?» Julian piegò le labbra in una smorfia e sulla guancia si formò una fossetta.

Lei si voltò nuovamente verso la villa degli Sheridan e riprese a camminare. «E se fosse meglio così? In fondo si tratta di vivere a lungo, di rimanere in salute.»

«Come no. E di lavorare di più, di produrre per loro, di storpiare la nostra identità, di avere figli che sembrano fratelli minori...»

«Però staremmo assieme. E rimarremmo sempre coetanei.»

Julian trasse un lungo respiro e alzò gli occhi al cielo. Poteva essere davvero convinta di un'affermazione del genere, anche dopo aver sentito parlare di effetti collaterali, o il condizionamento psicologico era tale da farle perdere di vista la realtà? «Un tempo mi invidiavi perché avevo la possibilità di scegliere.»

«Forse non hai più questo privilegio» commentò Aileen. Poi agitò una mano, come se volesse cancellare quanto appena detto da una lavagna immaginaria di fronte a sé. «Scusami. Sono confusa, non capisco perché stiano accadendo certe cose e forse vorrei solo sentirti più... come me.»

«Non sarò mai come te, Aileen. Non sarò mai come la tua famiglia. Gli Sheridan. I Darrel. Basta pronunciare i due nomi uno dopo l'altro per mettersi a ridere. Noi non valiamo niente.»

«Non dire così.»

«E invece sì.» Julian la freddò con uno sguardo impietoso. «Se tuo padre sarà eletto Governatore Supremo di Aurora, e non ho dubbi che accada, non ci vedremo più. Questo è il futuro. Tu, figlia del politico più importante della città. Io, un buono a nulla senza lavoro, uno che vive di espedienti. Ti impediranno di frequentarmi. Oppure, certo, potrei tradire ogni mio ideale e prendere quel maledetto *Time Deal*. Potrei anche indossare un pantalone bianco, una felpa imbarazzante e girare la città con un pacco di plichi per l'affiliazione tra le mani, e fermare la gente per convinc...»

«Smettila!» Aileen lo afferrò per la giacca e lo tirò a sé. Poi lo prese per la nuca e avvicinò il volto al suo. Quando le labbra furono a una manciata di millimetri di distanza, si fermò e lasciò trascorrere alcuni secondi di rumoroso silenzio. Un momento in cui il non detto era più assordante di qualsiasi parola. Un istante per ricordare a entrambi quanto fosse stupido litigare per un problema di cui avevano parlato un'infinità di volte. Infine lo baciò, mordendogli un labbro per la tensione, per poi indietreggiare appena e strizzare gli occhi gonfi di lacrime. «Ti amo.»

«Anch'io, Aileen. Per questo ti chiedo di capirmi.»

«Io ti capisco benissimo, da sempre, lo so che sarai l'ultimo a piegarti. Ma non ci posso fare niente, una parte di me si augura che questo accada. Perché ho paura. Ho paura di tutto ciò che sta succedendo e di tutto ciò che può allontanarci. Ti sembra strano?»

«No, niente affatto.»

Il rombo di un motore dal fondo della strada fece voltare Aileen di scatto. «Il nostro autista.»

Julian le afferrò la mano, la chiuse tra le sue e poi, dopo uno scambio di sguardi carico di inquietudine e incertezza, lasciò la presa. «Devo levarmi di torno.»

«Non metterti nei guai, ti prego.»

Lui annuì, le regalò un ultimo sorriso malinconico e si allontanò a passo svelto. Poi saltò in sella e imboccò il viale a gran velocità.

Era già nei guai.

Lo erano tutti.

9

Il signor Filler aveva tirato giù le tapparelle a causa del forte vento e, per risparmiare corrente, teneva la sala illuminata grazie a una fila di candele poste su una mensola di legno. La fioca luce si posava timida su qualche vecchio quadro, dipinto dalle sue stesse mani ormai grinzose e raffigurante paesaggi di montagna, boschi, radure, torrenti e piccole cascate. Nessun ritratto, nessun essere umano. Solo la natura, nel suo abito migliore. Un abito antico, dimenticato, cimelio di un mondo perduto.

«Mi raccomando, tenga il cerotto per una decina di minuti» disse Stan mentre riponeva una fialetta vuota in un contenitore di plastica verde.

«Vai già via?» domandò Filler, la voce rauca e consumata dall'età, mentre si adagiava sullo schienale del divano.

«Ho tanti clienti, signore, lei mi capisce.»

«Certo che ti capisco.» L'uomo abbassò lo sguardo verso un vecchio tappeto liso e sbiadito. Un gatto riposava in un angolo della stoffa, in corrispondenza di un tubo del riscaldamento che passava proprio lì sotto. «Ma io non ho mai nessuno con cui parlare.»

«Chi sono quei bambini nelle foto?» Stan fece un cenno col capo per indicare un ripiano occupato da piccole cornici di scarso valore.

«I miei nipotini.» La bocca di Filler si piegò in un mezzo sorriso e increspò un ventaglio di rughe profonde. «Ma chi li vede mai…»

«Mi dispiace» commentò Stan. «I suoi figli sono molto impegnati?»

«Mia figlia» precisò l'uomo, poi con la mano aperta indicò l'ultima fotografia sulla destra. Una donna dai capelli neri, corti, in sella a un cavallo. Le labbra stirate in un sorriso non spontaneo.

«Vi vedete di rado?»

«Non ci vediamo proprio.»

Stan si sedette sulla poltrona di fronte al divano, in punta, e si soffermò sugli occhi rassegnati del signor Filler, sulle iridi spente, sul volto abbattuto nel parlare di una figlia assente.

«Lei mi detesta» aggiunse il vecchio, poi tossì con forza.

«Eppure a me non sembra che la cosa sia reciproca» disse Stan.

«Infatti non lo è. L'ho cresciuta, amata, protetta. Fino alla morte di mia moglie e oltre. Ma sono dieci anni, forse undici, che mia figlia mi rivolge a stento la parola. I bambini che hai visto nelle foto ormai avranno quindici, sedici anni. Quella setta…»

«Prego?»

«Quella schifosa setta.» Filler sputacchiò di fronte a sé con rabbia. «Perché è questo che sono. Una setta.»

«Si riferisce alla TD Pharma?»

«E a chi, se no? Hanno ripulito il cervello di mia figlia da tutti gli insegnamenti, i valori che le avevo trasmesso. Da quando si è affiliata è diventata un'altra persona. Tanto tempo fa ha provato a convincermi...»

«Ma lei non ha voluto seguirla.»

«La migliore e la peggiore decisione della mia vita, allo stesso tempo. Mia figlia mi raccontava della filosofia dei Werner, degli incontri nei gusci, delle conferenze, degli scambi di favori tra i membri, delle richieste di finanziamento e altro... come faceva a non capire che si stava infilando in un tunnel senza uscita? Come?»

«Ci sono entrati in molti, purtroppo» osservò amaro Stan.

«Perché Aurora è abitata da degli inetti. Ignoranti, incapaci di comprendere la realtà, di analizzare i fatti. Questa città sprofonderà. Sta già sprofondando. Quando il piano della dinastia Werner sarà completato saremo tutti loro schiavi. Alla faccia dell'immortalità, o dell'eterna giovinezza!» Filler si schiarì la voce, poi riprese in tono teatrale: «La grande ricerca medica... la sperimentazione scientifica. E così Clive Werner attira le persone come piccioni dietro a un pezzo di pane, come aveva fatto suo padre Horst prima di lui. Ora, col suicidio di Colier, si prenderanno quello che rimane del potere politico, e buonanotte».

«Posso farle una domanda personale?» Stan fissò il vecchio con rispettosa curiosità.

«Prego.»

«Io le ho appena somministrato il *Time Deal*. Su sua precisa richiesta e secondo un percorso, ecco, non convenzionale. Perché l'ha fatto? Non è in contraddizione con quello che mi ha detto a proposito di sua figlia?»

«Nient'affatto, ragazzo.» Filler ghignò, lo sguardo ora furbo e malizioso. «Quello che io detestavo era il sistema. Appariva così chiaro, lampante. Già dieci anni fa mi ero prefigurato la situazione attuale e mettevo in guardia mia figlia, credevo anzi che i Werner impiegassero meno tempo a conquistare il favore dell'intera popolazione. In teoria avrebbero dovuto aderire tutti.»

«Lei dice?»

«Ma certo. Specialmente in una metropoli come questa, un territorio di sopravvissuti.» Il vecchio poggiò le mani ai lati della bocca, improvvisando un annuncio. «"Ehi, là fuori, abbiamo la ricetta per non invecchiare mai! O forse preferite morire a causa delle radiazioni?" Capisci… come si poteva rifiutare un'offerta simile? Eppure tanta gente guardava in maniera diffidente al miracolo medico. Tu eri un bambino, a quei tempi, ma io ricordo bene. Una delle paure più diffuse, specie tra le donne, era quella che il farmaco compromettesse la gravidanza. Alcuni avevano messo in giro la voce che il feto non si sarebbe sviluppato perché l'azione della terapia arrestava anche la crescita delle cellule embrionali.»

«E la gente ci credeva?»

«La gente crede a ogni stronzata che suoni piuttosto bene e sia facile da ripetere ad altri, senza la dovuta competenza. All'uomo della strada piace sempre la scorciatoia, anche se porta in direzione sbagliata. Ricordo che qualcuno mostrò anche delle prove, ma in seguito si scoprì che si trattava di una testimonianza falsa da parte di un'attricetta di quartiere. Nonostante questo, ancora oggi alcuni sono convinti di questa storia del feto che non cresce.»

«Capisco.»

«Ti sto annoiando, non è vero?»

Stan fu rapito dagli occhi malinconici di Filler e sospirò. «Al contrario. Mi piacerebbe saperne di più su Aurora, sulla maniera in cui la TD Pharma si è fatta strada negli anni. So poco dei Werner. So solo che Horst era il fondatore, ma è morto tanti anni fa. Oggi è tutto in mano al figlio Clive, ma se non sbaglio anche il nipote Daniel fa parte della società. Prego, continui pure... quindi lei non era contrario al *Time Deal*.»

«Come ti ho detto, se si fosse trattato solo di farsi iniettare il farmaco non avrei avuto niente da ridire. Erano i loro metodi, le lezioni, le assurde pressioni a cui sottoponevano gli affiliati, e le famiglie degli affiliati, e gli amici. Mia figlia era fissata, parlava solo di quello e non c'era verso di farla ragionare. Era medicina o filosofia? Era una cura o un indottrinamento? Sono sempre stato dell'idea che dietro ci fosse un disegno losco, un secondo fine... ma guai a dirlo a lei! E intanto quelli si sbarazzavano della concorrenza, si inserivano nelle posizioni di vertice delle facoltà di medicina, diventavano giorno dopo giorno i burattinai di questa città.» L'uomo restò qualche istante in silenzio, gli occhi fissi sul gatto che poltriva per terra, in una posizione innaturale per altre specie animali. «Oggi, però... oggi ho paura di morire.»

Stan sollevò le sopracciglia e non replicò, mentre Filler era come paralizzato nella visione di qualcosa di piacevole, forse un ricordo, proiettato di fronte a sé dalla sua immaginazione. Qualcosa a cui si stava aggrappando, qualcosa che non era pronto a perdere.

«Dico sul serio.» Il vecchio tornò a guardarlo in faccia. «Il motivo per cui temevo che quella maledetta setta avrebbe fatto passi da gigante negli anni a venire era che, mi fulmini il cielo se non è così, quel farmaco funzionava. Funzionava allora come funziona adesso. Era l'esca perfetta. I complottisti potevano cercare di boicottare la società che lo produceva, ma era solo questione di tempo. Ora siamo al punto di svolta. Mia figlia... sai, l'ho vista per sbaglio qualche mese fa, in un vicolo, mentre osservava la vetrina di un negozio di abbigliamento. È rimasta la stessa donna. La stessa di quella foto, capisci? E come lei, tutti coloro che si sono sottoposti alla terapia. Ma lei mi ha disconosciuto come padre, e questo solo perché non volevo affiliarmi. Fanno così. Da sempre. Se non sei con loro, non esisti. Se sei con loro, non puoi più andartene. Non puoi più cambiare idea. Era questo che contestavo, non la genialità della scoperta medica. Mi opponevo all'irreversibilità della scelta.»

«Non si torna indietro.»

«Proprio così, ragazzo.» Filler scosse la testa. «Ma come ti ho detto, adesso ho paura. Ho il terrore di morire qui, da solo. Di accasciarmi al suolo e sapere che il mio gatto leccherà per giorni il volto di un cadavere, prima che qualcuno si accorga del fetore, dell'odore della mia carne putrefatta, e mi faccia portare via. Io questo schifo lo rifiuto. Non ci sto. Quando ho scoperto che c'era una via alternativa per assumere il farmaco, ho messo insieme la somma che serviva. Ed eccoci qua.»

Stan annuì, restò alcuni secondi a meditare sulle parole del vecchio, poi si alzò di scatto. «Devo andare, signore.»

«Lo so. Dovete tutti andare, prima o poi. Tu, il ragazzo delle pizze, la signorina dei giornali... C'è una vita, là fuori. Altri clienti, altri soldi.»

«Tornerò a trovarla, se mi sarà possibile. E se le fa piacere.»

L'uomo diresse la sua attenzione verso la tapparella serrata. «Si sta alzando il vento» disse in tono solenne. «Arriverà la tempesta.»

«Allora è meglio che io mi affretti, altrimenti...»

Filler ruotò il capo e, le pupille dilatate e lucide, rivolse a Stan uno sguardo che traboccava inquietudine. «Spazzerà via ogni cosa.»

UNA VOLTA PER STRADA, Stan prese a camminare a passo svelto con la testa nascosta nel cappuccio di una felpa. Aveva perso troppo tempo dal signor Filler, doveva affrettarsi per non far tardi all'appuntamento successivo: un altro cliente del quartiere Teatro, che per fortuna abitava a poche centinaia di metri. Forse un delinquente, o l'ennesimo vecchio che investiva tutti i suoi averi per prolungare l'agonia. Che cosa era in grado di provocare nei più anziani, pensò, il timore del deterioramento, del declino fisico e mentale... l'orrore della morte incombente. Quanti soldi buttati per un briciolo di esistenza in più, o per un pacchetto di inutili anni a disposizione. Prima o poi una caduta, un incidente, una malattia, avrebbero comunque provato il corpo, dando qualche altro colpo di pala all'inevitabile fossa. Il *Time Deal* non avrebbe potuto nulla di fronte a questo. La sua massima efficacia si esprimeva in organismi giovani. Agli occhi di Stan, assumerlo in tarda età era un totale spreco di danaro e vane speranze. Ma poteva anche sbagliarsi. In fondo non era che uno spacciatore, di certo non un luminare della medicina.

Cazzo, le siringhe!, pensò all'improvviso nell'accorgersi di aver usato l'ultima per Filler ed essere rimasto senza. Ne aveva un ultimo pacchetto a casa, ma aveva dimenticato di portarlo con sé. Il suo appartamento era nel quartiere industriale e tra andata e ritorno, a piedi, avrebbe perso più di mezz'ora. Si fermò a riflettere all'angolo tra due strade, protetto dai portici, mentre la tempesta invocata dal vecchio Filler ricominciava a sferzare le tende dei negozi. Nel figurarsi la mappa della zona gli sovvenne che a meno di un chilometro da quell'incrocio si trovava il magazzino di Klaus. Era stato il dottore a dirgli che, se gli fosse servito del materiale, avrebbe potuto raggiungerlo lì, in quello che tra loro chiamavano Magazzino 6. La valigetta grigia stretta nella mano destra, Stan riprese a camminare con un'andatura sostenuta. Se si fosse sbrigato non sarebbe arrivato tardi all'appuntamento successivo, nonostante le chiacchiere del vecchio Filler.

Quando fu a destinazione, prese uno stretto vicolo sulla sinistra di un'autorimessa, attese che un paio di passanti si levassero di torno, quindi tagliò nel cortile interno e raggiunse una porticina di legno. Poi bussò, con un ritmo terzinato che aveva già utilizzato altre volte con Klaus. Nessuna risposta. Bussò ancora. Niente. Che il dottore fosse rientrato al Santuario? Che si trovasse in giro per Aurora per qualche scambio di merce? Non aveva certo il tempo di aspettarlo. Ancora un quarto d'ora e gli sarebbe saltato l'appuntamento, a meno di cercare una farmacia e acquistare le siringhe con i suoi soldi.

«Merda» sussurrò Stan prima di battere un colpo più forte contro la porticina, che fece un minimo scatto in avanti. Non era chiusa dall'interno. Stan spinse con entrambe le mani e la porta si aprì.

Non può aver lasciato il magazzino aperto…, pensò mentre avanzava nel buio. Un disgustoso odore che non riusciva a ricondurre ad alcuna sostanza o cibo andato a male gli penetrò nelle narici. Con una mano tastò il muro alla sua destra e trovò l'interruttore. Lo premette.

L'orrore aveva l'aspetto di un corpo sdraiato per terra in una posizione innaturale, i vestiti impregnati di sangue, una serie di rivoli color porpora che si dipartivano dai fianchi e serpeggiavano sul pavimento polveroso. L'orrore aveva gli occhi spalancati di un uomo senza vita, la bocca semiaperta in una grottesca espressione di stupore, il volto cereo. Il tanfo insopportabile veniva da lì.

Stan osservò il cadavere del dottor Klaus senza contrarre un singolo muscolo della faccia, rigido come una statua. Il corpo immobile, mentre il pensiero era un vortice inarrestabile e alternava scenari, volti, parole, segreti e promesse, raccomandazioni e progetti. Tutto ciò che era stato e sarebbe dovuto essere. Tutto ciò per cui aveva appena rinunciato a una tranquilla vita da pedina del sistema. Tutto finito prima ancora di iniziare davvero.

Via di qui, ordinò la voce della coscienza. *Subito.*

10

Se il giorno successivo fosse stato un giorno qualsiasi, Julian Darrel avrebbe dovuto chiedere un permesso al lavoro. Con un apposito certificato, il Centro Analisi permetteva infatti ai cittadini di assentarsi per un tempo limitato in caso di visite mediche o di ritiro dei referti. Ma lui si era appena rifiutato di accettare le condizioni imposte da Rodan Sheen e la Synth non era più affar suo. Con tutta probabilità, non gli avrebbero neanche comunicato il licenziamento. Avrebbero accreditato quello che restava del suo ultimo stipendio sul Conto Dipendenti, o almeno così si augurava, e gli avrebbero semplicemente disattivato il badge.

Julian raggiunse il Centro Analisi grazie a una combinazione di mezzi di superficie che dal quartiere industriale portavano fino a Mercato, l'area a nord-ovest dell'Elmo. A dispetto del nome, la zona non offriva un granché in termini di negozi e commercio. Era invece ricca di palestre, centri estetici e concessionari. Ed era lì che sorgeva l'Ospedale Centrale, in un punto piuttosto defilato dal traffico cittadino.

Era seduto su una panca da venti minuti quando il display digitale passò da 35 a 36. Si alzò e attraversò la sala d'attesa fino a raggiungere lo sportello.

«Julian Darrel.» Passò un foglietto sotto il vetro. «Questa è la delega per ritirare le analisi di mia sorella, Sara Darrel.»

«Documento, per favore» rispose un impiegato barbuto, senza alzare la testa dal monitor.

Julian tirò fuori il tesserino d'identità dalla tasca interna della giacca (quella beige della Synth, che forse era il caso di buttare) e lo porse all'addetto. Questi glielo restituì dopo una rapida occhiata, poi si alzò, frugò in un archivio e ne estrasse un plico.

«Sull'adesivo giallo in basso a destra c'è il numero di uno specialista» disse l'addetto, e quelle poche parole bastarono a far inciampare il cuore di Julian.

«In c-che senso?» balbettò.

«Quando viene riscontrata un'anomalia, è prassi apporre un bollino con i contatti di un medico che possa occuparsi del caso.»

Julian chiuse gli occhi e si scontrò con il sorriso inconsapevole di Sara, quello a cui avrebbe dovuto dare spiegazioni. «Grazie» bisbigliò appena, poi afferrò il plico con le dita tremanti e si allontanò.

Non appena fu all'esterno della struttura del Centro Analisi, si sedette su un muretto e aprì l'involucro. Gli occhi saltarono intestazioni o premesse e corsero alla ricerca del risultato dell'esame, e di quella parola. Quella che mai nella vita avrebbe voluto leggere: POSITIVO.

Il gene era lì. Una miccia nascosta nel corpo di sua sorella, così come era stato per la nonna prima di lei, morta all'età di ventuno anni, solo uno dopo aver partorito. Il silenzioso assassino aveva saltato la madre di Julian e aveva risparmiato perfino lui. Ma non Sara. Se ricordava bene le parole dei suoi genitori, quando era stato proprio lui a sottoporsi allo stesso esame tanti anni prima, con esito ben diverso, i problemi potevano insorgere tra i dodici e i diciotto anni. In rari casi anche prima. Campanelli d'allarme di vario genere – che Sara aveva già manifestato – saltavano fuori tra i cinque e i dieci anni. Nel giro di poco tempo, sarebbero stati guai seri. Dall'insufficienza cardiaca a quella renale, la malattia (denominata sindrome di Baden-Grant, dal nome dei medici di Aurora che l'avevano scoperta una cinquantina di anni addietro) si portava dietro una gamma di patologie capaci di condurre in pochi anni alla morte del paziente. Non era ancora stata trovata una cura efficace.

Mentre camminava verso casa, Julian non si preoccupò di ripararsi dalla pioggia, perso com'era in pensieri d'ogni genere. Prima Aileen e quegli strani vuoti di memoria. Poi il lavoro alla Synth. E ora questo. Sara era condannata a incontrare un nemico mortale, perché così era scritto nel suo DNA. Perché prima o poi, nel corso dello sviluppo, della crescita, quel gene avrebbe attivato un meccanismo letale.

Nel corso della crescita..., continuò a ripetersi, finché non si decise a fermarsi all'altezza di una cabina telefonica. Vi entrò e, al riparo dall'acquazzone, tirò fuori il plico che aveva sistemato all'interno della giacca, e una moneta da un taglio che teneva nel taschino. Compose il numero dello specialista, certo che non avrebbe potuto fare niente per sua sorella.

Tranne rispondere a un semplice quesito, forse decisivo. Un

interrogativo che ai tempi di sua nonna non sarebbe stato possibile porsi, ma che ora sembrava rappresentare l'unica speranza. Julian ci pensava da settimane. Dalla maledetta mattina in cui Sara, mentre usciva dalla camera da letto e si dirigeva in cucina, si era improvvisamente bloccata, congelandosi in una posa plastica al centro del loro piccolo appartamento. E con le braccia tese, rigide, gli occhi spalancati, aveva iniziato a tremare. Il primo sintomo. Il primo biglietto da visita della malattia. Da quel giorno, in attesa di avere una conferma dalle analisi, Julian si faceva la stessa domanda, una questione che mai avrebbe desiderato sottoporre a un medico ma che ora diventava cruciale: il *Time Deal* poteva salvare la vita di sua sorella?

Nello stesso momento a qualche chilometro di distanza, Stan Leaves, non visto da occhi indiscreti, lanciava con forza la valigetta con i medicinali in un gigantesco contenitore di metallo alla discarica cittadina. Non apriva bocca dal giorno precedente, dalla visione del cadavere del dottor Klaus. A casa si era chiuso in camera senza incrociare lo sguardo del padre o del fratello, che erano e dovevano restare all'oscuro di quella faccenda. Specialmente adesso.

Era rimasto sveglio tutta la notte, un incubo a occhi aperti. Sapeva bene che c'era solo una cosa da fare: liberarsi subito di qualsiasi materiale che potesse ricondurlo all'attività del dottore. La valigetta sarebbe stata schiacciata e tritata, e un problema era risolto. Ma mentre tornava a piedi dalla discarica, Stan continuava a domandarsi se Klaus tenesse un libretto, un registro, una qualsiasi prova del suo coinvolgimento nelle attività di contrabbando. E dove lo tenesse, nel caso. Il cuore impazzito nel petto, si arrovellò su quesiti senza risposta ipotizzando ogni scenario possibile. Dai più rosei (*magari si è trattato di un cliente squilibrato, uno che si è sentito truffato e ha voluto vendicarsi*) ai più neri (*il Santuario ha scoperto tutto, l'ha fatto fuori e adesso passerà a stanare i pesci piccoli, uno per uno*). Il suo unico punto di riferimento in un lavoro che poteva portarlo dritto in carcere era stato brutalmente assassinato e lui, come se non bastasse, aveva perfino piantato le sue impronte a mano aperta sulla porta che introduceva nel luogo del delitto. *Sono fottuto*, pensò. Se lo ripeteva di continuo dal pomeriggio del giorno prima. *Sono fottutamente fottuto.*

Era solo questione di tempo (era sempre una questione di tempo, ad Aurora, pensò ridacchiando in maniera isterica) e l'avrebbero trovato. Un cliente – magari proprio il vecchio Filler – avrebbe fornito la sua descrizione. Oppure chissà, forse al Santuario conoscevano già l'intero organigramma. E se avevano beccato il vertice, non sarebbe stato così difficile eliminare gli altri.

C'era una sola persona con cui poteva confidarsi, ma aveva promesso di non metterla più in mezzo. Ora che si trovava in un vicolo senza uscita, a rischio di venire stanato da un momento all'altro, Julian era l'ultimo amico che poteva permettersi di coinvolgere. Peccato che fosse anche l'unico.

Ma non più tardi delle 11.30, quando ormai era a pochi passi da casa, Stan alzò lo sguardo e se lo trovò lì. Seduto su un gradino accanto al suo portone, il plico del Centro Analisi tra le mani, lo sguardo basso e il volto abbattuto.

«È positivo» dedusse ad alta voce Stan, gli occhi fissi sulla cartelletta col logo dell'Ospedale Centrale, mentre sedeva accanto a Julian.

«E ora come faccio...»

«Parlerai con un medico?»

«Ho chiamato un numero.» Julian indicò il bollino giallo. «Dovrebbe essere uno specialista che si intende di queste cose. Ha risposto un messaggio automatico. Riproverò.»

«Ma scusa...» Stan aveva il fiato corto per la tensione. «Non dicevi che non esiste una cura per quella malattia?»

«Infatti.»

«E allora?»

«Voglio chiedere a quel dottore se il *Time Deal* può servire nel caso di mia sorella. Pensaci. Lei ha ereditato un gene che al momento è dormiente, voglio dire, è lì ma non fa danni. La sua attivazione dipende dall'età, dallo sviluppo. Quando innesca il meccanismo, è un conto alla rovescia per cui non esistono difese. Ma se non si attivasse mai? Magari sto dicendo un mucchio di scemenze, è un po' che ci penso. Devo parlare con uno che ne sa qualcosa.»

«Cosa faresti, nel caso? La porteresti al Santuario?»

«A dire il vero...» Julian offrì uno sguardo complice. «Fino all'altro giorno non avrei saputo come risolvere il problema senza costringere Sara ad affiliarsi. Ma ora, be', tu mi insegni che ci sono altri modi per procurarsi quel farmaco...»

«Già.» Stan liberò un ghigno beffardo, poi scosse il capo e alzò gli occhi al cielo. «Peccato che io mi sia appena disfatto della valigetta con le fiale.»

Julian aggrottò la fronte, interrogò l'amico con uno sguardo cupo e questi prese un lungo respiro prima di raccontare tutto. Nei minimi dettagli.

«Dovevi chiamare la polizia!» sbottò appena Stan fece una pausa.

«Certo, e cosa gli dicevo? "Salve, agente, sa, ho trovato il cadavere di un trafficante di farmaci, l'hanno ucciso nel suo laboratorio clandestino... come so queste cose? Be', semplice, lavoro per lui!"»

«Intendevo una chiamata anonima» precisò Julian.

«E perché mai?»

«Perché se non ci fosse di mezzo il Santuario, ma si trattasse di un assassino seriale, la polizia potrebbe raccogliere indizi e fermarlo prima che uccida ancora. Magari questo tizio sta girando indisturbato tra Teatro e la zona industriale...»

«Già, ma se Klaus aveva qualche stramaledetto appunto con i nomi dei suoi distributori, tra cui il mio, la polizia verrebbe a interrogarmi. Magari mi prenderebbe le impronte, le confronterebbe con quelle sulla scena del delitto e la nostra prossima conversazione avverrebbe attraverso un vetro, o delle sbarre.»

«Questo può farlo lo stesso, visto che prima o poi il corpo verrà trovato. In ogni caso io non credo che il tuo contatto fosse così stupido da lasciare in giro nomi e cognomi. E comunque è una pessima notizia, Stan. Mannaggia a te! Te l'avevo detto che era una follia!»

«C'è anche gente che si prende qualche rischio, amico, non siamo tutti uguali» rispose Stan, piccato. Poi lasciò a Julian qualche secondo di silenzio per riflettere sulle sue parole. In assenza di risposte, cambiò discorso: «Hai parlato con Aileen?»

«Sì. È preoccupata per quello che le sta accadendo. C'è stato un altro episodio, e...»

«Una roba malata come l'altro giorno?»

«Se ti piace definirla così...»

«Klaus non mi ha detto tutto l'ultima volta che ci siamo visti.» Stan fu preso da un'inaspettata e incomprensibile eccitazione, come se l'adrenalina stesse trasformando l'ansia in morbosa curiosità. «Voleva spiegarmi meglio, ma non ce n'è stato il tempo. Devo cercare di saperne di più.»

«A che proposito?»

«Riguardo agli effetti collaterali del *Time Deal*...» Stan si voltò e proseguì concitato. «C'è qualcosa che non mi torna. E riguarda anche te, Aileen... riguarda tutti noi.»

«Non ti seguo.»

«Scusami.» Stan scosse la testa. «Cancella tutto. Non dovremmo neanche starcene qui a parlare, lo sai. Specialmente adesso. Mi spiace per Sara, sul serio. Ma non posso aiutarti, posso solo complicarti la vita.»

«A dire il vero...» Julian fissò un rivolo di pioggia che andava a morire in un tombino. «...ero venuto per dirti anche un'altra cosa.»

«Cosa?»

«Che alla Synth da oggi in poi potranno lavorare solo gli affiliati. Una brillante iniziativa del nuovo direttore.»

Stan rimase di stucco. «Non ci credo. E quindi?»

Julian alzò gli occhi verso l'amico e allargò le braccia. Poi raccontò tutto e, nel farlo, prese finalmente coscienza di quello che aveva combinato. Per la prima volta nella sua vita aveva agito in maniera irresponsabile. Lui, che aveva rinunciato all'adolescenza spensierata e talvolta dissoluta dei suoi coetanei per prendersi cura della sorella minore. Proprio lui, votato da sempre al sacrificio e al rispetto dei ruoli, sebbene talvolta questo apparisse come un segno di debolezza e sottomissione. Questa volta non aveva scelto il sentiero sicuro. Aveva scelto la pericolosa scalata.

«Ben fatto, Darrel!» Stan si alzò di scatto. «Sono fiero di te, ritiro la battuta sul prendersi dei rischi. Ma ora ti saluto. Hai già troppi problemi per caricarti in spalla anche i miei.»

«Di certo dovrò cercare un lavoro» sbuffò Julian «o sarò costretto ad andare a rubare.»

«A me lo dici? Ma prima devo capire di cosa diavolo stava parlando Klaus. Credo che la posta in gioco sia molto più grossa di quello che sembra. Tu, invece… lascia perdere. Non sei un delinquente. Fatti un giro, vedi se da qualche parte cercano personale.»

«Stai attento, ti prego.» Julian fece per tirarsi su e l'amico gli tese la mano. Le folte sopracciglia nere di Stan erano inarcate su due occhi fiammeggianti. Gli occhi di chi avrebbe fatto di tutto per scoprire la verità. Sulla morte del dottor Klaus. Sugli effetti collaterali del *Time Deal*. Su quello che si celava dietro lo scintillio degli schermi televisivi, l'impatto dei manifesti pubblicitari, le promesse sulle confezioni dei farmaci e tutte le altre seducenti e ipnotiche menzogne di Aurora.

11

Se c'era una cosa che Aileen detestava più di ogni altra era sentire i suoi genitori discutere. Tanti anni prima, quando era ancora una bambina e si accucciava in cima alle scale del piano di sopra per origliare, non riusciva a trattenere le lacrime. Mann e Tarja facevano a chi gridava di più e la sua reazione era dirompente e incontrollabile. Ai tempi era certa di essere sempre la causa di quelle discussioni. Con il passare degli anni si era resa conto che i motivi di attrito e incomprensione, in una famiglia, erano tanti, e non sempre la riguardavano. Quel giorno invece si trattava proprio di lei. Le voci dal piano di sotto arrivavano ovattate, perché Tarja aveva accostato la porta dello studio del marito, ma si poteva distinguere con chiarezza il contenuto.

«Forse non riesci ad arrivarci.» Il timbro di Mann era gutturale, un rantolo rabbioso sul punto di esplodere. «Ma il mio è uno dei nomi di maggiore peso in quel dannato Consiglio. Quando si tratterà di scegliere i candidati alle elezioni per il nuovo Governatore, verrà valutato ogni minimo dettaglio. I Werner credono in me, e lo sai benissimo come funziona. Al di là del peso dei Consiglieri, i Werner sono la TD Pharma.

Da sempre. Non mi posso permettere una figura del genere.»

«È la ventesima volta che me lo ripeti» ribatté Tarja, il tono spigoloso, infastidito. «Ma non ci possiamo fare niente. È successo. Basta.»

«Si spargerà la voce.»

«È stato solo un momento di confusione, Mann!»

«Certo, che stupido, un momento di confusione.» L'uomo le fece il verso, poi tornò a digrignare i denti. «Ha fatto la figura della psicopatica, Tarja! Certe storie girano, arrivano a chi di dovere.»

«Tu non ti preoccupi neanche minimamente della salute di nostra figlia, vero?»

«Non dire sciocchezze. Abbiamo sempre avuto un obiettivo comune, o no? Lavoriamo da anni per questo.»

«E se stesse male sul serio? Non ci hai pensato?» I tacchi batterono più volte, come se Tarja stesse girando in tondo nello studio.

Aileen deglutì un macigno e tese nuovamente l'orecchio.

«Allora buttiamo tutto al vento, ho capito. Tutto quello che...»

«Non buttiamo niente al vento!» strillò Tarja di colpo. «Mi sono preoccupata, va bene? L'ho vista delirare e mi sono preoccupata! Lì per lì ho reagito male perché ho fatto gli stessi pensieri anch'io, cosa credi? La campagna, le liste, il voto, la reputazione... ma Aileen stava vaneggiando, e ho avuto paura che avesse qualcosa al cervello. Lo riesci a capire, o sei talmente accecato dal tuo obiettivo da cancellare tutto il resto?»

«Il *nostro* obiettivo» precisò Mann, lasciando seguire un glaciale silenzio.

Aileen restò così, inginocchiata sull'uscio della camera da letto, immobile, attenta a non far rumore durante l'assenza totale di suoni dal piano di sotto. Dopo un minuto abbondante lasciò cadere lentamente la schiena contro la porta, mise una mano sulla fronte come per verificare se fosse calda e infine cercò di fare dei respiri lunghi, profondi, per ritrovare la calma. Il rumore dei tacchi riprese ma ora, da sordo, si era fatto più nitido. Tarja doveva essere uscita dallo studio di Mann per poi fermarsi da qualche parte in sala.

Ogni tanto Aileen si chiedeva se i genitori fossero consapevoli del fatto che lei poteva sentire ogni singola parola delle loro discussioni, e se gliene importasse qualcosa. Così come si domandava se, nei giorni successivi a un violento scontro, Mann e Tarja notassero i segni sulla tappezzeria, dove le sue unghie si conficcavano per poi tracciare solchi profondi, o i resti di qualche soprammobile di cristallo andato in pezzi. O peggio, i lividi sulle gambe. Perché a volte, infliggersi il dolore era la cura più dolce. Punendo se stessa, ferendo la creatura che avevano messo al mondo, puniva anche loro. O almeno questo era ciò che sperava, ed era il motivo per cui non nascondeva i segni alla governante, nello spogliarsi, augurandosi che facesse rapporto ai genitori. A volte, invece, sfogava la rabbia sulla pedana della palestra dove si allenava, e ci volevano il tono conciliante dell'allenatore di scherma e una calda tisana per ritrovare la calma. Certo, in alcune occasioni questa furia si era tradotta in medaglie e la cosa non le dispiaceva. Ma un aspetto della faccenda era chiaro, e Aileen non aveva ancora trovato un modo per risolverlo: finché era confinata tra le mura di casa, tutta la frustrazione dovuta al fatto di non essere capita sbatteva contro il massiccio portone della figura di suo padre, o scivolava nel profondo pozzo della totale mancanza di dialogo con una madre troppo diversa e distante. Impossibile spaccare questo involucro e sfogarsi come avrebbe desiderato. Il blocco non era fisico, ma mentale. E ora, in vista delle elezioni, lei si sentiva ancora più imbavagliata, ancora più insignificante. Dall'altra parte della città, nonostante una condizione misera e un passato drammatico, Julian era tutto quello che lei avrebbe desiderato essere: un esempio di indipendenza.

Con un movimento a rallentatore si alzò e indietreggiò fino al letto. Al piano di sotto la voce di suo padre ricominciò, in tono fermo: «Verranno delle persone. Nel primo pomeriggio, credo».

«Quali persone?»

«Medici. Per visitarla.»

«Io non cr...»

«Non discutere!» Mann aveva un tono autoritario, secco, il tono di chi non ammetteva repliche. «Faremo una perizia. Episodi come quello del guscio non devono più accadere.»

«Come desidera, signore» rispose Tarja, sarcastica. «Io esco. Ho un appuntamento con una cliente.»

Aileen sentì un brivido percorrerle la schiena e abbassò le palpebre per un istante, poi chiuse definitivamente la porta. Lo spettacolo era finito. Si voltò per andare a sciacquarsi la faccia nel bagnetto di servizio della sua stanza. *Medici. Per visitarla.* Pessima combinazione di parole. Mentre faceva scorrere l'acqua, avvertì un senso di forte disagio dovuto al fatto che, nonostante non fosse più una ragazzina, il suo mondo seguisse sempre e solo le regole ferree dettate dai genitori. Complice il

Time Deal, inoltre, il suo aspetto sarebbe rimasto identico anche negli anni a venire. Qualcuno in casa si sarebbe accorto della maturità dei suoi pensieri? Del fatto che stava crescendo e prima o poi avrebbe avuto venti, venticinque anni, sebbene l'aspetto suggerisse un'immutevole adolescenza?

Se Aurora non fosse stata una metropoli isolata dal resto del mondo, se quel pianeta di cui sapeva poco e niente fosse stato ospitale, avrebbe fatto le valigie e lasciato un biglietto. Avrebbe chiesto a Julian di prendere Sara con sé, mettere da parte i pochi risparmi e assieme sarebbero partiti. Partiti per chissà dove. Sognava un'identità diversa, amici diversi e non imposti dalla condizione sociale e dal tipo di scuole che frequentava. Un'altra Aurora al di là dell'oceano. Un'altra vita, questa volta vera, senza modificazioni genetiche e inganni alla natura. Benedette fossero le rughe e le pieghe sulla pelle, se erano marchi di libertà! Benedetto il tempo e il suo scorrere! Nei voli più straordinari della sua fantasia sperava di raggiungere un porto sicuro, un giorno, e scoprire che qualcuno aveva trovato una cura. Un modo di rendere reversibile la terapia. Che bizzarro paradosso, rinunciare a un trattamento che permetteva di non invecchiare mai. Considerare il miracolo scientifico alla stregua di una terribile malattia.

Eppure.

«SIAMO QUI PER DIALOGARE in tutta serenità.» Le labbra dell'uomo di fronte a lei sembravano immobili, come quelle di un pupazzo animato da un ventriloquo. Aveva la carnagione chiara, il viso smunto con due occhi di un azzurro pallido, infossati e sovrastati da spesse sopracciglia. Indossava un completo blu scuro, dunque non il camice di un medico ma l'elegante abito di un rappresentante. All'altezza del taschino un'etichetta identificativa diceva ERNEST COLE. «È d'accordo, signorina Sheridan?»

«Certo» mentì lei mentre picchiettava con le dita sul tavolo della sala. Seduto alla sua destra, Mann osservava in silenzio, composto, senza interferire con il lavoro del professionista.

«Vorrei sapere innanzitutto quanti anni ha.»

«Diciassette.»

«A che età si è sottoposta alla terapia?»

«Quindici.»

«Bene.» Il dottore prese appunti su un foglio elettronico, sfiorandolo appena con i polpastrelli. «È felice di questa scelta?»

«Entusiasta.»

«Che cosa studia?»

«Sono iscritta all'Accademia, seguo i corsi di giornalismo. L'anno prossimo dovrei passare alla Kingston.»

«Interessante...» L'uomo annuì con il capo più volte, perdendo via via credibilità. Poi si voltò verso Mann: «Sua figlia sarà un'ottima giornalista. Abbiamo bisogno di validi reporter».

Aileen, non vista, fece una smorfia di disapprovazione quando lo sconosciuto utilizzò il plurale, perché il significato non era "abbiamo bisogno di validi reporter ad Aurora", ma "abbiamo bisogno di validi reporter alla TD". *Del resto,* pensò, *la Storia la scrive chi governa, quindi è bene che anche le notizie vengano date dalle persone giuste.*

«Ricorda quello che è successo al guscio» riprese il medico «quando è... quando ha avuto quel momento di distrazione?»

«Non molto.»

«Le è stato riferito in seguito?»

«Sì.»

«Che cosa ne pensa, Aileen? Le era mai capitata una cosa simile?»

Lei ricordò quello che aveva detto a Julian a proposito della nonna e mentì ancora: «Mai».

«La cosa la spaventa?»

«Se penso ai miei studi, direi di sì. Non vorrei mai che accadesse durante un esame.»

«Certo.» L'uomo le rivolse un sorriso rassicurante. «Le ha dato anche qualche sintomo di natura fisica, magari nelle ore successive, o è stato solo un...»

«Una leggera nausea. E mal di testa, sì. Ricordo di aver avuto mal di testa.»

«Voi in famiglia...» Ernest Cole si voltò verso Mann. «...siete tutti iscritti al Programma Salute Primario, giusto?»

«Assolutamente» confermò il signor Sheridan.

«Vi siete trovati bene, fino a oggi, con i prodotti in dotazione?»

«Sono eccellenti. Specialmente quelli per le prestazioni sportive. Non è vero, Aileen?»

«Eccellenti.» La ragazza fece un mezzo sorriso, fugace, appena percettibile.

«Mia figlia è una campionessa di equitazione e scherma» si vantò Mann. «Ha già vinto diverse medaglie...»

«Complimenti.» Cole spalancò un sorriso. I denti di un bianco invidiabile brillarono alla luce intensa del lampadario. Agli occhi di Aileen il dottore dimostrava una cinquantina d'anni, ma chissà, magari ne aveva venti in più sulle spalle, o anche di più. La distribuzione di *Time Deal* su larga scala era partita da quindici anni, ma il farmaco era stato scoperto e testato molto tempo prima. Non sapeva dirlo con esattezza, ma doveva avere avuto tutto inizio quando lei non era ancora nata. Ricordava, dai racconti dei suoi genitori, che prima dell'ampia diffusione c'era stato un periodo di collaudo, durato tra i cinque e i sei anni, riservato a persone facoltose che si potessero permettere il costo elevato della terapia. Ai tempi Mann e Tarja si erano perfino dichiarati scettici, salvo cambiare idea nel corso degli anni, forse per ragioni di opportunità e interesse economico. Invece, chissà, i medici potevano aver sperimentato il farmaco ancora prima. Era dunque plausibile che ci fossero cittadini con un'età anagrafica superiore di venti, forse venticinque anni rispetto all'apparenza. La prospettiva era grottesca: il domani di Aurora era destinato a ospitare sessantenni con i tratti di un ragazzino. E poi settantenni, ottantenni e così via.

«Avete le ultime analisi del sangue della ragazza?» domandò Cole.

«Gliele porto subito.» Mann fece per alzarsi.

«Quando le ha fatte?»

«Sei, sette mesi fa… giusto, tesoro?»

Aileen sollevò le spalle.

«Non vi preoccupate.» Cole mise assieme alcuni fogli. «Controllerò io sull'archivio generale, non appena sarò in laboratorio. E se per voi va bene, le ripeteremo la settimana prossima per confrontarle.»

«D'accordo.» Mann precedette la risposta della figlia. Non che contasse molto, il parere della ragazza, in questa situazione.

«Per adesso vi prescrivo solo un farmaco che potete trovare

in una delle nostre farmacie, il *Dialamel*. È una semplice compressa da sciogliere sotto la lingua.» Ernest Cole tirò fuori dal taschino una scatoletta di latta simile a un contenitore di pastiglie. La aprì e ne estrasse una placca di metallo di tre centimetri per quattro, poi digitò qualcosa sul suo braccialetto elettronico e vi adagiò sopra la placca per qualche istante, prima di consegnarla al signor Sheridan. Quella scheda, ora dotata di tutte le informazioni a proposito della prescrizione e della firma elettronica di Ernest Cole, sarebbe valsa due confezioni di *Dialamel* in una qualsiasi farmacia affiliata.

«Una al giorno?» chiese Mann.

«Sì, la sera, prima di andare a dormire. Favorisce anche un sonno sereno, mia moglie lo usa da anni nei periodi in cui soffre d'insonnia.»

«Quando capita a me, accendo lo schermo sul canale tematico di quei ciarlatani ecologisti, come si chiamano, quelli che vanno dietro al santone che vive lontano dalla metropoli...»

Il dottor Cole liberò una fragorosa risata. «Adam Coven!» esclamò. «I coveniani!»

«Proprio lui!» Mann si unì al coro, scuotendo la testa mentre si sbellicava. «Quello sì che è un sonnifero naturale!»

I due continuarono così per diversi secondi, come se fossero da soli in quella sala e il dottore fosse un vecchio amico del signor Sheridan. Si alternarono in battute e considerazioni strafottenti a proposito del movimento di Coven, storico contestatore della TD Pharma che pian piano era stato emarginato dalla metropoli, fino a preferire una vita di stenti lontano da tutto e da tutti. Il canale televisivo Natura 2 gli concedeva ancora dello spazio, che Coven sfruttava per portare avanti idee controcorrente rispetto all'andazzo generale di Aurora. Ma la rete lo relegava a orari impossibili, a notte fonda o nel primo pomeriggio, ovvero quando i cittadini di Aurora dormivano o erano al lavoro.

«So che lei è tra i papabili successori di Otis Colier» disse Cole, una volta smorzato il picco comico della conversazione. «E che gode di grande stima presso il Consiglio.»

«È così, modestamente» annuì Mann, di nuovo serio. «Sarebbe un grande onore servire la città nel ruolo di Governatore Supremo. Mi auguro che questo spiacevole contrattempo... ecco, venga archiviato senza strascichi.»

«Un avvocato di chiara fama, affiliato da numerosi anni, di ottima famiglia... se posso permettermi, ritengo che il suo sia il profilo ideale per rappresentare la TD Pharma, dal momento che Clive Werner non vuole prendere in mano le redini di persona.»

«La ringrazio, dottor Cole.»

«Sapeva che anche Adam Coven corre per lo stesso posto? Non che abbia speranze, a mio avviso...»

«Mi preoccuperei solo se le anguille e i lucci geneticamente modificati residenti nel fiume Cento avessero diritto al voto» disse Mann, spavaldo. Poi si alzò, per sancire la fine dell'incontro.

«Se capita qualche altro episodio *particolare*, Aileen...» Cole si voltò verso la ragazza e le tese la mano, un bigliettino stretto tra le dita. «...non esiti a contattarmi. Ci vediamo presto.»

«Grazie» rispose lei, inespressiva, la mente sempre più lontana. Non apparteneva, forse non era mai appartenuta a quella famiglia. Non si riconosceva nei modi di fare del padre, disprezzava l'opportunismo della madre. Se fosse stata chiamata a recarsi presso i terminali del voto quel giorno stesso, per esprimere il suo parere sull'elezione del nuovo Governatore di Aurora, avrebbe senz'altro selezionato sullo schermo il nome che i due tanto denigravano: Adam Coven.

Il dottore si congedò e lei rimase sola con il padre. Entrambi in piedi nel salotto impeccabile di casa Sheridan, dove i tappeti intarsiati non osavano ospitare un granello di polvere e nei quadri di famiglia ci si poteva specchiare, i due restarono in silenzio in una posizione che pareva quella di un duello faccia a faccia. Lei in evidente imbarazzo, le spalle basse e le mani in tasca; lui impettito, in una posa quasi statuaria.

«Tua madre e io abbiamo lavorato una vita per questo obiettivo, Aileen» disse Mann in tono fermo. «Ma la reputazione degli Sheridan passa anche attraverso il tuo comportamento. La carriera politica è una corsa a ostacoli, non fare in modo di essere uno di questi. Tieni bene a mente queste mie parole.»

Aileen annuì appena con il capo. Quanto era cambiato, suo padre, da quando la professione gli aveva cucito addosso un vestito sempre lucido e impeccabile, tanto stretto da soffocare la sua vera natura. Da quando l'opinione degli altri era diventata più importante di quella dei suoi cari. Da quando il benessere e il potere l'avevano reso ogni giorno più cieco.

E ora? Ora rischiava di diventare Governatore di Aurora. Era così, e anche lei doveva abituarsi all'idea. Non poteva permettersi di stare male, di manifestare problemi, di far passare gli Sheridan come qualcosa di diverso da quello che tutti pensavano che fossero: una famiglia esemplare.

Dopo averla immobilizzata con lo sguardo, Mann prese un lungo respiro, inarcò le sopracciglia e sembrò sul punto di traffigerla da parte a parte. «E da adesso in poi, sarà bene che tu sia accompagnata da persone degne del tuo cognome, perlomeno nelle nostre uscite pubbliche. Sai a che cosa mi riferisco: non voglio che ti vedano in giro con uno straccione come Julian Darrel. Non ti impedirò di vederlo, perché so che sortirei l'effetto opposto. Ma stai bene attenta a quello che fai. Non possiamo permetterci di mescolarci a certa gente. Ora puoi tornare in camera tua a studiare.»

12

Quando Sara lo vide nello spiazzo fuori da scuola, in mezzo ai genitori dei suoi compagni, gli occhi le si spalancarono per la sorpresa. Julian la stava salutando con il consueto gesto della mano a mo' di paperella. Lei ricambiò, poi gli corse incontro sgomitando tra gli amichetti. Alle sue spalle, i raggi di un pallido sole battevano sulle ampie finestre della facciata dell'istituto. Un raro momento di tregua nell'infinita stagione delle piogge di Aurora.

«Che cosa ci fai qui?» chiese Sara prima di gettarsi tra le sue braccia.

«Un piccolo cambio di programma. Oggi stiamo assieme.»

«Che bello! Non vado da Alma, quindi? Ti hanno dato delle ore di riposo?»

«Più o meno...» Julian abbozzò un sorriso. Il peso della responsabilità lo stava schiacciando con la forza di un macigno caricato sulle spalle. Prima di andare a prendere la bambina aveva fatto un giro a piedi, setacciando il quartiere industriale a caccia di una ditta in cerca di personale. I posti di lavoro a quanto pare si dividevano in due: quelli che imponevano l'affiliazione obbligatoria e quelli che erano già al completo.

Aveva chiesto anche a una ventina di esercenti, titolari di bar o negozietti. A proprietari di chioschi di fiori, chioschi di panini, chioschi di liquori. Per non lasciare alcunché di intentato era arrivato fino all'area fatiscente di Teatro, dove quasi si augurava che nessuno gli offrisse niente di niente. Così era stato.

Una volta rientrato in casa aveva trovato una busta verde con il logo dell'amministrazione dello stabile in basso a destra. Busta verde uguale spese condominiali. Uguale rovina. Alla lettura della voce "manutenzione straordinaria" il suo cuore aveva scioperato per un paio di battiti. Si era dovuto sedere. Aveva preso un bicchiere d'acqua. Si era calmato. Duemila. *Duemila* tagli, entro aprile. Meno di quaranta giorni per saldare e non incappare nella mora.

«Posso avere un succo di frutta?» chiese Sara con l'innocente inconsapevolezza di una bambina che, com'era giusto che fosse, doveva preoccuparsi di tutto tranne che dei problemi economici della sua famiglia.

«Certo, piccoletta.»

I due si incamminarono, diretti a un gazebo distante un paio di incroci. Mentre la piccola si metteva in punta di piedi e ordinava un intruglio multivitaminico, Julian si chiese quanto sarebbero potuti andare avanti con gli scarsi risparmi e lo stipendio monco di quel mese, e come diavolo avrebbero fatto a saldare le spese straordinarie, del tutto inattese. Quando la bambina gli domandò perché non bevesse anche lui un succo, lui rispose che non ne aveva voglia. Invece ne aveva, ne aveva eccome. Ma ogni moneta che usciva dal suo portafoglio era un passo in direzione del baratro. Ripresero a camminare in silenzio, assorti in pensieri e preoccupazioni del tutto diverse.

«Che cosa è successo al Falco?» chiese a un certo punto la sorella, gli occhi rapiti dalla vetrina di un negozio di televisori. Sugli schermi giravano le immagini di una rissa fuori da un locale da cui usciva del fumo.

Julian si avvicinò per vedere meglio e lesse ad alta voce la scritta in sovraimpressione:

SEGUACI DI ADAM COVEN ASSALTANO UN GUSCIO
NEL QUARTIERE DEL FALCO. DIECI ARRESTI.

«La maestra ci ha parlato di questi delinquenti» disse Sara. «Dice di fare attenzione, perché "dalle chiacchiere sono passati ai fatti". Che significa?»

«Significa che c'è gente a cui la situazione politica non piace.»

«Sono pericolosi?»

«Non per noi, cucciola. E non credo che si tratti di delinquenti. Forse sono solo persone esasperate. Alcuni hanno subito torti, o imposizioni.» Julian pensò alla circolare di Rodan Sheen e agli improvvisi tagli al personale. «E si sono stufati. Non li giustifico se si sono comportati male, non mi fraintendere. La violenza non è mai la soluzione. Ma sai, questa città è profondamente cambiata negli ultimi anni.»

«Sì, lo so, per via del TD. Abbiamo fatto un tema su questo argomento, lo scorso mese. Il titolo era: "Aurora, il regno dell'eterna giovinezza".»

«E tu che cosa hai scritto?»

«Io… be', veramente ho scritto che non la penso come la maestra.»

«Cioè?»

Sara agitò le mani nell'aria, come se stesse disegnando cerchi immaginari. «Cioè... secondo me è bello essere bambini, e poi crescere, imparare un sacco di cose e diventare grandi. E sì, lo so, non è il massimo, ma... forse è divertente anche essere anziani. No?»

Julian aprì il palmo della mano. Lei vi schiacciò sopra la sua. Non esisteva modo migliore, tra fratelli, per esprimere il più completo accordo. Intanto, il notiziario trasmise un altro servizio la cui didascalia diceva: SECONDO COVEN "IL SUICIDIO DI OTIS COLIER FA PARTE DI UNA STRATEGIA BEN PRECISA" (L'INTERVISTA ESCLUSIVA SU POLITICA 1).

«Però mi fa un po' paura che succedano queste cose in città» disse Sara non appena ripresero a camminare verso casa. «Se capita ora, mentre camminiamo per strada?»

«Non devi preoccuparti. Si scontrano tra di loro, è un periodo piuttosto teso. E poi di solito le contestazioni dei seguaci di Coven sono pacifiche. Forse in questo caso la situazione è sfuggita di mano. Ci saranno presto nuove elezioni, e...»

«Amy dice che vince la TD Pharma. È un'idea di suo padre. Io non ci capisco molto... pensavo che fossero solo medici.»

Julian rispose con un sorriso amaro.

«La madre di Amy è stata male, l'altro giorno, sai?» continuò Sara.

«Che cosa ha avuto?»

«Ha chiamato la mia amica per tutta la sera con un altro nome: Leda.»

«E chi è Leda?»

Sara esitò, rallentò il passo e bevve l'ultimo sorso di succo dalla cannuccia. Quindi lo gettò in un cestino. «Mi prometti che non lo dici a nessuno? È un po' macabra, come storia. Amy ci ha chiesto di tenere il segreto. Lo sappiamo solo io e Camilla.»

«Promesso.»

«Leda era la sorella gemella di Amy. È morta quando aveva due anni. Amy non se la ricorda quasi per niente, anche se ha visto tantissime foto.»

Julian trasse un lungo sospiro.

«E poi» aggiunse Sara «Amy mi ha detto che sua madre era tutta sudata, continuava ad andare avanti e indietro per casa. Apriva la porta d'ingresso, guardava fuori, poi richiudeva. Poi faceva lo stesso con le finestre.»

«Era ossessionata da qualcosa.»

«Sì, ma non c'era niente. Il papà di Amy si è preoccupato, non l'aveva mai vista così. Quando ha messo a letto la mia amica, le ha detto di stare tranquilla. Ha parlato di un... eraus... esar...»

«Esaurimento nervoso?»

«Quello!» Sara si voltò verso la parte opposta della strada, dove alcuni palloncini si erano staccati da un palo e avevano preso a svolazzare per aria. Stirò le labbra in un improvviso e delizioso sorriso, servendosi di quel potere magico, proprio dei bambini, di cancellare il male in un istante. «Comunque, per fortuna, la mattina dopo una persona è andata a casa di Amy e ha portato via con sé la mamma. Suo papà dice che la cureranno.»

Per fortuna, pensò Julian mentre le parole innocenti della sorella si aggrovigliavano ai suoi tormenti interiori e cambiavano significato. Che cosa succedeva davvero a quelli come

Aileen che avevano manifestato turbe psichiche, forse a causa degli effetti collaterali della miracolosa terapia? Erano loro i volti sui volantini appesi ai lampioni? E se avessero fatto qualcosa di male anche a lei? No, non era possibile. Lei era una Sheridan, aveva davvero accesso alle migliori cure e suo padre stava per rappresentare la TD Pharma alle elezioni. *Per fortuna.*

«Ma tu lo sai...» Julian scacciò i brutti pensieri e cambiò discorso. «...perché si chiama "quartiere del Falco"?»

Sara ci pensò su.

«Non ve l'ha insegnato la maestra?»

«Mi sa di no.»

«Il falco è una specie di animale antico. Un uccello.»

«Che cos'è un uccello?»

«Un animale che vola.»

Sara alzò gli occhi al cielo. «Come gli insetti?»

«Sì, ma molto, molto più grande.» Julian le scompigliò i capelli. «Prima della guerra, tantissimi anni fa, ce n'erano di tutti i tipi, e il falco era uno di quelli più affascinanti.»

«Sono morti tutti?»

«Temo di sì, tesoro.»

Sara si voltò ancora verso i palloncini e Julian si chiese se fosse in grado di capire il significato dell'estinzione totale di una specie. Se a otto anni riuscisse a comprendere le conseguenze nefaste della superbia umana, dell'odio e della sfrenata corsa al potere. Sotto sotto invidiava quella perduta innocenza, la capacità di sognare ancora. Sua madre gli aveva insegnato a essere ottimista, a non abbattersi neanche nei momenti più bui, e Sara era la sua versione incontaminata. La società avrebbe provveduto a riempirla di sovrastrutture e pregiudizi, a patto che Julian trovasse un modo per proteggerla dalla maledetta eredità genetica e le permettesse così il lusso di diventare grande.

«Magari stanno solo svolazzando da qualche altra parte del mondo» sorrise Sara.

Julian le strizzò un occhio.

In casa di Stan regnava il silenzio.

L'ora di pranzo era passata da un pezzo, ma il suo stomaco era serrato per la tensione e si produceva di tanto in tanto in rumorosi gorgoglii. Il signor Leaves era ancora in fabbrica, mentre il fratello Joey sarebbe tornato di lì a poco dalla fondazione Melber, un centro che accoglieva persone con diversi gradi di ritardo mentale offrendo loro una ricca serie di attività da svolgere – dal giardinaggio, al bricolage, alla lettura – come se si trattasse di un vero lavoro. Stan stravedeva per Joey, più vecchio di un paio di anni. Joey stravedeva per il ciuffo laterale di Stan (e forse era l'unico, in città).

Dopo essere passato dal bagno per gettarsi dell'acqua gelida in faccia e maledirsi allo specchio, Stan andò in camera da letto. Si guardò attorno nel mezzo di una stanza che era un esemplare manifesto del caos. Poggiò la mano su una sedia girevole invasa da vestiti spiegazzati, mentre con le scarpe evitava di calpestare piatti di carta pieni di briciole, vuoti di bottiglia e riviste ridotte in brandelli. C'era stato un tempo in cui l'appartamento dei Leaves era presentabile e pulito. Dalla morte di sua madre in avanti, la nave era andata sempre più alla deriva.

La finestra sbatté per via della corrente che si era creata con quella della sala-cucina. Stan non si curò di chiudere né l'una né l'altra. Si sedette invece sul bordo del letto a pensare.

Che tipo di esami stava conducendo Klaus al Santuario? Il suo assassinio aveva a che fare con le indagini mediche sul Governatore Colier? Chi poteva volerlo morto, se non qualcuno che aveva scoperto l'attività di contrabbando di farmaci? Ma soprattutto, com'era strutturata la TD Pharma, e con quali strategie si stava pian piano impossessando della città?

Stan rimuginò per diversi minuti nel silenzio della stanza da letto, finché la suoneria di un telefono echeggiò dall'altra parte della casa e lo fece sobbalzare.

In tutta fretta lasciò la camera per raggiungere la sala-cucina, dove l'unico telefono fisso in possesso della famiglia Leaves occupava un tavolino sbilenco. Nessuno si poteva permettere un braccialetto elettronico. Né lì, né – con tutta probabilità – nel resto del quartiere industriale. Tanti, come Julian, non avevano neanche l'apparecchio domestico, per via del costo eccessivo del canone annuale. Diversi anni prima i Leaves avevano approfittato di un'agevolazione, un notevole sconto su un modello base – di quelli che non mandavano messaggi e non avevano la segreteria – offerto dall'operatore AuralCom per via delle crisi epilettiche di Joey e della necessità di poter avvisare con rapidità il pronto soccorso.

Mentre afferrava il ricevitore, Stan accese la televisione e abbassò a zero il volume. Un gesto abitudinario. Sullo schermo, le immagini degli scontri nel quartiere Falco.

«Sì?»

«Chi parla?» rispose una voce maschile rauca, strozzata.

«Veramente ha chiamato lei» disse Stan, già pronto a riagganciare.

«Sto cercando Stanley Leaves.»

«Sono io. Lei chi è?»

Trascorse qualche istante di silenzio, durante il quale la tentazione di alloggiare il ricevitore nella sua base e alzare il volume del televisore per ascoltare il servizio sulla rissa di fronte a un guscio della TD fu fortissima.

«Ho avuto questo numero dal dottor Klaus» disse l'uomo, la cui timbrica non lasciava intendere l'età e risultava ora quasi sinistra, inquietante nella sua intonazione monocorde e priva di inflessioni.

«Il dottor...» Stan deglutì con forza. *Sono fottuto*, si ripeté per l'ennesima volta, certo che lo avessero beccato. Si aspettava di lì a pochi istanti una convocazione alla centrale di polizia o qualcosa di simile. «Non so di chi parla.»

Seguirono alcuni attimi di un silenzio spettrale. Dall'altra parte sembrava risuonare il violento fruscio del vento. O forse la linea era disturbata, e quelli che parevano rumori ambientali non erano altro che ronzii e distorsioni del segnale.

«Il mio nome è Adam Coven» rispose finalmente la voce sconosciuta. «Credo che tu abbia sentito parlare di me.»

«Adam... Coven... quello della televisione? Il leader di quel movimento...»

«Se il dottore mi ha passato il tuo contatto» continuò l'uomo, il tono d'un tratto più marcato e sostenuto, «significa che posso fidarmi di te. E che sai benissimo di chi parlo.»

«D'accordo» ribatté Stan dopo aver tratto un sospiro di sollievo, finalmente privo di alcun timore reverenziale. «Ma io? Io posso fidarmi di lei?»

«Lavoravi per lui come spacciatore di farmaci, giusto?»

Stan chiuse gli occhi e rifletté in una frazione di secondo. Inutile mentire, il tizio sapeva già tutto. «Sì.»

«In tal caso facevi parte di un sistema che fa capo a una sola persona. Quella con cui stai parlando.»

Stan non seppe replicare. Fece qualche passo verso la finestra, l'andatura lenta, compassata. Oltre le tende lise il cielo di Aurora era pallido, malato. Il sole di febbraio era una controfigura scadente che nemmeno in assenza di nuvole riusciva a vincere sulla coltre tossica e sulla cappa di fumo. Una condizione climatica perenne, in netta contraddizione con il meraviglioso nome della metropoli.

«Sai che cos'è il Santuario?» Coven spezzò il momento di silenzio.

«Sì, lo sanno tutti. È l'isolotto di fronte alla costa est, all'altezza di Parker Beach. Dove sorge la sede della TD Pharma, insomma.»

«E sai perché si chiama così?»

«Non me lo sono mai chiesto. In effetti, non è certo un posto in cui si prega.»

«Appunto.» L'uomo tradì una nota di malizia. «Sarebbe più appropriato definirlo Santuario della Ricerca Medica, come si faceva un tempo. Ma non è solo per praticità che oggi il nome è rimasto orfano della sua specificazione. Era il loro piano sin dall'inizio.»

«Quale piano?» Stan incontrò il suo volto perplesso in un piccolo specchio appeso vicino al frigorifero.

«Quello di diventare una vera e propria religione. Di sostituirsi nell'immaginario spirituale della città. La moneta di scambio era la più potente mai creata dall'uomo, del resto. Hai visto che cosa sta succedendo in giro? Esseri umani contro altri esseri umani. Chi difende la TD Pharma come se si trattasse di un credo, di un'ideologia per cui dare la vita, chi la contesta.»

«Non capisco perché mi sta dicendo queste cose.»

«Il dottor Klaus è stato assassinato. Sono stato informato da poco da una persona che svolgeva il tuo stesso lavoro di distribuzione clandestina di farmaci. È per questo che ti ho contattato.»

«Lo so» ammise Stan, mentre le immagini agghiaccianti del Magazzino 6 gli saltavano alla mente, come illuminate da una sequenza di lampi. «L'ho visto con i miei occhi.»

«Hai visto il corpo?»

«Sì. E sono scappato. E ora ho paura che becchino anche me.»

«Purtroppo temevo che sarebbe accaduto. Significa che al Santuario sono entrati nella fase decisiva. Il suicidio di Otis Colier ha innescato una reazione a catena.»

«Che cosa significa?»

«Che è stata raggiunta la soglia da loro prevista per governare la città. Dipendeva dal numero di famiglie affiliate, si son fatti i loro conti. Avrebbero candidato un loro uomo solo nel momento in cui fossero stati certi della vittoria. Ma non hanno fatto i conti con una cosa: gli effetti collaterali del *Time Deal*. Vedi mai dei cartelli sui pali della luce, con la fotografia di qualche persona scomparsa?»

«Purtroppo sì.»

«Sono tutti affiliati, facci caso. Affiliati che hanno manifestato problemi gravi di salute. Li prendono e li portano via. Li fanno letteralmente sparire dalla circolazione. Hanno ideato un trattamento al Santuario, si chiama Programma Hansen.

Finiscono tutti lì, senza che le famiglie vengano informate. Li studiano. Li sottopongono a ogni genere di test.»

«Come sa tutte queste cose?»

«Grazie a Klaus, naturalmente.» Coven sospirò. «Lavorava da anni al Santuario sotto copertura. Era un mio informatore, una specie di talpa. Se sono stati loro a farlo fuori, significa che c'è qualcosa di grosso da nascondere all'interno di quelle mura.»

«Magnifico» commentò Stan utilizzando il sarcasmo a mo' di scudo, com'era sua abitudine quando si imbatteva in una pessima notizia.

«Mi aiuterai?»

«Se mi sta chiedendo di far parte dei cov...»

«Ti prego di non utilizzare quello stupido nomignolo inventato dalla stampa: *coveniani*. Sembra una razza aliena.»

«Già. Comunque la mia vita è rovinata. Ho bisogno che qualcuno mi protegga, o farò la fine del dottore. Se lei può garantirmi questo, mi consideri dalla sua parte. Del resto, a quanto pare lo ero già.»

«Stammi bene a sentire.» La voce di Coven scese di un semitono. «Tu conosci il punto d'appoggio in città di Klaus, vero?»

«La casa della madre. Sì, ci sono stato una volta, quando mi ha... assunto.»

«Ci devi andare al più presto. In quell'appartamento ci sono le matrici. Devi recuperarle.»

«Le matrici di cosa?»

«Del *Time Deal.* Sono delle minuscole schede, dei chip, contenute in piccole placche di metallo e chiuse in scatole della dimensione di un libro. Senza quelle, non possiamo produrlo per conto nostro. Ti spiegherò tutto con calma più avanti. L'unica cosa che ti serve sapere per adesso è che a casa della madre del dottore c'è materiale per ventimila tagli di valore. Recuperami le valigette e ti pago la metà.»

«Cioè... diecimila tagli? Mi dà diecimila tagli? Scherza, vero?»

«Ti sembra che io possa permettermi di scherzare, in una situazione simile? Senza matrici, il mio laboratorio si ferma. Se non vuoi andarci tu, ci mando qualcun altro.»

Stan si chiese che cosa avessero a che fare dei chip con la produzione di un farmaco. Il suo silenzio poteva essere interpretato come la volontà di lasciar perdere, così si affrettò a smentire una simile ipotesi. «Va bene, va bene. Ci vado.»

«Dobbiamo muoverci, Stanley. Prima che sia troppo tardi.» Coven fece una pausa e sembrò respirare a fondo per poi liberare un soffio lento, come in un esercizio per la pulizia delle corde vocali che Stan aveva visto in un documentario di Gus Priest, cantante della prima formazione dei Leader di Paulie "Wolf" Nelson. «Klaus mi aveva lasciato un elenco di nominativi da contattare, se le cose si fossero messe male. Spero di poter contare su di te e su quante più persone fidate riuscirai a coinvolgere. Non oso immaginare che cosa stiano passando le persone scomparse e trasferite al Programma Hansen.»

«Ma scusi, signor Coven, mi faccia capire di cosa stiamo parlando dall'inizio di questa telefonata. Lei mi sta dicendo che il Santuario è un laboratorio di ricerca, dove gli esseri umani vengono utilizzati come cavie?»

«No, ragazzo, mi piacerebbe che fosse solo questo.» Il tono di voce di Adam Coven si fece ancora più drammatico, profondo. Nero come l'abisso in cui le vite di tutti stavano per essere risucchiate. «Temo che sia peggio di così. Sono convinto che l'intera città di Aurora stia diventando un gigantesco laboratorio sperimentale. E noi, tutti noi, siamo i topi.»

«Con chi è che hai parlato?» Julian sgranò gli occhi. Poi si guardò attorno. Alle sue spalle, il portone del condominio. Di fronte, un flusso di automobili in coda davanti a un semaforo.

«Hai capito bene. Adam Coven.»

«Sara, tesoro.» Julian si voltò verso la sorella. «Puoi salire su in casa? Dedico cinque minuti a questo mattacchione e arrivo. Ok?»

«Va bene.» Sara alzò gli occhi verso Stan. «Ciao, mattacchione!»

Una volta soli, i due si sedettero sul gradino di una delle vetrine di una merceria chiusa, a pochi passi dall'ingresso dello stabile. Stan, il respiro affannoso, prese a parlare senza farsi sentire dai passanti, ma finì per mangiarsi le parole per la concitazione.

«Calmati, così non capisco niente» lo interruppe Julian. «Dei chip? Per produrre un medicinale? Che senso ha?»

«Mi sono chiesto la stessa cosa. La risposta è: non lo so.»

«Ottimo.»

«Però il dottor Klaus mi aveva detto qualcosa di strano in proposito. Qualcosa tipo "non è un vero farmaco" o "non è un farmaco come gli altri". E non è tutto.»

«Sentiamo.»

Julian scoprì dalla voce inquieta di Stan quello che accadeva ai cittadini affiliati che avevano avuto problemi a causa degli effetti collaterali del *Time Deal.* Mentre sentiva parlare del programma Hansen, il nastro dei ricordi si riavvolse e lo riportò all'episodio riferito da Sara a proposito della mamma della sua amichetta del cuore.

«So a cosa stai pensando» bisbigliò Stan.

«Ad Aileen non può capitare» rispose convinto Julian, ma i suoi occhi incerti e vacillanti tradirono una profonda insicurezza. «È una Sheridan.»

«Ma certo» lo confortò l'amico. «In ogni caso, io devo recuperare le matrici.»

«Scusa, Stan... intrufolarsi in quell'appartamento non è un rischio troppo grosso? Chi te lo fa fare?»

«Diecimila tagli.» Stan stirò le labbra in un sorriso. «Ecco cosa me lo fa fare. E poi ho sempre paura che il dottore tenesse qualche appunto in casa, una lista, qualunque cosa su cui compaia il mio nome, ecco. Entro, faccio sparire eventuali prove del mio coinvolgimento, prendo le valigette e...»

«Hai detto "diecimila tagli"?»

«Esatto. La metà del valore della produzione che quelle matrici consentirebbero, a quanto pare. Capisci? Era Coven a produrle, nel suo laboratorio.»

«Ecco perché vive nei paesini abbandonati a ovest... o dove diavolo vive.»

«Devo andare.» Stan si alzò. «Non posso perdere altro tempo. So che non dovevo venire e so che avevo promesso di non metterti nei casini, ma non potevi non sapere. Questa è una cosa grossa.»

Julian restò in silenzio e osservò l'amico per qualche istante. Cercò di scacciare il pensiero malsano che si stava facendo strada tra gli altri, sgomitando in mezzo alle immagini della circolare firmata Rodan Sheen, della busta verde con le spese straordinarie dello stabile, di Sara che teneva tra le labbra la cannuccia di un succo di frutta che lui non si poteva permettere. Pensò che con la metà di quella cifra avrebbe potuto sistemare le cose. Tutte. Per qualche mese, almeno. Poi si autoconvinse che era sbagliato, che era troppo rischioso, che andava contro a ogni sua idea sulla vita e sul modo di affrontare i problemi. Ma era tardi. L'idea aveva contaminato la sua mente. E non era l'unica ragione a spingerlo verso una nuova consapevolezza. Un'altra, ben più importante, stava prendendo forma nella sede dell'animo deputata alle riflessioni più profonde.

«Non si tratta solo di recuperare quelle matrici, Stan. Siamo di fronte a un bivio. Seguire Adam Coven significa mettersi contro la TD Pharma. Ovvero schierarsi con i più deboli, coi clandestini, di fronte ai padroni della scienza medica e ai loro affiliati.»

«Hai parlato al plurale o sbaglio?»

«Nessun passato, nessun futuro» rispose Julian dopo qualche secondo di esitazione, citando la prima Teoria sull'Esistenza di Aileen. «L'unica cosa che conta è il momento che stiamo vivendo.»

«Non sono sicuro di aver capito...» Stan gli offrì un ghigno furbo, l'espressione di chi in realtà sapeva leggere alla perfezione le intenzioni dell'amico anche solo dalla contrazione di un muscolo del volto.

«Non mi interessa avere diciassette anni per sempre, lo sai. Ma adesso li ho. Se domani i Werner detteranno legge sulle nostre vite, non sarò tra quelli che sono stati fermi a guardare mentre Aurora cadeva.»

13

L'appartamento era al terzo piano di una palazzina che sorgeva a poche centinaia di metri dal guscio frequentato dagli Sheridan, nel cuore del quartiere Elmo. Si trattava di un complesso di edifici ben curati, con un ampio cortile interno oltre il cancello d'ingresso e quattro scale distinte. Non era però dotato di portineria, come la maggior parte dei condomini nella zona tagliata dal Largo Emporio o a ridosso del quartiere Diamante. Quella che per gente come Mann Sheridan appariva come un'area quasi povera, anche se decente, agli occhi di Julian e Stan pareva un posto per privilegiati. Del resto, dalle loro parti era impossibile imbattersi in un palazzo dalla facciata priva di crepe, una strada senza buche, un citofono con tutti i pulsanti a posto.

«Ci sei già stato?» chiese Julian quando arrivarono in prossimità dell'inferriata, dopo aver attraversato una via stretta a senso unico.

«Quando lasciava il Santuario per tornare in città, Klaus veniva a dormire qui. Ed è qui che si è svolto il nostro primo incontro. Ho tenuto a mente le coordinate.»

«Capisco.»

«Hai intenzione di citofonargli?» scherzò amaro Stan mentre Julian osservava la sfilza di nomi sulla placca.

«Stavo solo ammirando la cura della gente di questo quartiere per le proprie cose. Da noi sradicano i pulsanti per divertimento.»

«Lo facevamo anche io e te, da piccoli» osservò Stan. Poi si incamminò lungo il perimetro delimitato dal cancello. «Andiamo sul retro. Oltre l'ingresso principale c'è una telecamera, meglio evitare. Dietro invece ci sono i garage, appena esce qualcuno entriamo da lì.»

«Senti...» Julian gli stette dietro, lo sguardo circospetto e l'andatura disinvolta, per non dare nell'occhio. «Ma come fa di cognome questo dottor Klaus?»

«Klaus *è* il cognome. Si chiama...» Stan svoltò nella via traversa e si fermò, poi deglutì con forza per scacciare un improvviso magone. «Si *chiamava* Roger Klaus.»

«Eri molto legato a lui?»

«Tanti anni fa, quando ancora esercitava in città e noi eravamo bambini, aveva avuto in cura mio fratello. Sai, per il suo... problema. E per le crisi epilettiche. Non ha fatto miracoli, ma gli è stato di grande aiuto.»

«E poi è stato assunto al Santuario.»

«Esatto.» Ripresero a camminare verso il cancello che dava sui garage. «Vederlo ridotto in quel modo è stato uno shock. Non ci crederai, ma sto realizzando solo ora quanto è successo e... non so come dirlo a mio padre. Lui non lo considerava solo un grande medico, ma anche un amico di famiglia. Ovviamente non sa niente della storia del contrabbando.»

«E io eviterei di raccontargliela» chiosò Julian.

I due attraversarono la strada e si appoggiarono con la schiena al muro tra un negozio di generi alimentari e l'ufficio di un'agenzia assicurativa. Il viavai in quel punto del quartiere Elmo era modesto. Quando finalmente si accese la luce lampeggiante sopra al cancello, Stan si scroccò le dita delle mani. «Facciamo passare l'auto e andiamo. Tranquilli, come se fossimo qui per visitare uno zio che abita in una delle quattro scale. La C, per la precisione.»

Una volta di fronte alla porta d'ingresso della palazzina, Stan premette un pulsante sul citofono.

«Che fai?» domandò Julian.

«Fidati» rispose l'amico. Poi, quando una voce anziana gracchiò nell'apparecchio, scandì: «Disinfestazione».

La donna aprì.

«Non potevi farlo all'ingresso principale?» lo punzecchiò Julian mentre i due entravano.

«No, te l'ho detto, lì c'è una telecamera. Non si sa mai.»

«Però ti è andata bene. Voglio dire, hai beccato una vecchietta.»

«È mattina inoltrata.» Stan cominciò a salire per la rampa di scale. «E siamo all'Elmo. Se uno risponde al citofono di casa significa che non lavora. Quindi è un anziano. Era facile, dai.»

Julian rimase in silenzio e seguì l'amico fino al terzo piano. Quando arrivarono di fronte alla porta, Stan si guardò attorno. «Queste case hanno i balconi comunicanti. Si accede da lì.»

«E tu sei stato qui una volta sola?»

«Ho un'ottima memoria per i luoghi. Dovresti saperlo. Chi vinceva la caccia al tesoro in città, quando eravamo piccoli?»

«La conosco la cantilena.» Julian gli fece il verso. «"Il tre volte campione in carica..."»

«Bravo, proprio lui, *il tre volte campione in carica Stanley Leaves*. Dai, seguimi. Temo che ci sarà poco da scherzare.»

I due superarono una porta a vetri oltre la quale uno stretto e lungo balcone correva attorno alla parte interna della palazzina. Un paio di finestre sulla sinistra appartenevano alla proprietà di Lizbeth Klaus.

«Quella affacciata lassù sarà la signora che ci ha aperto?» Julian indicò con un cenno del capo il balcone del quinto piano.

«Probabile.» Stan sbirciò con la coda dell'occhio, poi attese che la macchiolina nell'angolo della visione periferica sparisse e tirò fuori dalla tasca dei jeans un coltellino.

Julian increspò la fronte e sollevò un sopracciglio. «Che intendi fare? Vuoi uccidere la vecchia?»

«Imbecille.» Stan lo freddò con un'occhiata, poi piantò la lama alla base della finestra e fece perno. «È un modello superato, dovrebbe cedere.»

«Pensa, ero convinto che i membri della TD Pharma avessero alloggi di lusso con doppie finestre, porte blindate e sorveglianza...»

«Ce li hanno, infatti, sull'isolotto del Santuario. Dal poco che so, attorno alla sede della TD è pieno di ville.» Stan ruotò il polso in maniera innaturale, fece forza e il coltellino scivolò verso l'altra mano, ferendolo. Imprecò in silenzio, avvicinò il polpastrello alla bocca per succhiare il sangue e ricominciò da capo. «Questa invece è la casa della madre del dottore. Te l'ho detto, lui la usa come appoggio in città da quando la donna ha preferito farsi servire e riverire in un ospizio. E siccome nessuno verrebbe mai a curiosare nell'appartamento di un'anziana signora, le matrici le tiene qui. Non credo che abbia neanche una cassaforte. Insomma, siamo due bambini che cercano la marmellata nascosta in casa della nonna.»

«Secondo te, su che cosa stava indagando questo Klaus?»

La finestra fece uno scatto. Stan la spinse in avanti, si guardò attorno un'ultima volta e scavalcò, seguito da Julian. Una volta nell'appartamento, la richiusero dall'interno.

«Aileen non ti ha mai raccontato niente a proposito del codice comportamentale, immagino.» Stan cercò con una mano l'interruttore della luce. «Dei doveri di un affiliato...»

«Dice che i suoi la sbatterebbero fuori di casa, se solo ne accennasse. L'ho sempre rispettato. Del resto disprezzo quella gente, non mi interessano i loro manifesti. Lei ne fa parte solo perché la obbligano. Cos'è che non ti convince?»

Stan accese il piccolo lampadario della sala in cui si erano intrufolati, dove alcuni mobili in legno, un vecchio e ingombrante televisore e una credenza dei tempi di suo nonno indicavano che sull'arredamento il dottore non doveva aver messo bocca. «Klaus stava studiando gli effetti collaterali del *Time Deal*. Eppure allo stesso tempo lo spacciava. Si era opposto a certe idee dei suoi colleghi e forse è per questo che ha destato sospetti, che l'hanno scoperto. Ha parlato di "pratiche riservate agli affiliati".»

«Tu pensi che gli effetti collaterali dipendano da altro?» chiese Julian mentre l'amico frugava nella cassettiera del salotto. «Che non c'entri il *Time Deal*?»

«Non lo so. Lui era un medico serio. Mi parlò della sua visione della scienza proprio qui, quando decisi di entrare nel suo giro. Per Klaus il *Time Deal* era una scoperta sensazionale. Stava indagando sui problemi psichiatrici manifestati da pazienti come Otis Colier. Credo che stesse analizzando le interazioni tra i farmaci somministrati secondo alcuni protocolli per gli affiliati...» Stan fece strada fino a una stanza da letto, dove entrambi presero ad aprire cassetti e armadi, imbattendosi solo negli effetti personali della madre del dottore.

«Quali protocolli?»

«Dovremmo chiedere ad Aileen, implorarla di parlare. La situazione è delicata.»

«Capisco. Qui comunque non c'è niente.»

«Che possa averle sistemate in qualcuno dei magazzini in città...» Stan si grattò la nuca, pensieroso. Poi lasciò la camera da letto e Julian lo seguì fino alla cucina.

«Il telefono» indicò un apparecchio bianco posto su un ripiano in ceramica. «Lampeggia.»

«Sentiamo.» Julian premette un tasto blu sotto il tastierino numerico.

«Roger, sei in casa?» Una voce femminile animò la segreteria. «Roger, sono io, Claire. Rispondi, se ci sei. Ho i risultati degli esami su Lodge, quello della strage in piazza della Rifondazione. Temo che tu abbia ragione sul Governatore. Chiamami appena torni a casa... ti amo.»

Stan sgranò gli occhi. «So di cosa parla.»

«Cioè?»

«Klaus mi disse che al Santuario una sua collega aveva interrogato un folle, uno che aveva sparato con un mitra in piazza della Rifondazione, convinto di aver fatto una carneficina. In verità era sera tardi e la piazza era vuota.»

«La collega è questa Claire, dunque. E non è solo una collega, a quanto pare. Avevano una storia.»

«E stavano per scoprire qualcosa...» Stan passò una mano in mezzo al ciuffo nero che gli cadeva di lato, lo tirò indietro un paio di volte, poi portò l'indice alla bocca e iniziò a mordicchiare la pelle intorno all'unghia. «Il che porta in una sola direzione, purtroppo.»

Julian allargò le braccia. «Claire e il dottor Klaus facevano esami per conto loro al Santuario, forse per cercare di incastrare qualcuno, o per girare informazioni preziose a Coven?»

«Esatto. E se quel qualcuno ha fatto eliminare Roger, forse il prossimo sulla lista non è un pesce piccolo del giro del contrabbando.»

«È la dottoressa.» Julian fissò il pavimento e sentì crescere e salire l'ansia. Per la prima volta si rese conto di aver sottovalutato un pericolo che si stava estendendo a ogni ramo della società. «Aileen... è a rischio anche lei, vero?»

Stan prese a camminare avanti e indietro nella piccola cucina dell'appartamento della signora Klaus. «Forse lo siamo tutti. Nessuno escluso, neanche gli stessi Sheridan.»

«Maledizione.»

«Tu hai il numero del suo braccialetto?»

«Lo ricordo a memoria, anche se non lo uso mai.»

«Chiamala.» Stan aveva lo sguardo fisso sull'apparecchio bianco, dove ora non lampeggiava più alcuna luce. «Chiamala e dille che dobbiamo parlarle. Al più presto, lontano dai suoi genitori.»

Julian non seppe replicare. Non era una buona idea, pensò, telefonare al numero privato di Aileen a quell'ora. Poteva trovarsi con i suoi, poteva averlo tolto per fare una doccia, poteva essere semplicemente spento e magari Mann o Tarja, maniaci del controllo, si sarebbero insospettiti nel vedere un numero sconosciuto comparire nel registro delle ultime chiamate perse. Ma era anche vero che non c'era tempo da perdere. Bisognava metterla in guardia.

«C'è segnale» disse Julian, in attesa. «Ma non risponde nessuno.»

«Insisti.»

«Non sono sicuro che Aileen risponda a numeri non presenti nella sua rubrica.»

«Ci dobbiamo provare.»

Julian attese finché una voce registrata gli suggerì di lasciare un messaggio. «Niente da fare.»

Seduto sul bordo del tavolo della cucina, Stan distolse lo sguardo dall'intarsio delle mattonelle e chiese con tono quasi rassegnato: «E ora che facciamo?»

«Troviamo quelle matrici e ci leviamo di torno.» Julian alzò lo sguardo verso un orologio esagonale appeso al muro.

«Vorrei avere il tuo ottimismo...» rispose Stan, poi si accorse che la testa di Julian era ancora alzata verso l'orologio, il volto congelato in un'espressione di sorpresa.

Gli occhi erano fissi su un punto in alto, sopra un vano della dispensa. Un bordo di metallo rifletteva la luce proveniente da una piccola finestrella sulla parete opposta. Oltre il bordo, una maniglia e un lucchetto. Julian si lasciò sfuggire un sospiro liberatorio.

«Guarda che bel barattolo di marmellata.»

14

Gli striscioni appesi ai pali della luce dicono, a caratteri cubitali: GRANDE SAGRA DI PARKER BEACH.

La mano della mamma ha una presa blanda, quasi un invito a sganciarsi e farsi trascinare dalla folla, dai colori, dai suoni allegri di un giorno di festa. Perfino il cielo è stato clemente. Solo qualche nuvola dalle cattive intenzioni, ma niente pioggia.

In un attimo, la bambina si volta e i genitori non ci sono più. Risucchiati dal fiume umano. Lei si insinua fra le persone, serpeggia in una giungla di palloncini e bandiere. Poi, in affanno, comincia a chiamarli a gran voce, ma non trova risposta nel confuso parlottare della gente, né volti familiari a cui rivolgersi. Non resta che chiedere agli addetti dietro ai banconi dei chioschi, o affidarsi agli agenti di polizia. Suo padre dice sempre che la polizia risolve qualsiasi problema, specialmente se deve difendere "quelli del loro rango", e suo padre la sa lunga. Qualcuno avrà un megafono per fare un annuncio.

Sì, deve essere così.

Ma prima che tutto questo accada, due occhi le vengono in soccorso. Due occhi alla sua stessa altezza. Smarriti. Soli.

«Ciao» dice lei, senza pudore.

«Ciao» risponde il bambino dai riccioli castani e le gote arrossate. «Ti sei persa?»

«Non trovo più mamma e papà. Anche tu?»

«No, io sono qui da solo perché i miei mi hanno dato il permesso di assistere allo spettacolo di magia. È solo per minori di dieci anni, sai? Non accompagnati.»

«Fantastico!»

«Sì, non vedo l'ora.» Lui fugge con lo sguardo verso un uomo sui trampoli che cerca di farsi largo tra la gente. «Però, ecco, è la prima volta che...»

«Ti faccio compagnia, se vuoi.»

L'imbarazzo gli secca la gola. «C-come ti chiami?»

«Aileen. Tu?»

«Ma non dovresti avvisare qualcuno? I tuoi saranno in pensiero.»

«Sì, dovrei» risponde lei, e un sorriso malizioso le illumina il volto. «Dopo lo spettacolo di magia, però.»

Lui le tende la mano avvolta in un guanto grigio con un paio di buchi. «Questa sì che è un'ottima idea! Io mi chiamo Julian.»

STUDIARE ERA IMPOSSIBILE.

Aileen ci provava da un'ora buona, confinata com'era nella sua stanza per volere del padre che, come se non bastasse, sin dal risveglio le aveva confiscato il braccialetto elettronico, in modo da non avere distrazioni. Se ne stava seduta alla scrivania, ingobbita su un saggio in formato digitale, ma tutto ciò che aveva ottenuto era rileggere per un centinaio di volte lo stesso capoverso, che iniziava con: *Un valido reporter non si arrende finché non ha raggiunto il punto più profondo della caverna, dove risiede la verità.*

La mente vagava altrove, soffermandosi su episodi piacevoli del passato come quello della festa sul lungomare, in cui una combinazione di situazioni casuali l'aveva messa sulla strada di Julian Darrel. Un bambino che mai avrebbe potuto conoscere a scuola o nei luoghi frequentati dalla sua famiglia. La settimana successiva si sarebbero ritrovati proprio in quel posto, per assistere al teatrino delle marionette. I rispettivi genitori avrebbero fatto conoscenza, per poi non frequentarsi davvero mai, o quasi. Troppo netto il divario sociale, secondo casa Sheridan. Perfino screditante farsi vedere in compagnia di certa gente, per "quelli del suo rango". Per almeno un paio d'anni, lei si sarebbe chiesta quale accidenti di problema ci fosse ad andare a giocare a casa di un bambino del quartiere industriale. Gliel'avrebbe spiegato la nonna, in un triste pomeriggio di pioggia, di quelli in cui si compie un balzo netto fuori dall'infanzia, prima di asciugare le sue lacrime e distrarla con una tisana.

Rifugiarsi nei luoghi placidi della memoria era l'unico antidoto ai pensieri sinistri che pian piano stritolavano il cuore. Una barchetta di carta che si arrende alla corrente e permette a un destino beffardo di trascinarla fino a un oscuro tombino: ecco che cos'era lei, finché avesse abitato tra le mura di casa Sheridan. Finché avesse portato tale cognome. Ricchezza, blasone e fama non erano che specchi deformanti, capaci di restituirle un futuro lontanissimo dalla sua visione delle cose.

Alternative? Nessuna, in un mondo a forma di gigantesco recinto, affacciato da ognuno dei punti cardinali su un'immensa e invalicabile distesa d'acqua. A meno di convincere Julian a lasciare la metropoli per rifugiarsi in uno di quei paesini diroccati a ovest, o nelle campagne a sud. Forse avrebbero potuto rimediare un posto alla centrale idroelettrica. O in qualche piattaforma di estrazione. Ma che ne sarebbe stato del suo desiderio di diventare giornalista e, in qualche modo, affrancarsi dai suoi genitori per contare solo sulle sue forze? E la piccola Sara, avrebbe dovuto a sua volta rinunciare agli studi? Per diventare in futuro che cosa, una specie di schiava? Una ladra? Una prostituta?

Aileen tornò con gli occhi sul sottile foglio digitale: *Un valido reporter non si arrende finché non ha raggiunto il punto più profondo della caverna, dove risiede la verità.* Niente. Non c'era modo di superare quelle tre righe, così prese un lungo respiro e si alzò. Fece qualche passo verso la finestra chiusa mentre i suoi pensieri si stringevano attorno alla figura di Julian Darrel, la sua unica certezza. Fu come averlo di fronte, nel riflesso del vetro, con la sagoma della testa rasata che si inclinava appena, il sorriso accennato e reso dolce dall'armonia dello sguardo e dei gesti lenti con cui la invitava ad avvicinarsi. Oltre la confortante trasparenza dell'immaginazione, la cruda realtà di Aurora.

Aileen aprì la finestra e venne investita da una folata di vento gelido, ma non si tirò indietro. Gli occhi le caddero sulla fila verticale di sporgenze metalliche che fungevano da scala d'emergenza, da utilizzare in caso di incendio. Non si era mai azzardata a scendere da lì, neanche per la curiosità di provarci. Ma più fissava quell'inattesa chance di una temporanea libertà, più roteavano nel suo cranio le parole di una delle sue tante Teorie sull'Esistenza: *A volte, semplicemente, si sente il bisogno di andare.*

Mentre atterrava nel cortile e si guardava attorno per verificare che non ci fossero in giro il padre o qualche collaboratore domestico, la memoria scavò fino a riportarle le sensazioni della Aileen bambina che, neppure dodicenne, era scappata di casa dopo un furioso litigio con i genitori. Quando ancora c'era una nonna da cui rifugiarsi. Negli anni successivi aveva capito che in quella circostanza si era trattato di una punizione contenuta (una settimana appena), e la gravità dell'evento si era ridimensionata. Ora, invece, il pericolo era quello di doversi davvero separare per sempre. Julian aveva perso il lavoro, lei stava per diventare agli occhi di tutti la figlia del Governatore di Aurora.

Una volta scavalcato il cancello, Aileen si incamminò per il viale immerso nella vegetazione artificiale senza curarsi della destinazione. Forse aveva solo bisogno di pensare. Forse, come aveva appuntato sul suo quaderno, a volte si sentiva semplicemente il bisogno di andare. Sapeva che il padre sarebbe montato su tutte le furie, e correva anche il rischio che la madre rincasasse da un momento all'altro. Superò così un paio di isolati, persa nel labirinto dei pensieri impossibili e irrealizzabili, quelli che potevano trovare soddisfazione solo nei sogni. Poi uno sbuffo ghiacciato la schiaffeggiò con forza e in un attimo comprese che non aveva più undici anni, e delle sue azioni avrebbe dovuto pagare ogni dannata conseguenza. Meglio rientrare. Meglio promettere di comportarsi come si conveniva. Dove credeva di andare, in fondo?

Fu proprio quando si voltò per tornare sui suoi passi che un'utilitaria color nero metallizzato, dai finestrini oscurati, spuntò da una via traversa e, nel nebbioso silenzio del quartiere Guglia, deserto come sempre a quell'ora del tardo pomeriggio, si accostò a passo d'uomo a un paio di metri da lei.

Quella sera, dopo essersi separati per qualche ora, Julian Darrel e Stan Leaves si incontrarono di nuovo di fronte alla Synth. Proprio come facevano a volte quando Julian, dopo aver messo a letto Sara, aveva bisogno di prendere una boccata d'aria, parlare con un amico, distrarsi. L'unico barlume di vita sociale del ragazzo al di fuori della ditta, insomma, e per assurdo il luogo dell'appuntamento era proprio il marciapiede di fronte al magazzino. Una sorta di beffarda condanna a restare per sempre ancorati a certi luoghi, schiavi di schemi sociali impostati da altri, come se il quartiere fosse in realtà una sorta di prigione a cielo aperto. Questa volta però i due non si erano dati appuntamento per passare del tempo in compagnia, ma per risolvere una questione che si era fatta di primaria importanza.

«È una follia presentarsi a casa Sheridan a quest'ora» osservò Stan, ma dal tono della voce non sembrava troppo dispiaciuto.

Julian si incamminò. «Preferisco rischiare. Oggi pomeriggio forse non avremmo trovato tutta la famiglia, ma adesso sì. È inutile parlare solo con Aileen. Tutti devono sapere a cosa stanno andando incontro, a partire da Mann.»

«Quelli ci fanno arrestare» sbuffò Stan. Poi cercò di cambiare argomento. «Sei riuscito a parlare delle analisi con tua sorella?»

Julian trasse un lungo respiro. Schiacciato dal peso emotivo di quella scoperta e dalle responsabilità che gravavano sulle sue spalle, dovette strozzare il magone in gola per non scoppiare a piangere di fronte all'amico di sempre.

Stan annuì come se avesse ricevuto una risposta, poi deviò l'attenzione su altro. «Le matrici sono al sicuro.»

«Ma se tuo padre...»

«Mio padre non mette mai piede in camera mia e di Joey.» L'amico prese a camminare per la via male illuminata che costeggiava il magazzino della Synth, e Julian gli stette al fianco. Al primo incrocio svoltarono a destra per imboccare un lungo viale diretto al cuore del quartiere industriale, dove i due avrebbero raggiunto la fermata di un mezzo di superficie. Stan procedeva a passo lento, le mani nelle tasche dei jeans, la testa nascosta sotto al cappuccio della felpa e una vecchia giacca di pelle chiusa fino al colletto. «Spero solo che mio fratello non si metta a frugare in giro.»

«Quando consegniamo la roba a Coven?»

«Non lo so. Mi deve richiamare. Se qualcuno perquisisce casa mia è la fine.»

«Pensavo a lui, prima. Io credevo che fosse uno dei maggiori contestatori della TD Pharma, che si opponesse all'uso di quel medicinale.»

«Non è detto, *Julz.* Ho somministrato il farmaco a persone che non si sarebbero mai legate alle attività della società farmaceutica, perché non sopportavano l'idea di stare ai loro dettami, di rispettare quel codice che ha trasformato gli affiliati in una specie di setta. Ma le stesse persone non avevano niente contro il *Time Deal*, anzi...»

Julian si fermò e alzò gli occhi al cielo. Lo trovò coperto da una cappa fumosa capace di nascondere ogni angolo del firmamento. «La vedo molto male, Stan.»

«Il tuo innato ottimismo dov'è finito?»

«L'ho lasciato al Centro Analisi.»

«Non dev'essere facile» osservò l'amico, facendosi serio. «Sei molto più di un fratello per Sara. Tempo fa credevo che ti stessi giocando i migliori anni della tua vita per fare... il padre. Poi ho capito: tu volevi esserci sempre per lei.»

«Si vede che stai invecchiando» scherzò Julian.

«Cosa dici, devo prendere il *Time Deal* anch'io?»

«Non servirebbe, non ha effetto sulla maturità dei tuoi pensieri. Arrenditi, stai diventando saggio. Sarà la mia influenza.»

Stan rise di gusto. «Hai poi sentito lo specialista?»

«No. Risponde sempre la segreteria telefonica. Finirà che chiederò ad Adam Coven... sbaglio o era un medico anche lui?»

Stan giocò con il suo ciuffo ribelle. «Può essere.»

Trascorsero minuti di singolare silenzio. Il silenzio dei pensieri soffocanti, delle immagini crude, dei vicoli ciechi del futuro. L'assenza di parole sembrava l'eco muto dell'assenza di speranze.

Di certo nessuno dei due poteva pensare di imbattersi, a pochi metri dalla fermata dell'autobus, nell'auto di Mann Sheridan, che accostò sgommando e facendo stridere i freni. Il volto, che emerse alla luce di un lampione non appena il finestrino si abbassò, era una maschera scolpita nella pietra.

«Tu.» L'uomo lo inchiodò con due occhi di ghiaccio. «Sali immediatamente in macchina. Salite entrambi!»

«Signor Sheridan, che cosa...» balbettò Julian, a metà tra il preoccupato e l'incredulo. Poi scambiò uno sguardo di perplessità con Stan e infine i due montarono a bordo.

«Dimmi dov'è» disse Mann, lapidario.

«Chi?»

«Mia figlia.»

«Aileen?» Julian increspò la fronte. «Non ne ho idea.»

L'uomo si torse, allungò il busto verso i sedili posteriori e lo afferrò per il colletto della giacca. «Piccolo bastardo. Ti stai prendendo gioco di me. Dimmi dove la nascondi!»

«Mi lasci andare!» Julian si liberò dalla presa. «Le giuro che non so di cosa parla. Non è a casa?»

«Secondo me è nella tua fogna.» Sheridan sterzò verso la carreggiata e rimise in moto l'auto. «Ora andiamo lì e vediamo se sei sincero.»

Nessuno osò fiatare per la manciata di minuti seguenti. Appena la macchina accostò vicino alla palazzina, Mann scese e puntò dritto verso il portone. Julian saltò giù, seguito da Stan, e cercò di precederlo. «C'è mia sorella che dorme, signor Sheridan. Non credo che...»

«È un ordine!» tuonò Mann.

Stan sgranò gli occhi di fronte alla collera e all'impeto dell'uomo. «Fallo salire» disse a bassa voce «così la finiamo qui.»

«E va bene.» Julian tirò fuori dalla tasca un mazzo di chiavi. «Ma facciamo piano, la prego.»

Una volta all'interno dell'appartamento, Mann Sheridan accese luci e aprì porte senza curarsi del frastuono che avrebbe potuto svegliare Sara. «Non c'è» disse dopo il rapido sopralluogo.

«Le ripeto che non so che cosa sia successo. Se posso aiutarla...»

«L'unico modo che hai per aiutare è lasciarla perdere» sentenziò l'uomo. «Una volta per tutte.»

Stan mise una mano sulla spalla di Julian e, gli occhi appena chiusi, lo invitò a non replicare. Sapevano entrambi che era accaduto esattamente ciò che temevano, ma non era certo il caso di esporsi con un uomo nel pieno della collera. Avrebbe potuto perfino accusarli di non averlo avvertito prima.

«Come vuole lei, signore.» Julian abbassò il capo, e per un attimo pensò a tutte le volte in cui Aileen aveva confessato la sua impotenza di fronte a quel colosso d'uomo.

Mann estrasse un braccialetto dalla tasca. «Questo è il suo, gliel'avevo requisito perché doveva studiare. Ha ricevuto una telefonata da un numero sconosciuto. Ho richiamato ma non risponde nessuno, solo una segreteria non personalizzata, automatica. Tu ne sai qualcosa?»

Un brivido gelido serpeggiò lungo la schiena di Julian, mentre scuoteva appena il capo. Stan diresse lo sguardo altrove.

«Se hai notizie di mia figlia...» disse Mann prima di andarsene, in un inatteso barlume di lucidità e di coscienza paterna. «...sei pregato di contattare me o mia moglie.»

Il signor Sheridan sparì oltre la porta d'ingresso, lasciando Julian e Stan alle prese con lo sconcerto. Sara non si era accorta di niente e continuava a dormire beata in camera da letto, ma le buone notizie finivano lì. La situazione si era fatta ancora più critica, ancora più preoccupante. Se quella di Mann non era una messinscena – e non dava affatto quest'idea, perché quel *sei pregato* finale suonava piuttosto come un disperato *ti prego* – in città stava succedendo qualcosa di molto grave. E non si trattava più di servizi del notiziario, leggende metropolitane o aneddoti diffusi tra la gente. La spirale di angoscia e terrore stava per risucchiare le loro esistenze toccandoli da vicino, negli affetti più cari, nel lavoro, nella vita di tutti i giorni.

Aurora aveva appena superato la soglia del non ritorno.

15

Aileen si svegliò con un forte mal di testa, il fiato corto e una fastidiosa sensazione di nausea. Allungò una mano verso il muro alla ricerca dell'interruttore, ma trovò solo la superficie liscia della parete. Che stesse ancora sognando? Che fosse un altro di quegli "episodi particolari", come li aveva definiti Ernest Cole? Scostò il lenzuolo e appoggiò i piedi nudi sul pavimento, poi si voltò verso la finestra ma non la vide, e fu allora che si rese conto che c'era qualcosa di strano. Quella non era camera sua. Peggio, non era la sua casa.

Dove accidenti mi trovo...

Si sforzò di risalire a quanto accaduto il giorno precedente, ma invano. Com'era arrivata in quel posto?

Un breve segnale acustico precedette l'apertura di una porta. Solo allora una fila di led disposti a semicerchio sul soffitto si attivò per illuminare la camera.

«Chi è lei?» domandò Aileen alla vista di un uomo alto e molto magro, dalle guance scavate, stempiato. Indossava un pantalone blu scuro, una giacca troppo larga per un fisico dalle spalle strette come il suo, e teneva in mano un tubicino che altro non era se non un foglio elettronico arrotolato. Solo quando lo sconosciuto la scrutò da capo a piedi, il fare all'apparenza disinteressato, lei si accorse di indossare una vestaglia leggera, estranea al suo guardaroba, e l'imbarazzo la investì con una fulminea vampata di calore.

«Benvenuta al Santuario, signorina Sheridan» disse l'uomo. «Non si ricorda di me? Il mio nome è Ernest Cole, ci siamo visti a casa sua. Se avverte un leggero senso di nausea non si preoccupi, è l'effetto di un calmante che ha assunto la scorsa notte.»

«Io non ho assunto un accidenti» sbottò Aileen. «Dov'è mio padre?»

«I suoi genitori sono al corrente della situazione, stia tranquilla.»

«Quale situazione?»

«Le sue condizioni cliniche.» Cole le offrì un sorriso di plastica. «Lei è stata iscritta al nostro trattamento specifico per i casi più delicati, il Programma Hansen. La trasferirò presto e sarà in ottime mani. Posso garantirle che risolveremo il suo problema e tornerà a casa in splendida forma.»

Aileen si guardò attorno con rapidi movimenti degli occhi. Una parete spoglia. Un'altra parete spoglia. Un comodino. Il letto su cui aveva dormito. Un armadio a muro dalle ante scorrevoli. I suoi piedi nudi. Un braccialetto blu al polso sinistro. Il dottor Ernest Cole, con quel viso smunto che pian piano le riportava alla memoria l'incontro precedente. La porta semichiusa dietro di lui.

«Io non ho dato alcun consenso» protestò. «Voglio i miei vestiti. Voglio tornare a casa.»

«I suoi vestiti sono in quell'armadio, se lo desidera.» Il tono di Cole era tanto sereno quanto insopportabile. «Può indossarli, se crede. Ma temo che per il ritorno a casa, ecco, dipenda dalla decisione della commissione.»

«La commissione?»

«Alla fine del trattamento analizzeranno la sua cartella e, in caso di esito soddisfacente, verrà dimessa.»

«Pretendo di parlare con mia madre.» Aileen mantenne un tono contenuto ma deciso. «E subito.»

«Comprendo il suo stato di agitazione.» Cole sbatté le palpebre più volte in rapida sequenza. Un tic nervoso. «Ma mi è impossibile accontentarla. Si rilassi ancora per una ventina di minuti, verrà una mia collega a prenderla.»

L'uomo uscì dalla porta lasciandola impietrita nel mezzo della stanza. Risuonò ancora il segnale acustico, seguito dallo scatto di una serratura automatica. Aileen si sedette sul letto, le mani piantate sui bordi del materasso, le unghie conficcate nelle lenzuola. Davanti agli occhi l'immagine del padre che, privo di ogni forma di empatia nei suoi riguardi e schiavo di una vera e propria ossessione per l'imminente candidatura, le sconsigliava di ostacolare la sua corsa al ruolo di Governatore. Ne era certa: non poteva che esserci lui dietro a quel ricovero coatto, forse con il muto appoggio di sua madre.

Mezz'ora più tardi, una ragazza minuta in camice grigio fece il suo ingresso nella stanza di Aileen e le chiese con garbo di seguirla. Sembrava molto giovane, sulla ventina. I capelli lisci neri, a caschetto, gli occhi a mandorla, il naso schiacciato e un sorriso delicato. Poteva avere quasi il doppio dell'età che dimostrava, per quello che ne sapeva Aileen.

«Dove stiamo andando?» chiese mentre camminava a un

metro di distanza, lungo un corridoio di cui non si vedeva la fine, e si domandava se la collega di Cole fosse un'infermiera o una dottoressa.

Le larghe finestre alla sua sinistra le offrirono una prospettiva che non aveva mai sperimentato prima e che in un certo senso aveva un che di intrigante: la vista di Aurora dall'isolotto del Santuario. A giudicare dall'immagine restituita dagli ampi vetri, doveva trovarsi a un piano piuttosto alto. L'architettura imponente e all'avanguardia della struttura presentava due torri, alle estremità del complesso, molto più alte di qualsiasi palazzo lei avesse mai visto in città. Dalla costa si vedevano molto bene, e sembravano due massicci e larghi obelischi dalle facciate scintillanti. Si era sempre chiesta come apparisse quella sorta di castello da vicino, dal momento che l'isola era inaccessibile al pubblico e neanche i più facoltosi vi si potevano recare in visita. Ora ci si trovava dentro, detenuta contro la sua volontà. Improvvisamente, il fascino di un luogo inesplorato e per certi versi mitico, che molti ad Aurora avrebbero desiderato conoscere meglio, scompariva di fronte alla reclusione forzata.

«La sto portando al dodicesimo piano.» La ragazza si fermò in prossimità di due ascensori. Mentre quella premeva un pulsante, Aileen sbirciò il nome sulla targhetta appesa al taschino: CLOE RYLE. «La lascerò in una sala d'aspetto. Dovrà attendere che il dottore chiami il suo nome.»

Dodicesimo piano, pensò Aileen. Era mai stata tanto in alto, tanto lontana dalla terra? Tanto lontana dalla libertà?

«Posso fare una telefonata?» azzardò.

«Mi spiace.» Cloe Ryle oppose un candido sorriso. «Non ci sono linee riservate ai pazienti, qui al Santuario.»

«Scherzi, vero?»

«No, signorina Sheridan» rispose mentre le porte dell'ascensore si chiudevano. «È il protocollo. E la pregherei di darmi del lei, come faccio a mia volta.»

Alla terza espressione gentile e cordiale, Aileen cominciò a intravedere l'ombra celata dietro a tanta educazione. Un atteggiamento imposto, una pacatezza di circostanza. Chissà come avrebbe reagito la ragazza, se lei l'avesse improvvisamente attaccata alla parete dell'ascensore, stringendole le mani al collo e intimandole di condurla verso l'uscita. Magari era davvero un'infermiera di vent'anni, che si occupava solo di praticare qualche prelievo del sangue e di accompagnare i degenti da una parte all'altra della struttura. Uno scricciolo, peraltro, in confronto alla sua corporatura atletica capace di domare cavalli di grossa taglia. L'avrebbe messa a terra senza difficoltà. Scacciò via quel pensiero e fece un lungo respiro a occhi chiusi, cercando di ritrovare la calma. Avrebbe giurato al dottore di stare bene, di aver avuto solo qualche momento di confusione dovuto alla stanchezza. Per via del troppo studio, ecco. Lo studio era una scusa valida.

Quando le porte si aprirono, Aileen fu investita da una luce accecante. Davanti ai suoi occhi, un lungo corridoio pareva sospeso nel vuoto. La struttura, fatta eccezione per il pavimento, era interamente in vetro. Una sorta di tunnel di almeno cento metri che collegava un'ala della torre all'altra. Sopra di lei, alla destra e alla sinistra, la vista più mozzafiato che potesse immaginare. Da una parte, lo sconfinato oceano si perdeva fino all'indistinguibile orizzonte. Dall'altra, la città di Aurora si estendeva fino alle zone inabitate a ovest, e da quella posizione si potevano addirittura riconoscere, avvolte da una nebbia malsana, le lontanissime montagne a nord della metropoli. Un senso di vertigine accompagnò Aileen mentre seguiva Cloe Ryle. Quel ponte al dodicesimo piano era la risposta a una domanda che si era fatta per tutta l'adolescenza, una curiosità nata leggendo alcune poesie scritte dal suo bisnonno materno: *Chissà che cosa vedevano gli uccelli, prima che l'aria diventasse letale, quando si alzavano in volo per migrare da un continente all'altro...*

«Ci siamo quasi.» La Ryle inclinò il capo di lato mentre apriva il palmo di una mano verso un ampio salone dalla moquette bordeaux e invitava Aileen a proseguire da sola. «Può accomodarsi su quelle sedie laggiù.»

«E lei?»

«Io devo tornare indietro. Buona permanenza al Santuario, signorina Sheridan.» Cloe Ryle voltò le spalle e imboccò il ponte di vetro in direzione opposta.

«Tante grazie» sussurrò Aileen, poi si inoltrò nel nuovo ambiente.

La prima cosa che notò furono i caratteri maiuscoli impressi sulla moquette. Componevano la scritta PROGRAMMA HANSEN. La sala, molto ampia, era dotata di una stretta e lunga finestra su un lato, mentre la parete opposta era occupata da una serie di poster (gigantografie targate TD Pharma che aveva già visto al guscio in zona Elmo). Sulla sinistra si dipartiva un corridoio. In fondo, la fila di posti a sedere che le aveva indicato la Ryle ospitava un paio di persone in attesa. Lei si sedette a due seggiolini di distanza da un uomo dalla stazza imponente, il volto sudato e la barba incolta, gli occhi piccoli e quasi privi di sopracciglia. Questi si voltò appena, ma senza incrociare il suo sguardo, poi tornò a sfregarsi le mani fissando la moquette. L'altra era una donna, all'apparenza sui trent'anni (indovinare l'età degli abitanti di Aurora, pensò Aileen mentre la scrutava con la coda dell'occhio, era diventata un'abitudine piuttosto fastidiosa). Portava capelli molto lunghi e mossi, color biondo-rame, che lasciava cadere sul petto fino a incrociarsi all'altezza del seno. Sia lei che l'uomo erano vestiti con abiti comuni, forse gli stessi che portavano nella vita di tutti i giorni. Erano lì per loro volontà? In realtà anche lei aveva sfilato la vestaglia prima che arrivasse Cloe Ryle e si era rimessa i suoi vestiti. Eppure no, non era affatto lì per sua volontà.

I miei vestiti..., rimuginò per alcuni istanti. *Non mi hanno prelevato mentre dormivo, allora. Altrimenti avrei avuto addosso la camicia da notte.* L'ipotesi che suo padre l'avesse drogata mettendo qualche sostanza nel suo bicchiere durante la cena prendeva sempre più piede.

«*Otto Lancet...*» La voce metallica uscì da un piccolo altoparlante sopra le loro teste. «*...è atteso alla sala 1. Otto Lancet. Sala 1.*»

L'uomo grasso si alzò e, senza guardare in faccia o salutare nessuno, procedette verso uno stretto corridoio.

«Sei arrivata oggi, vero?» le chiese la donna appena rimasero sole.

«S-sì...»

«Certo. Non sei ancora al dormitorio femminile. Hai passato la prima notte nella stanza d'accoglienza.»

«Non saprei.»

«Dal secondo giorno in poi si va nel dormitorio.»

Aileen si voltò verso la finestra. «Io sto bene. Non ho niente che non va.»

«E allora te ne andrai via presto.» La donna abbassò il tono della voce. «Io invece sto peggiorando. Spero che il trattamento faccia effetto.»

«Anche lei è qui contro la sua volontà?»

«Guarda che puoi darmi del tu...» La donna le rispose con un sorriso abbozzato e la fronte appena corrugata, poi chiese, guardando in direzione del posto vuoto alla destra di Aileen: «Non mi presenti il tuo amico?»

«Come, scusi?»

La voce dell'altoparlante le interruppe: «*Angela Shant è attesa alla sala 2. Angela Shant. Sala 2*».

«Devo andare, tesoro.» La donna si alzò. «Ci vediamo presto.»

Aileen rimase immobile, la schiena ricurva e i gomiti piantati sulle ginocchia, mentre la signora si allontanava. Si osservò le mani e vide che tremavano. Le portò alla fronte e con i palmi si coprì gli occhi, sperando che da un momento all'altro la voce acuta della governante Mina la destasse dal peggiore incubo di sempre.

16

La notte che seguì la notizia di Mann Sheridan a proposito della scomparsa di Aileen portò una lunga agonia di pensieri d'ogni genere.

Julian implorò Stan di restargli vicino e valutare con lui ogni possibile scenario. Nessuno dei due avrebbe chiuso occhio, questo era evidente. L'importante era rimanere assieme. L'amico replicò che prima o poi sarebbe dovuto rincasare, non tanto per la paura di allarmare il padre quanto per il timore che il fratello Joey restasse alzato ad aspettarlo, magari seduto per terra a gambe incrociate come faceva spesso quando fissava il vuoto per ore. Ma sapevano entrambi che, tra un'ipotesi e l'altra, si sarebbe fatta l'alba.

...affiliati che hanno manifestato problemi gravi di salute... li portano via... si chiama Programma Hansen... finiscono tutti lì...

Le parole di Adam Coven riferite da Stan erano una cantilena inarrestabile nella testa di Julian e risuonavano con la cadenza di un'ossessione. Avevano fatto bene a non dire niente a Mann a proposito delle rivelazioni di Adam Coven? Era stato un grave errore?

«Devo uscire» disse a un certo punto, seduto al tavolo dell'ingresso con la testa fra le mani e gli occhi di sangue. «Devo cercarla. Non posso restarmene qui.»

«*Julz*, sono quasi le 4. Dove credi di andare a quest'ora?»

«L'hanno rapita, Stan! Lo vuoi capire? E io sono uno stupido. Non dovevo dare niente per scontato. Sapevamo che poteva succedere, ci siamo lasciati illudere dal potere di un cognome… in realtà alla TD Pharma non guardano in faccia nessuno, ecco come stanno le cose.»

L'amico stava girando in tondo con le mani dietro la schiena. Forse era la ventesima volta che i due ripetevano lo stesso dialogo, da quando Mann li aveva lasciati. «Io voglio continuare a credere che sia scappata di casa, anche se di solito sei tu l'ottimista. Tutti quegli episodi, la pressione della famiglia, l'imbarazzo di doversi ripresentare al guscio…»

«Non è il tipo.» Julian si grattò la nuca con insistenza, quasi volesse farsi del male. «O meglio, forse lo sarebbe anche, ma sa che non ci sono posti in cui andare. No, Stan, non si è allontanata per ridursi a vagabondare da qualche parte oltre i confini della città. Me l'avrebbe detto. Qui non c'è da essere ottimisti. C'è da essere realisti. Aileen è in pericolo.»

Stan si arrestò in una posa plastica e gli rivolse uno sguardo rassegnato. «A maggior ragione, dove potresti mai cercarla? Se l'hanno portata al Santuario…»

«Maledetti bastardi» sussurrò Julian mentre stringeva i pugni e penetrava con gli occhi il bicchiere d'acqua di fronte a sé, come se volesse disintegrarlo con un colpo secco.

La rabbia crebbe fino a scontrarsi con il tormento interiore, quando al carico di odio nei confronti di chi aveva portato via Aileen si sommò l'inquietudine per la salute di Sara. Il risultato, riflesso nelle iridi colme di stupore di Stan, fu un gesto isterico, improvviso e incontrollato. Un pugno, sferrato contro il muro, tanto violento da aprire una larga crepa nell'intonaco già malridotto. Niente che potesse dargli sollievo, anzi. Mentre Julian osservava le nocche sanguinanti, in prossimità dello stipite della camera da letto si stagliò il profilo innocente di Sara. Lui si fermò di scatto e si voltò verso di lei.

«Cerca di calmarti» concluse l'amico. «Io devo tornare a casa.»

Julian annuì, poi si inginocchiò di fronte alla sorellina e la strinse in un abbraccio, mentre Stan si lasciava la porta d'ingresso alle spalle.

Fu solo la mattina seguente che Julian si rese conto di non avere più tempo. Doveva parlare con Sara e non poteva aspettare oltre. Prima che i suoi sentimenti per Aileen e il desiderio di fare qualcosa per aiutarla lo portassero lontano da casa, c'era un discorso da fare. Un esame da superare, senz'altro il più duro della sua vita.

Trovò a fatica il coraggio, dopo minuti di pesante e inusuale silenzio, ma finalmente si decise. «Devo dirti una cosa» mormorò mentre la sorellina beveva una tazza di latte e orzo. Il battito del cuore irregolare, l'enorme difficoltà nella scelta delle parole.

«Cosa?» Il viso innocente e inconsapevole della bambina rese il compito ancora più duro.

«L'esame che abbiamo fatto, ricordi?»

«La puntura?»

«Esatto. La puntura.»

Sara contorse le labbra in una smorfia quasi buffa. «È andato male, eh?»

Un improvviso magone strinse la gola di Julian.

«Non ti devi preoccupare.» Lei sorrise e appoggiò una mano su quella del fratello, ora seduto accanto. «Se tu mi aiuti, ce la farò.»

La tensione accumulata a partire dal momento in cui Rodan Sheen aveva preso le redini della Synth, licenziando Stan e costringendo anche lui ad andarsene, diventata insostenibile a causa del precipitare degli eventi, con la scoperta del risultato delle analisi di Sara e l'improvvisa scomparsa di Aileen, sfondò la diga che Julian aveva tirato su con tanta fatica negli ultimi giorni. Il ragazzo si gettò fra le braccia della sorella minore come se i ruoli fossero invertiti e fosse lui ad aver bisogno di conforto, di parole rassicuranti. E scesero finalmente le lacrime.

«Siamo insieme, *Julz*» scherzò lei, certa di strappare un sorriso al fratello con quel nomignolo. «Non può succedere niente di male se siamo insieme, no? Lo dici sempre.»

«Giusto.» Julian si asciugò gli occhi e tentò di stirare le labbra, ma stava ancora riprendendo fiato tra un singhiozzo e l'altro.

«E se non ci sarà niente da fare» continuò Sara «vorrà dire che questo era il regalo della nonna per la sua nipotina, per farle rivedere mamma e papà.»

Il volto di Julian rimase congelato in un'espressione malinconica. Le parole della sorella avevano spezzato qualcosa dentro, in profondità. Là dove erano custoditi i ricordi più dolci, in un luogo che i suoi genitori non avevano mai abbandonato. *Il regalo della nonna*, pensò mentre Sara finiva il suo orzo. Chi, se non una piccola e candida creatura i cui pensieri non erano ancora stati contaminati dal fango marcio dell'umanità, avrebbe potuto considerare un gene ereditario potenzialmente letale alla stregua di un dono?

«Ti accompagno a scuola, oggi.»

«Davvero? E il lavoro? Inizi più tardi?»

«Non inizio proprio» confessò Julian. Continuare a mentire era del tutto inutile. «Ci sono stati dei problemi, ultimamente. Sia io che Stan abbiamo... deciso di cambiare aria, ecco.»

«Ahia.»

Julian si inginocchiò di fronte al vecchio televisore e lo accese su Aurora 2, che a quell'ora mandava in onda il primo telegiornale del mattino, per capire se la notizia della scomparsa di Aileen fosse già arrivata alla stampa.

«*...nel pomeriggio in piazza della Rifondazione...*» diceva una voce femminile, mentre scorrevano le immagini di una folla in festa di fronte a un comizio. «*...dove il presidente di* TD *Pharma, Clive Werner, non si è sbottonato a proposito del nome del candidato appoggiato dalla casa farmaceutica, ma ci ha tenuto a riconfermare alcune voci del programma politico che il prossimo Governatore si impegnerà a realizzare, in tempi brevissimi. Tra le riforme in calendario, la tanto contestata affiliazione obbligatoria per poter accedere a servizi come l'assicurazione sanitaria e l'istruzione. È senza dubbio il tema più caldo del momento, una questione che ha diviso in due l'opinione pubblica negli ultimi tempi ed è stata la causa dei recenti drammatici fatti di cronaca. Il pubblico ha inneggiato a Werner e alla rivoluzione scientifica operata dalla sua società negli ultimi vent'anni, sventolando...*»

«Che cos'è l'affiliazione obbligatoria?» chiese Sara.

«Significa che per legge tutti dovranno prendere il *Time Deal* e mettere la loro vita nelle mani della società di quel Werner.

Seguire il codice, frequentare i gusci, approvare i programmi, insomma pagare il prezzo dell'eterna giovinezza… se diventa obbligatorio saremo tutti costretti a farlo.»

«Non ci piace, vero?» Sara aggrottò la fronte.

«Per niente.» Julian si alzò e si tolse la maglietta color giallo paglia con cui aveva dormito. Pensò al gene killer e a quella possibilità, forse remota, che sua sorella scampasse a una morte prematura proprio grazie al farmaco che lui aveva sempre rifiutato. Se esisteva una divinità seduta su un soffice divano oltre i confini del cielo, si disse, aveva davvero un senso perverso dell'umorismo.

Stan si fece trovare a sorpresa all'ingresso del plesso scolastico all'orario d'entrata dei bambini. Salutò Sara (che non si lasciò sfuggire l'opportunità di chiamarlo *Stanny*), attese che l'amico regalasse alla sorellina il consueto abbraccio e infine, impaziente, disse: «Abbiamo appuntamento con Adam Coven».

«Ti ha richiamato?»

«Sì, un'ora fa. Lui non abita ad Aurora, non ama farsi vedere troppo in giro. Ma oggi deve venire a depositare la sua candidatura ufficiale per il ruolo di Governatore. A quanto pare le elezioni sono state anticipate.»

«Per via del suicidio di Colier?» Julian prese a camminare, seguito dall'amico.

«Già. Coven sarà dalle parti del quartiere Arco verso le 10. Mi ha dato un appuntamento in una piazzetta, presso un bar.»

«Non ha alcuna speranza di vincere, vero?»

Stan fece spallucce. «La TD è una potenza e la gente crede a qualsiasi stronzata. Coven se lo sogna il loro impatto sui cittadini. A livello mediatico, è come se una casupola pretendesse di essere più visibile di un grattacielo.»

«Hai detto a Coven della scomparsa di Aileen? Non possiamo starcene con le mani in mano» cambiò argomento Julian.

«Stiamo andando da lui anche per questo, oltre che per portargli le valigette.»

Il volto di Julian si illuminò. «Cioè?»

«Ha qualcosa in mente per aiutarci.»

Il quartiere dell'Arco si trovava nel quadrante nord-ovest della città, tra Mercato e Falco. Era un'area occupata principalmente da sedi di aziende e uffici, ma anche dal Tribunale, dalla Banca Centrale di Aurora e dal Congresso, il luogo in cui venivano discusse e votate le leggi. Tutta la burocrazia della metropoli passava per quella zona ed era lì, in un palazzo a cinque piani dalle vetrate a specchio, che Adam Coven stava mettendo la firma sotto la sua candidatura, mentre Julian e Stan sedevano ai tavolini di un bar all'aperto nella piazzetta del Porto Scuro. La leggenda diceva che il nome fosse dovuto alla presenza, svariate decine di anni prima, di un vero e proprio porto sulla costa nord-est di Aurora da cui navi con a bordo temerari viaggiatori salpavano per il viaggio nell'ignoto, alla ricerca di altre terre, altre vite. Era stato chiuso per sempre dopo l'ennesimo fallimento, l'ennesima partenza senza ritorno. Così raccontavano i nonni, che però erano famosi per inventare storie capaci di intrattenere i nipoti, veri o no che fossero i contenuti di quei racconti. Rimaneva così solo una piazzetta che ne ricordava il nome, situata però dalla parte opposta della città.

«Mi sono dimenticato che devo tagliarti a sorpresa quel ciuffo» scherzò Julian per smorzare la tensione.

«Provaci» replicò Stan in tono di sfida. Poi strinse le dita attorno a una bretella dello zaino che teneva sulle gambe. Quello con le tre valigette all'interno.

«Stai attento...»

«Pensa alla tua testa rasata... in alcuni punti ci sono delle chiazze bianche. Dovevi farlo fare a uno bravo.»

«Come se avessi soldi da buttare dal parrucchiere.» Julian allungò il collo per riuscire a scorgere l'orologio digitale sopra all'insegna di una farmacia. «Coven dovrebbe essere qui tra poco.»

«Secondo te ce lo danno lo stipendio parziale di questo mese?»

«Ma può girare liberamente? Non lo fermano le persone? In fondo, è uno che va in televisione. Dovrebbe essere piuttosto riconoscibile.»

«Mi ha detto che è amico del proprietario. Credo che ci sposteremo all'interno per parlare. Insomma, ce lo danno o non ce lo danno?»

«E che ne so...» Julian fece spallucce, mentre una goccia di pioggia cadeva sul dorso della mano poggiata sul tavolino. «In effetti è meglio se entriamo.»

«Pazienza, nel caso non ce lo diano. Queste matrici valgono cinquemila tagli a testa, se Coven non mi ha detto una cosa per un'altra.» Stan drizzò la schiena e fece per alzarsi. «Ehi, credo che sia lui.»

«Eh, sì.» Julian notò anche a grande distanza la barba grigia annodata in una sottilissima treccia, l'inconfondibile baffo arricciato, gli occhi che si facevano sempre più magnetici man mano che l'uomo si avvicinava e i vistosi orecchini a forma di spicchio di luna. «Direi che è piuttosto riconoscibile.»

«Porta sempre quella specie di gonna lunga» osservò Stan «anche quando conduce il programma su Natura 2.»

«Diverse persone tra gli assalitori del guscio la indossavano.»

«Qualche anno fa avrei preso questa gente per matta.» Stan si decise ad alzarsi e fece qualche passo verso Adam Coven.

«Forse lo sono davvero» sussurrò appena Julian, senza farsi sentire da nessuno. «Forse lo siamo anche noi.»

17

«Benvenuta al Santuario della Ricerca Medica di Aurora» disse un uomo in camice grigio non appena Aileen fece il suo ingresso nella sala 3. Aveva l'aspetto fresco e giovane di un trentenne, con basette e baffi sottili, curati al punto da sembrare finti. I capelli castani, lisci e all'apparenza molto fini, cadevano fino alla base del collo e incorniciavano un volto ovale, dal mento appuntito.

«Ci dev'essere stato un grosso errore, signore» rispose lei, e subito si rese conto di essere partita col piede sbagliato.

«Spesso non riusciamo a riconoscere il male che si annida dentro di noi.» Il medico indicò con la mano una sedia vuota di fronte a lui.

Aileen si sedette in punta, lo sguardo rapito dalla larga finestra alle spalle dello sconosciuto. Oltre l'ampio vetro, l'infinito oceano. Una distesa di domande senza risposta. Sul muro alla sua destra era appeso un oggetto che attirò la sua attenzione.

«Le piace?» Il dottore cercò di suonare amichevole. «È un fioretto che mi ha gentilmente donato il grande…»

«È una sciabola» lo corresse lei. «Una Legend 651 con impugnatura in legno zigrinato. Mi perdoni, ma faccio scherma da quando avevo nove anni.»

«Vivissimi complimenti.»

Aileen iniziò a gesticolare, un dito puntato verso l'alto. «Senta, io sono qui per sbaglio. Mi creda.»

«Lo lasci stabilire a noi.»

«Ma io...»

«È questo che facciamo qui al Santuario» continuò l'uomo in camice grigio. «Individuiamo il male e lo combattiamo. Mi chiamo Daniel Werner, sono il responsabile del Programma Hansen. Forse avrà sentito parlare di mio padre, Clive Werner, l'attuale presidente della TD Pharma. O di mio nonno Horst, il compianto fondatore della casa farmaceutica.»

«I miei devono aver nominato la sua famiglia, qualche volta...»

«I suoi genitori sono eccellenti avvocati e persone di grande carisma.»

«Ascolti, io non so come sono arrivata qui, né perché. Mi sono solo capitati un paio di episodi dovuti allo stress, sa, per via dello studio, dei tanti impegni... ma non ho alcuna rotella fuori posto.»

«Non si preoccupi, signorina. Stabiliremo con esattezza la sua condizione clinica attraverso una serie di esami. È nelle mani dei migliori professionisti di questa città.»

«Ho bisogno di parlare con mia madre.»

«Ma certo...» Daniel Werner scostò lo sguardo e focalizzò l'attenzione sul monitor di fronte a sé. «Avrà tempo e modo di comunicare con i suoi genitori, quando potremo dare loro notizie certe sulla sua salute.»

Aileen restò per qualche istante con lo sguardo incollato al tavolo che la separava dal dottore. Avvertì un senso di frustrazione, di rabbia crescente, come se il suo livello di sopportazione di regole e limiti imposti fosse ridotto ai minimi termini. Senza riflettere su quello che stava per fare, si alzò di scatto e batté un pugno sulla superficie di legno. «Non mi sottoporrò ai vostri esami!»

«La prego di calmarsi...»

«Sono in pieno possesso delle mie facoltà» disse, le labbra serrate e il tono diretto, senza gridare. «E non ho alcuna intenzione di rimanere al Santuario un istante di più. Se non mi lascia andare dovrò pensare di essere trattenuta qui con la forza.»

«Lavoriamo per il bene di chi ha bisogno di cure, signorina» rispose l'uomo, la mano destra poggiata su una piccola placca metallica in rilievo sul tavolo. «La sua reazione mi sorprende.»

«Sta chiamando la sicurezza, vero?» Aileen si lasciò sfuggire un ghigno isterico. «Sono una detenuta, non una paziente, lo ammetta. C'è mio padre dietro a tutto questo. Cos'è, mi ha fatto togliere di mezzo per non fare figuracce di fronte agli elettori?»

Con un gesto lento, il dottore sistemò una ciocca di capelli dietro l'orecchio. Poi, rispose in un tono pacato, misurato e del tutto artefatto: «Il suo stato confusionale è evidente, signorina Sheridan. Le garantisco che faremo del nostro meglio per farle ritrovare la serenità».

In quel momento, come Aileen aveva già potuto intuire, la porta alle sue spalle si aprì ed entrarono due ragazzi robusti, in camice viola. Senza proferire verbo si avvicinarono e la presero per le braccia.

«Tutto questo non ha senso!» gridò lei, gli occhi ora sbarrati. «Lasciatemi!»

«Conducetela nel settore 1, insieme al gruppo delle 10.30» ordinò Daniel Werner. «Cominciamo subito.»

«Bene» rispose con prontezza uno dei due, poi scambiò un fugace sguardo con Aileen. Gli occhi senza tempo di un giovane che, per quanto ne sapeva lei, poteva avere anche quarant'anni. In quell'assurdo paradosso si esprimeva il dramma di Aurora. Nella costante incertezza riguardo alla reale età del prossimo, nell'inconfutabile dubbio a proposito della maturità intellettuale di uno sconosciuto stava il perenne conflitto psicologico dei cittadini di quella metropoli, isolata dal resto del mondo e schiava di se stessa.

«Toglietemi le mani di dosso» ringhiò Aileen, sforzandosi di non suonare isterica. «So camminare da sola.»

I due energumeni le fecero strada lungo un corridoio che, sulla destra, presentava una serie di porte chiuse, i numeri progressivi affissi in alto, sopra lo stipite. In fondo si apriva un'altra piccola sala circolare, da cui si dipartivano tre percorsi. L'idea di voltarsi e scappare a grande velocità la accompagnò per tutto il tragitto, ma solo un pazzo poteva pensare di fuggire da un posto del genere senza neanche conoscerne la pianta, senza avere la minima idea di come fosse strutturato. Inoltre quella ragazza (o donna) di nome Cloe Ryle, nel portarla fino al dodicesimo piano, aveva usato un tesserino magnetico per attivare l'ascensore. In mancanza di quello e di una mappa del Santuario, l'idea di scappare era semplicemente folle.

Una manciata di minuti più tardi i tre raggiunsero un varco delimitato da due enormi porte a scorrimento automatico.

Il ragazzo con cui aveva scambiato una rapida occhiata passò le dita sopra uno scanner a muro e il passaggio si aprì. Una scritta composta da una serie di led rossi sulla parete alla sua sinistra le diede conferma del luogo in cui si trovava.

PROGRAMMA HANSEN

SETTORE I

«Chi è quella gente?» domandò Aileen mentre osservava dodici, o forse quattordici o quindici persone in piedi al centro della sala. Alcune parlavano tra loro a bassa voce, altre leggevano con attenzione dei fogli, altre ancora semplicemente aspettavano.

«Pazienti iscritti al Programma Hansen» rispose il ragazzo che ancora non le aveva rivolto la parola, senza degnarla del suo sguardo.

L'altro la prese per un braccio, senza stringere, e la accompagnò per qualche metro. «È pregata di non dare in escandescenze, signorina Sheridan, nel rispetto delle persone che sono qui, come lei, per ricevere una cura.»

«Io non ho bisogno di alcuna cura» bisbigliò Aileen.

I due si allontanarono e sparirono dietro alle porte scorrevoli, mentre lei faceva qualche passo verso una colonna e vi si poggiava con la schiena, con il fare di chi cerca di passare inosservato. Neanche un minuto più tardi, però, a dispetto del suo desiderio di non avere contatti con nessuno, un individuo che in una società normale sarebbe stato considerato un adolescente le si avvicinò.

«Come ti chiami?» chiese, sfrontato. Neanche l'ombra di quella timidezza propria dei giovani della sua età, specie dei compagni di corso dell'Accademia che avrebbero desiderato invitarla a uscire, ignari del fatto che il suo cuore avesse posto solo per un ragazzo squattrinato del quartiere industriale. Lo sconosciuto, pensò, non aveva certo gli anni che dimostrava.

«Aileen Sheridan» rispose lei, poi diresse la sua attenzione altrove e, nel ripensare alla reazione avuta nell'ufficio del dottor Werner, si stupì di se stessa.

«Piacere di conoscerti.» Non visto, il tizio le sorrise. «Sei appena arrivata, suppongo. Io mi chiamo Ray Lodge, sono chiuso in questa luminosa topaia perché ho sparato a della gente, giù in città. I dottori, qui, sostengono che io vaneggi. Bizzarro, non trovi?»

Daniel Werner indugiò con lo sguardo sulla propria immagine riflessa nel monitor. Da un cassetto tirò fuori un piccolo pettine e lo passò nei capelli, più volte, con singolare lentezza. Lo stesso fece con i baffi, prima di riporre l'oggetto e battere un paio di colpi sulla tastiera. Lo schermo si aprì su un ventaglio di finestrelle disposte in cerchio. L'ideatore del Programma Hansen, figlio del direttore Clive e nipote del fondatore della casa farmaceutica Horst, fece danzare nell'aria le dita, un paio di centimetri sopra un tappetino color azzurro elettrico. Uno dei riquadri si estese a tutto schermo e offrì una griglia di inquadrature, di un blu intenso. Una piccola cabina di regia. Daniel avvicinò il polso alle labbra e sussurrò al braccialetto elettronico: «Back. Controllo».

Poi attese.

Il suo volto curato in ogni minimo dettaglio, sovrapposto al video in riproduzione, si specchiava nelle tonalità scure del monitor mentre un timer, in alto a destra, mostrava data e ora in tempo reale. Al centro dell'inquadratura si stagliava una gigantesca struttura metallica dalla forma simile a quella di un'enorme noce, con una sezione circolare in vetro che pareva un nastro adesivo di un blu più chiaro applicato sull'intera superficie. Oltre quella barriera, una fila di teste. Profili umani. Al di qua della stretta e lunga finestra, i fondali tetri e freddi dell'oceano. I colori nascosti di una natura sconfinata, ignota, inospitale.

«Qui controllo, signore.» La voce nasale venne fuori all'improvviso dall'uscita audio del braccialetto, destando Werner dalla contemplazione silenziosa della creatura marina. Il dispositivo era impostato sulla modalità CONFERENZA, perché Daniel mal sopportava l'utilizzo degli auricolari adesivi e temeva che fossero, a lungo andare, dannosi per i padiglioni auricolari.

«L'orario di partenza è confermato?» domandò Werner.

«Sì, signore. Diciassette minuti al rilascio.»

«Tenetemi informato con notifiche immediate durante ogni fase. Livello di priorità B. Grazie.»

«Me ne occuperò personalmente, signor Werner.»

Diciassette minuti più tardi, allo scadere di un piccolo conto alla rovescia apparso in basso al centro negli ultimi cinque, l'enorme noce sottomarina si mise in moto. La testa dei passeggeri oltre il vetro era reclinata all'indietro e poggiava su un cuscinetto sottile. Il sonno era stato indotto dal personale di bordo grazie a una combinazione di compresse marchiate TD Pharma, come Daniel aveva ordinato durante l'ultima riunione operativa, per evitare certi spiacevoli episodi capitati durante le precedenti spedizioni. *C'è gente che proprio non desi-*

dera abbandonarla, quest'isola, aveva scherzato nell'occasione.

Daniel Werner si alzò in piedi e inspirò a fondo, poi rivolse un'ultima occhiata allo schermo. L'inquadratura, offerta ora dalle telecamere della cabina di comando, era una seducente soggettiva.

La sua creatura in viaggio, una volta ancora.

Nelle gelide oscurità dell'infinito oceano.

Alla ricerca di nuova luce.

18

Seduti all'interno di una saletta poco illuminata, semi-nascosti da un massiccio tavolo da biliardo con due stecche consumate poggiate sul panno verde, Julian e Stan erano come incantati dalla figura di fronte a loro. Difficile distogliere lo sguardo, una volta che si incrociava la presenza carismatica di Adam Coven. A una distanza così ravvicinata si potevano seguire meglio le linee tracciate dai profondi solchi che correvano perpendicolari ai lati della bocca, risalendo fino agli zigomi. E quelle tre file di rughe sulla fronte spaziosa, resa ancora più ampia dai capelli brizzolati, tirati all'indietro. Il pizzo e la barba intrecciata sotto il mento slanciavano ancora di più la forma di un viso già secco e scavato di suo. Prima di cominciare a parlare, Adam Coven afferrò con indice e pollice l'asticella di un paio di occhiali che pendevano da una collanina di cuoio all'altezza del collo, dove la camicia color panna si apriva a V sul petto glabro, dalla carnagione bronzea.

«Voi avete un piccolo problema» disse, la voce pastosa dal timbro suadente che i ragazzi conoscevano già per via del programma televisivo. «Il rapimento, perché di questo si tratta, della ragazza. Noi tutti, invece, abbiamo un enorme problema: il futuro di Aurora. L'avversario però è comune, ed ecco il motivo di questo incontro.»

Julian andò dritto al sodo. «Lei può aiutarci?»

«Ci possiamo aiutare a vicenda, amico mio.»

«Mi tolga una curiosità» intervenne Stan. «Roger Klaus non era il suo unico informatore, al Santuario, vero? C'è anche una donna.»

«Una dottoressa di nome Claire Hall» confermò Coven. «Cosa sai di lei?»

«Nell'appartamento della madre del dottore, prima di trovare le valigette, abbiamo ascoltato un messaggio di questa Claire. L'aveva lasciato alla segreteria telefonica, era per Roger. A quanto pare avevano scoperto qualcosa di importante.»

«La dottoressa sa della morte di Klaus?» chiese Julian.

«Non la sento da giorni.» Coven sospirò. «Spero solo che nessuno, all'interno del Santuario, fosse a conoscenza della loro relazione. Per quello che so, non ne hanno mai dato prova in pubblico.»

«Come facciamo a tirare fuori Aileen da quel posto?» Julian rivolse all'uomo uno sguardo vacuo, quasi assente, come se si stesse aggrappando a una fragile speranza.

L'uomo picchiettò con le dita sul tavolo di legno, talvolta alternando il ritmo con le nocche o con i numerosi anelli che portava. Né Julian né Stan osarono distrarlo, dal momento che pareva assorto in chissà quali pensieri. Dopo un paio di minuti buoni tirò fuori un braccialetto elettronico dal taschino della camicia. Un oggetto tecnologico piuttosto stonato, nel quadro esotico della sua figura.

«Dobbiamo parlare con Claire Hall.»

Il vento era minaccioso, ostile, sgradito messaggero di tempesta. Che si trattasse di una metaforica anticipazione di quanto l'aspettava in città? Che ci fossero brutte notizie in arrivo? Questo e altri interrogativi turbavano i pensieri della donna, lo sguardo perso nella confusa nebbiolina che delimitava il lontano orizzonte, le braccia poggiate lungo il corrimano sul pontile del traghetto mentre i lunghi capelli sciolti si abbandonavano a una danza scomposta. Nessuna intenzione di legarli. Fuori dal Santuario lei dismetteva i panni della dottoressa Hall e tornava a essere solo Claire. Non un medico specializzato nei disturbi della sfera cognitiva. Non una professionista pagata dalla TD Pharma e dunque un'affiliata, ma Claire. Semplicemente Claire. Una donna che aveva trascorso l'adolescenza sui testi di medicina, che si era laureata con il massimo dei voti, che aveva rinunciato più volte all'amore per la carriera e che, sette anni prima di quel giorno, aveva accettato la proposta dei Werner.

In quanto dipendente di classe B del Santuario (Ernest Cole, il suo superiore, era un classe A, mentre i dottori del pronto soccorso erano dei classe C), poteva prendersi dei permessi senza specificare il motivo. Era dunque salita su quel traghetto nella speranza che il breve viaggio le portasse risposte confortanti sull'assenza prolungata di Roger. C'erano stati altri momenti, da quando il suo partner aveva iniziato a lavorare per Adam Coven, in cui l'uomo era sparito per un paio di giorni, senza far sapere dove si trovasse e tenendo spento il braccialetto. Era lei a coprire le sue mansioni al Santuario, in modo che nessuno si lamentasse. Ma questa volta Claire aveva il presentimento che ci fosse qualcosa di strano.

«Dottoressa Hall.» Una voce rauca alle sue spalle si sovrappose al fruscio insistente del vento. «Anche lei a bordo.»

Claire si voltò. Di fronte a lei Ernest Cole, suo superiore, avvolto da un lungo impermeabile che cadeva sulla figura esile.

«Non l'ho vista salire sul traghetto.» Offrì all'uomo un sorriso tirato. «Altrimenti...»

«...mi avrebbe offerto da bere» concluse lui con malizia.

La risposta di Claire fu di silenzioso imbarazzo.

«Scherzo, naturalmente» riprese. «Le va di farmi compagnia al bar?»

«Certo.» Claire si fece prendere sottobraccio dall'uomo.

«Va a trovare la famiglia?»

«Sì, di tanto in tanto...» Claire fece una serie di rapidissimi ragionamenti, ma il risultato fu piuttosto banale: «Mia madre sta poco bene».

«La porti al Santuario!» esclamò Cole divertito mentre i due facevano il loro ingresso nella zona coperta, una sala che da una parte presentava un lungo bancone, dall'altra un pianoforte e una serie di tavolini rotondi oltre a qualche divanetto in pelle arancione. Alle pareti erano affissi dipinti che ritraevano navi alle prese con violente tempeste, un discreto deterrente per chi avesse mai pensato di avventurarsi in un viaggio d'esplorazione.

«Ha già tutte le medicine che le servono. Non è niente di grave, comunque. Volevo solo tenerle compagnia, almeno per una sera...»

«Lei ha un cuore nobile.» Cole si sedette su uno sgabello e

ordinò due liquori al ragazzo oltre il bancone. «Merce rara.»

«Io veramente...»

«Non beve?»

«Quasi mai.»

«Il *quasi* a cosa si riferisce?»

«Non so.» Claire era spiazzata da quella domanda così personale e dall'inusuale confidenza di Cole nei suoi confronti. «A qualche... situazione speciale.»

L'uomo annuì con l'aria furba di chi la sapeva lunga. «Situazioni speciali in compagnia del dottor Klaus?»

L'espressione sul viso di Claire si congelò in un misto di imbarazzo e sorpresa. Era la prima volta che un collega del Santuario faceva battute a proposito di un'eventuale relazione tra lei e Roger. «Anche se fosse?» ribatté con decisione, mentre una voce dall'inconscio le suggeriva di non prendersi rischi inutili.

«Ehi, tranquilla.» Cole sollevò le sopracciglia, meravigliato della reazione. Poi scambiò uno sguardo di patetica complicità maschile con il ragazzo in grembiule nero che stava poggiando i bicchieri sul bancone. «Si fa per chiacchierare. Non siamo neanche in servizio.»

«Mi perdoni, dottor Cole.» Claire allungò un braccio verso il suo liquore. «Non sono molto abituata a parlare della mia vita privata con gli altri. Così come non sono avvezza all'alcol.»

«La capisco, mi scuso se sono stato invadente. Siete nella mia squadra da talmente tanto tempo che ormai vi considero quasi dei figliocci. Brindiamo?»

Claire ritrovò il sorriso. «Brindiamo. Ma a che cosa?»

«Mi dicono che il Programma Hansen sta dando risultati

incoraggianti. Brinderei a Daniel Werner e ai suoi uomini.»

«E sia, anche se una classe B come me non ha la più vaga idea di quali siano la reale attività e gli scopi di quel progetto.» Claire alzò il bicchiere e lo fece tintinnare contro quello di Ernest Cole, sicura che fiumi di fango e letame stessero invadendo i corridoi di quella struttura ogni giorno di più, e che dell'obiettivo nobile che aveva animato l'équipe medica della TD Pharma ai suoi esordi non rimanesse ormai che qualche foglia secca, trascinata via dalla melma.

Fu allora che il suo braccialetto vibrò.

«Mi scusi.» Claire si alzò di scatto, diede le spalle al suo superiore e si augurò che si trattasse di Roger. Così non fu. Il display recitava PAUL BRIDGES ASSICURATORE. Era il nome con cui aveva salvato nella rubrica Adam Coven.

«Faccia pure.» Ernest poggiò il bicchiere vuoto sul bancone e fece un gesto al barista per chiedergli di riempirlo ancora. «Se è una cosa importante...»

«È solo un assicuratore che mi tartassa.» Claire si voltò, delusa, dopo aver rifiutato la chiamata. «Insopportabile.»

«Blocchi il numero, così non la importunerà più. Straordinario, questo liquore alle erbe.»

«Credo proprio che lo farò.»

«A proposito del Programma Hansen» riprese Cole, il bicchiere di nuovo pieno fra le dita. «Oggi ho accolto una nuova paziente. Pensi un po'...»

«Di chi si tratta?»

«Aileen Sheridan. La figlia degli Sheridan.»

Claire scosse appena il capo, abbozzando un sorriso. L'altro attese, perplesso, finché lei non ricordò il cognome di cui aveva sentito parlare più volte al Consiglio. «Ma certo, mi perdoni. Ero sovrappensiero. Intende la figlia di Mann Sheridan, l'avvocato.»

«Proprio lui.» Ernest Cole sorseggiò il liquore con gli occhi fissi sulle vetrate oltre le quali si intravedeva la costa di Aurora. «Un bel problema, non è vero?»

«La ragazza soffre di disturbi gravi?»

«Pare di sì.»

«Un enorme problema, direi. Sheridan non era in corsa per essere il candidato della TD Pharma alle elezioni?»

«Sì, be'...» Ernest Cole si lasciò sfuggire un ghigno. «Credo che quella corsa sia già arrivata al termine. Non le avevo anticipato nulla, ma... ho proposto la mia candidatura oggi stesso. E non sono l'unico, anche se non posso essere certo di chi abbia avuto la stessa pensata. Senz'altro avrà giocato le sue carte Les K. Moun, il produttore di droni. Ma non lo temo. Ultimamente ha avuto qualche grana con i Werner, e mentirei se le dicessi che mi dispiace. In ogni caso, ora la decisione spetta a Clive.»

JULIAN VIDE ADAM COVEN scuotere la testa e riporre il braccialetto nel taschino, per poi alzarsi. Interrogò Stan con la coda dell'occhio, ma l'amico tacque e restò in attesa di spiegazioni.

«Temo che la dottoressa non possa parlare» disse l'uomo.

L'espressione sul volto di Julian si fece appena accigliata. «Sta andando via?»

«No» rispose quello, mentre Stan afferrava lo zaino da sotto al tavolo. Ora che era in piedi, i ragazzi potevano ammirare la lunga gonna color panna che tanti seguaci più o meno autorizzati di Coven indossavano per una forma di ammirazione e imitazione. «*Stiamo* andando via.»

Julian e Stan si scambiarono un'occhiata perplessa.

«Ho una riunione all'Arsenale» continuò. «Ormai fate parte del gruppo. A proposito, avrete presto i vostri soldi. Recuperare queste matrici era di fondamentale importanza.»

Julian fece per replicare ma si bloccò.

«Qualche problema?» chiese Adam Coven.

«Solo...» tentennò lui. «Ecco, io dovrei... posso fare una telefonata appena incrociamo una cabina? Devo avvertire una signora che abita sopra di me, chiederle se può andare a prendere la mia sorellina a scuola.»

«Puoi usare questo.» Coven tirò fuori di nuovo il braccialetto e glielo porse. «Come si chiama tua sorella?»

«Sara.» Julian compose il numero di Alma, che ricordava a memoria, sul display. «Grazie, signore.»

«Ha solo te, nella vita, vero?»

«Purtroppo sì.»

«Dev'essere una grande responsabilità. Non sono sicuro che sia il caso di coinvolgerti in questa operazione.»

«Io e Aileen siamo insieme da dieci anni, signore. Non me ne starò con le mani in mano. Metterò Sara al sicuro, questo è chiaro, dopodiché sarò dei vostri.»

«Stai correndo un grosso rischio.»

«Mi creda, è molto peggio pensare di non vederla più, e sapere di non aver fatto niente per salvarla.» Julian si voltò e si rivolse alla voce che gracchiava nel mini-altoparlante del braccialetto, portando l'apparecchio prima alla bocca e poi all'orecchio.

«Non ha mai rubato nemmeno un pacchetto di caramelle» sussurrò Stan a Coven. «Ha sempre vissuto per sua sorella, ha rinunciato a tutto per lei. Sul serio, non l'ho mai visto infrangere una regola.»

«Julian e Sara...» ripeté un paio di volte Coven, come se stesse riavvolgendo il nastro dei ricordi. «Perdonami, Stan, come sono morti i genitori del ragazzo?»

«In un incidente sul lavoro, l'incendio della fabbrica Desler» annuì Stan. «Forse ricorda il fatto di cronaca. Erano due persone magnifiche.»

L'uomo rimase impietrito, lo sguardo accecato da un improvviso lampo della memoria. Quando si voltò, i suoi occhi inchiodarono quelli di Stan con la forza di una calamita che attira un oggetto di ferro. «Julian e Sara... Darrel?»

«S-sì, signore. Come lo sa?»

«Il tuo amico...» Coven mise una mano sulla spalla di Stan. «...è *quel* Julian. Julian Darrel. Il figlio di Travis e Linda Darrel.»

«Sì, ma lei come...»

«Farò di tutto per aiutarlo.» Il tono dell'uomo si fece solenne, greve, ma tradì una punta di commozione. Come se quei nomi avessero aperto uno squarcio in pieno petto e fossero penetrati in profondità, là dove albergano i ricordi più saldi. «Glielo devo.»

«Non capisco.» Stan increspò la fronte e cercò in quegli occhi, che come potenti magneti gli impedivano di dirigere l'attenzione altrove, una risposta.

«Morirono settantanove dipendenti, quel giorno, nel rogo della Desler» raccontò Coven dopo essersi schiarito la voce. «Insieme a Travis e Linda Darrel, in quella maledetta trappola, erano imprigionate gran parte delle persone che avevano costituito il primo embrione del movimento di opposizione alla TD Pharma di cui ero leader e portavoce. Non abbiamo mai trovato le prove, ma siamo certi che ci fosse Clive Werner dietro alla tragedia. A ogni modo, tra le vittime c'era il capo del gruppo, il mio uomo più fidato. Si trattava di un operaio specializzato di quarantadue anni, che solo qualche giorno prima era rimasto incastrato in un macchinario e stava per perderci una gamba. In quel frangente gli aveva salvato la vita proprio Travis Darrel, rischiando di finire tritato lui stesso.»

Adam Coven, disperso nelle nebbiose lande dei ricordi, prese fiato, mentre Stan lo ascoltava sbigottito e Julian, defilato, si accordava con Alma.

L'uomo stropicciò gli occhi e continuò: «Il capo era stimato da tutti, un vero paladino dei diritti della gente comune. Dannazione, sembra ieri. Invece sono passati quattro anni. Neanche una settimana più tardi stavo assistendo al suo funerale. Era la persona più buona e sincera di questa città, dai saldi principi ma mai incline a risolvere le controversie con la violenza. Lottava per il rispetto della natura umana, per una medicina che non venisse utilizzata come strumento di potere e compravendita di favori. Si chiamava George Coven. Era mio figlio».

19

«Signori, potete prendere posto sui lettini» disse un dottore basso, di corporatura robusta, il collo pressoché inesistente. Aveva condotto lui il gruppetto del Programma Hansen nella sala in cui Aileen si trovava adesso. Una stanza occupata da letti di degenza su entrambi i lati, e da qualche armadio in fondo. Pareti e oggetti rigorosamente grigi, come il camice del medico e la maggior parte dei rivestimenti interni del Santuario.

«Effettueremo» proseguì, tirando su gli occhiali da vista per leggere da una cartellina, «un esperimento a doppio cieco. Presto le nostre infermiere vi consegneranno una compressa che dovrete inghiottire con l'aiuto di mezzo bicchiere d'acqua. Non è gastrolesiva, pertanto non dovete preoccuparvi se siete a digiuno.»

«Che diavolo significa *doppio cieco*?» chiese un uomo obeso che Aileen aveva già visto in sala d'attesa. L'altoparlante l'aveva chiamato Otto.

Il dottore infilò gli occhiali per vedere meglio il volto del tizio. «Significa che né il personale medico né i pazienti sono a conoscenza del contenuto delle pillole che andremo a somministrarvi. Una metà di queste sono semplici integratori vitaminici. L'altra metà contiene il principio che stiamo studiando, e che potrebbe essere utile per risolvere alcuni dei vostri problemi. L'analisi statistica dell'esame a doppio cieco fa sì che l'équipe medica non sia influenzata dalle aspettative circa il vostro comportamento in seguito all'assunzione. Vi osserveremo nelle successive trentasei ore, monitorando eventuali reazioni avverse, e dovrete rispondere a un questionario, ogni sera, per una settimana. Ci sono altre domande?»

Aileen rimase in silenzio. La stanza era priva di finestre, così da non poter soddisfare nemmeno quel latente desiderio di prendere una rincorsa per lanciarsi verso il primo vetro disponibile, sfondarlo con il cranio e porre fine a quell'assurdità una volta per tutte. Appena formulato questo pensiero, la ragazza se ne chiese la ragione. Certo, all'interno di quel carcere spacciato per centro di ricerca medica, senza che lei avesse alcuna possibilità di dimostrare il contrario ai pupazzi in camice grigio che mandavano avanti lo spettacolo, veniva considerata una specie di psicopatica. Poteva rimanerci una settimana, poteva rimanerci a vita. Anche una volta uscita di lì, il suo rapporto con Julian sarebbe stato ostacolato e compromesso dal nuovo incarico del padre e dalle aspettative di tutti nei confronti della sua famiglia. In ogni caso, però, compiere un gesto estremo non era affatto la soluzione ai suoi problemi. Eppure, il pensiero non aveva solo sfiorato la sua mente. Ne aveva preso possesso per qualche istante e ora sembrava restare lì in silenzio, come un ospite indesiderato, in attesa di futuri sviluppi.

«Tranquilla» sussurrò una ragazza alla sua sinistra, con lunghi capelli viola rasati ai lati, quattro orecchini a punta per ciascun lobo e un tatuaggio indecifrabile che partiva dal collo per scendere fin sotto la scollatura della maglia verde e andare a morire chissà dove. «Io l'ho già fatto tre volte. Non mi è successo niente.»

«Fantastico» rispose lei, sarcastica, mentre due infermiere in camice azzurro passavano lettino per lettino con un vassoio fra le mani.

«Quella di sinistra ha chiaramente una cotta per me» scherzò la paziente dai capelli viola. «Gliel'ho letto in faccia l'altro giorno. Sai, io leggo in faccia alle persone. Per esempio sulla tua leggo che... ti stai chiedendo perché la tua vicina di letto non la smette di infastidirti.»

«Sbagli.» I lineamenti del volto di Aileen si fecero contratti e disegnarono un'espressione determinata. «Mi sto chiedendo se tu possa essermi utile a fuggire da questo posto, visto che di certo lo conosci meglio di me.»

«Però...» La ragazza le offrì la sua piena approvazione. «Andiamo dritte al sodo, qui.»

«O scappo» spiegò lei, impassibile, «o mi getto dalla prima finestra aperta.

«Quello sarà difficile, temo che siano tutte chiuse e a prova di proiettile.»

«Ci sarà sicuramente un modo per...»

«E mangiamo con le forchette di plastica.»

«Se è per quello bas...»

«E le docce sono sorvegliate.»

«Grazie, ho capito!» esclamò Aileen, poi si accorse di aver alzato troppo la voce e fece un passo indietro. L'infermiera stava per arrivare nella sua zona. Abbassando il tono, con lo sguardo perso altrove aggiunse: «Davvero le docce sono sorvegliate?»

«Davvero.»

«Da personale femminile, mi auguro.» Si voltò.

La vicina di letto le rispose con una smorfia quasi buffa. Aveva grandi e brillanti occhi verdi e, a osservare meglio i capelli, ci si accorgeva che non erano solo viola. Presentavano anche delle ciocche color argento, più sottili, e l'accenno di una ricrescita bionda. «Io mi chiamo Miry» disse.

«Che strano nome.»

«Sta per Miriam, ma Miriam per esteso lo detesto. Anche tu hai un nome, aspirante suicida?»

Aileen sbuffò. L'infermiera consegnò il medicinale al paziente seduto sul lettino alla sua destra. «Purtroppo ho anche un cognome, e forse è il motivo per cui sono qui.»

«E chi sei?» Miry sghignazzò. «La figlia di Paulie Nelson, il chitarrista?»

«Magari. Anzi no, pure lui è un affiliato. Vorrei essere la figlia di nessuno.»

«E invece?»

«Mi chiamo Aileen Sheridan. Mio padre è un avvocato che, tra gli altri, rappresenta anche questa società, ed è candidato al ruolo di nuovo Governatore di Aurora. Credo di essere stata rinchiusa qui perché sono il bastone tra le sue ruote.»

Dieci minuti più tardi tutti i pazienti erano distesi sul proprio lettino, nel silenzio richiesto dal dottore incaricato di seguire quel gruppo specifico. Qualcuno ne approfittò per addormentarsi. Miry si coricò su un lato, dandole la schiena, e così Aileen rimase a fissare il soffitto, il vuoto, il nulla in cui la sua vita rischiava di sprofondare. Niente più escursioni a cavallo, niente più sonate al pianoforte, o lezioni all'Accademia, o duelli di scherma alla Palestra Mayer. *Sua figlia sarà un'ottima giornalista. Abbiamo bisogno di validi reporter.* Le parole del dottor Ernest Cole, rivolte a suo padre, le tornarono alla mente e la ferirono dentro. Sogni infranti, aspirazioni negate per sempre. Oppure poteva fare la brava, chissà. Obbedire, rispettare il volere dei medici, sperare di non prendere farmaci dannosi e uscire presto da quel posto, grazie a un apposito foglio di dimissioni autorizzato da una commissione di affiliati. E la recita sarebbe ricominciata in occasioni sempre più mondane, sempre più pubbliche, con suo padre in rampa di lancio per guidare Aurora verso un futuro radioso e la metropoli popolata da centinaia di migliaia di eterni adolescenti. Già, poteva andare anche così. Non avrebbe più visto Julian e la sua adorabile sorellina, ma che importava? Magari, un giorno, sarebbe stata eletta Governatrice a sua volta. Ce n'era mai stata una di sesso femminile? No, che lei ricordasse.

Chiuse gli occhi e immaginò per alcuni istanti una realtà simile, così lontana dai suoi desideri più profondi. Forse, per qualche minuto, si addormentò anche lei. O forse, più semplicemente, le immagini che vide proiettate nello schermo della mente rappresentarono il peggiore degli scenari da incubo che il futuro potesse riservarle. Meglio farla finita il prima possibile, se quello era il suo destino segnato.

O trovare un modo per evadere dal Santuario.

Il traghetto attraccò nei pressi del molo di Parker Beach alle 11 in punto. Unico porticciolo privato della città, quello specifico approdo era presidiato da due agenti del distretto di polizia 5-Elmo e un capitano di mare che coordinava partenze e arrivi da un gabbiotto, e serviva esclusivamente alla TD Pharma per trasportare persone o materiali da Aurora all'isolotto del Santuario. Oltre al traghetto, al momento erano ormeggiati anche due gommoni e quattro motoscafi, tutti di proprietà della società di Clive Werner. A dispetto del nome che portava, quel punto della costa non offriva vaste distese di sabbia. Solo piccoli anfratti di rena color pece tra una fila di scogli e la successiva.

Claire Hall, stretta nel suo cappotto, si incamminò verso casa. In ansia per via del silenzio di Roger, attese di essere al sicuro tra le mura domestiche per richiamare la persona che l'aveva cercata nel momento peggiore.

«Claire» rispose Coven, sollevato. «Finalmente, come stai?»

«Ciao, Adam. Ero sul traghetto col mio capo, poco fa.»

«Sei ad Aurora?»

«Sì.» Claire iniziò a sfilarsi i vestiti mentre avanzava per il salotto e li adagiò su un divanetto a due posti. «Ho bisogno di una doccia.»

«Ho delle novità...»

«Dimmi tutto.»

«Sono notizie spiacevoli, Claire.» Coven fece un pausa e il silenzio fu rotto dal rumore di un mazzo di chiavi. «Drammatiche.»

«Santo cielo, Adam.» Claire rimase in slip al centro della stanza. Illuminata da una griglia di led impostata su una tonalità di luce calda e a bassa intensità, la sua figura slanciata, dal seno prosperoso e le gambe snelle, proiettava un'ombra oblunga e irregolare che dal pavimento si allungava fino alla parete di fronte. «Così mi fai preoccupare.»

«Siediti, per cortesia.»

I glutei appena poggiati sulla punta del divano, Claire ascoltò. Ascoltò ogni singola parola, e più la voce di Adam la conduceva attraverso l'orrore, più il sangue le si raggelava nelle vene. Quando sentì dire "il suo cadavere" portò una mano alla bocca. Come se la descrizione fatta da Adam prima di arrivare a quella definizione non fosse sufficiente a comprendere che Roger, il suo Roger, era stato ucciso. Che lei non l'avrebbe più incontrato. Che il profumo della sua pelle, quello in cui si perdevano le sue fantasie più nascoste, era ora il profumo del sangue rappreso.

«Hanno trovato il corpo...» disse soltanto, in mezzo ai singhiozzi, ma non intonò la frase come una domanda. «La polizia, dico.»

«Non ne sappiamo molto, ma Gordon e i nostri stanno raccogliendo informazioni.»

«Sono stanca, Adam.» Claire fissò lo spigolo appuntito del tavolo della sala e pensò che avrebbe desiderato prendere la testa dell'assassino di Roger Klaus, chiunque fosse, per schiacciarla contro quel punto preciso. «Stanca di fingere.»

«Tieni duro, Claire.» Coven cercò di rassicurarla col tono della voce, ma era impresa ardua in quel momento. «C'è una riunione all'Arsenale, tra poco. Con Gordon, i Linney e tutti gli altri. So che per te è troppo rischioso partecipare a questo genere di ritrovi. Ma devo chiederti di aiutarci.»

«In che modo?» Claire si alzò e sfilò anche gli slip. Nuda, inerme. Sola.

«C'è una persona detenuta contro la sua volontà al Santuario, una delle tante. Ma questa non è una persona qualsiasi. Devo saldare un vecchio debito. Insomma, dobbiamo tirarla fuori di lì. Ma quello che ci aspetta è molto più complesso. In gioco non c'è solo il nostro futuro ma anche quello dell'intera città. Ti racconterò a voce.»

«Capisco.» Claire tacque per alcuni istanti, durante i quali si fece strada il malsano timore che quella conversazione potesse essere intercettata. Era possibile? «Ci vediamo questa sera, Adam, dopo l'ora di cena, al rifugio nella zona della discarica. Così mi spieghi tutto.»

«D'accordo.»

«E ti prego...» disse ancora, poi tirò su col naso.

«Sì?»

«Trovalo.» Claire digrignò i denti e contemplò la sua rabbia riflessa nel vetro di una credenza: il mento le tremava, gli occhi erano lucidi e nel cuore ardevano nuove e incontrollabili fiamme. «Il bastardo che ha ucciso Roger. Trovalo e fagliela pagare.»

«E ADESSO CHE COSA SUCCEDE?» domandò Aileen, una volta fuori dalla sala dell'esperimento.

«Niente» rispose Miry. «Ci portano nella zona relax. A volte qualcuno ha una reazione immediata al farmaco. C'è sempre un medico, nei paraggi. Non ci lasciano mai del tutto soli. Se capita qualcosa, il paziente viene soccorso e portato via.»

«E a te non è successo mai nulla di strano.»

«Sono una ragazza fortunata.»

«Agli altri?»

«Ho visto svenire un paio di persone in seguito agli scorsi test. Uno invece si è sentito male di notte, dopo la gabbia.»

«La gabbia?»

«Sì, è un altro tipo di sperimentazione. Comunque, quella gente non è più tornata. Li hanno soccorsi e da quel momento non li ho più visti in giro. Li avranno rispediti a casa.»

«Scusa se mi faccio gli affari tuoi.» Aileen alzò lo sguardo verso una coppia di infermieri appena entrata da una porta in lontananza. «Ma da quanto sei qui?»

«E chi se lo ricorda?» Miry sorrise, poi lasciò ad Aileen il tempo di fare tutte le congetture del caso. «Scherzo, dai. Sono quasi tre mesi.»

«E che problema avresti? Perché ti hanno iscritto al Programma Hansen?»

La ragazza dai capelli viola alzò le sopracciglia e sospirò: «Ah, sapessi...»

«Problemi di memoria?»

«Sì, diciamo così.»

«Sai...» Aileen abbozzò un sorriso. «...aiuterebbe molto se tu mi facessi capire qualcosa senza che io debba sottoporti a una specie di interrogatorio.»

Miry le afferrò un braccio e la tirò a sé, poi fece alcuni passi fino a una colonna, mentre gli infermieri chiamavano a raccolta i pazienti. «Ho preso il *Time Deal* un centinaio di giorni fa, a inizio novembre. Avevo appena compiuto diciotto anni. Un magnifico regalo di mio padre. Be', senza fartela troppo lunga... tre mesi fa avevo un esame cruciale. Temevo di fallire, i miei avevano aspettative molto alte.»

«Che corso frequenti?»

«Economia.»

«All'Accademia?»

«Alla Kingston.»

Aileen guardò la ragazza con ammirazione. Mann e Tarja Sheridan non avrebbero mai approvato un aspetto così stravagante, con tatuaggi in vista, piercing e capelli di un colore tanto bizzarro o rasati ai lati, perché un simile "modo di conciarsi" (espressione tipica della governante Mina, a dire il vero) non si addiceva a una persona di buona famiglia. Questo genere di pregiudizio, inchiodato anche nella testa di Aileen da sempre, le aveva fatto fare una serie di deduzioni sbagliate sul conto di Miry.

«Dicevo...» riprese. «Avrei dovuto studiare cinque o sei mesi per quell'esame, ma per varie ragioni mi ero ridotta all'ultimo. Mancavano tre settimane.»

«Hai fallito?» ipotizzò Aileen, e il pensiero le andò alla media voto di cui aveva dovuto rendere conto al padre.

«Ho preso il massimo dei voti» rispose Miry. «Studiando sì e no una decina di giorni.»

«Non capisco.»

«Neanche io capivo. Non capivo come fosse possibile. La settimana successiva ho letto un saggio sui costi di mantenimento delle centrali idroelettriche, un libro che era stato suggerito come facoltativo e che avevo comprato qualche tempo prima. L'avevo abbandonato perché mi sembrava troppo complesso. Bene, l'ho letto in due giorni e me lo ricordo tutt'ora, riga per riga. Parola per parola.»

«Assurdo.»

«Assurdo, sì. Ma vero. Mio padre era entusiasta e ha raccontato queste prodezze al guscio di zona, durante una conversazione. Il giorno dopo un medico della TD si è presentato a casa nostra, piuttosto curioso a proposito di questa mia improvvisa abilità. La mattina seguente ero qui.»

«Mi è successa la stessa cosa.» Aileen scostò lo sguardo e richiamò il ricordo. «È venuto un certo Ernest Cole, un dottore. Io però avevo un problema... diverso.»

«Ernest Cole!» Miry alzò la voce, poi si accorse di aver esagerato e si affacciò oltre la colonna. Il gruppo stava procedendo in fila indiana verso l'uscita del salone. «Lo stesso che è venuto da noi.»

«Male, molto male...» Aileen abbassò il capo e lo scosse appena.

«Che c'è?»

«Io avevo un disturbo serio, una specie di malattia. Tu invece, a quanto pare, qualcosa di simile a un prodigio. Entrambi sembrerebbero effetti anomali del *Time Deal.*»

«Che cosa intendi dire?» Miry aggrottò la fronte.

«Ehi, voi due» disse un infermiere in lontananza, oltre la colonna. «Forza, unitevi agli altri. Dobbiamo lasciare la sala.»

«Intendo dire» bisbigliò Aileen, lo sguardo dritto verso il gruppo di pazienti, «che non siamo qui per ricevere una cura.»

20

Julian si concesse qualche minuto di rispettoso silenzio e profonda riflessione mentre il furgoncino di Adam Coven saliva sulla rampa d'accesso dell'Anello, una decina di minuti dopo la fine della telefonata dell'uomo con la dottoressa Claire Hall.

Ci sarebbe voluto del tempo per mandar giù l'aneddoto della Desler, impensabile coincidenza capace di legare la sua vita a quella dell'eccentrico conduttore del programma ecologista, e per accettare la possibilità che dietro al tragico episodio si nascondesse in realtà un vile attentato, rimasto peraltro impunito. La stampa dell'epoca non aveva mai preso in considerazione questa agghiacciante ipotesi, ma chissà chi sedeva ai comandi dell'informazione, e quali pressioni subiva.

In un primo momento Julian si accorse di avere gli occhi lucidi, nell'immaginarsi una volta ancora il dramma che l'aveva reso orfano. Il fuoco, che aveva visto solo nelle fotografie sui giornali e nei servizi alla TV; le grida, che aveva solo potuto immaginare; il terrore, che si insinuava nei peggiori incubi notturni, quando credeva di trovarsi all'interno della struttura senza la possibilità di mettersi in salvo. Poi si riprese, fece un lungo respiro e forse per la prima volta si sentì davvero a posto con la coscienza, pur trovandosi in una situazione ai limiti della legalità. A pensarci bene, stava portando avanti un discorso nato tanti anni prima nelle menti dei suoi genitori, dei loro colleghi e amici e di George Coven. Stava difendendo un principio. Evidentemente era scritto nel destino dei Darrel che si dovesse dare la vita per un'ideologia.

Più tardi, mentre Julian e Adam Coven parlavano tra loro e stemperavano la tensione con qualche battuta sulle imminenti elezioni, Stan, seduto all'estrema destra e affascinato dalla struttura imponente dell'Anello, si perse con lo sguardo nella contemplazione della corsia speciale, quella dedicata alle vetture a levitazione magnetica. Vide passare qualche modello sportivo, dalla forma schiacciata e oblunga, con la caratteristica e suggestiva sagoma di luce che prendeva vita sotto la carrozzeria per seguire il tragitto del mezzo, cambiando colore a seconda della velocità o delle svolte previste dall'itinerario. Si trattava solo di coreografia, come lui diceva sempre a Julian. Nessuno di quei colori doveva dare informazioni ad altri guidatori dal momento che quasi tutte le auto, sulla corsia 5, viaggiavano in modalità "passiva" e seguivano comandi automatici regolati dai rispettivi navigatori. Una volta imboccata la rampa d'uscita dall'Anello, la macchina (per forza di cose ibrida, dal momento che il resto della città non disponeva di pavimentazioni del genere e si doveva passare al metodo di guida tradizionale) rallentava e si adagiava piano sull'asfalto, restituendo alle ruote il loro compito originario, e al guidatore di turno la sua determinante funzione.

«Sei dei nostri?» Julian si rivolse a Stan, imbambolato di fronte al finestrino.

«Scusa, ero rapito dai superconduttori.»

«Come?»

«I superconduttori.»

«Non ti seguo.» Julian lo prese in giro. «Parli di televisione?»

«Idiota!» Stan ribatté con una smorfia divertita, poi indicò la carreggiata. «Non parlo di televisione. Parlo dei materiali con cui sono costruite quelle corsie.»

«Ah, già, la tua fissazione.» Julian si voltò verso Coven. «Deve sapere che uno dei sogni nel cassetto di Stan è acquistare i Leven, ha presente? Quegli stivali da lavoro che non si sporcano nel fango. O la giacca che non si inzuppa sotto la pioggia, o roba simile. Basta che siano stati costruiti con un materiale di ultima generazione.»

Coven annuì e sorprese entrambi con uno sguardo vibrante, a cui seguì un tono di voce che tradiva una punta di eccitazione, quasi non vedesse l'ora di toccare quel tema: «Credo sia arrivato il momento di dirvi un paio di cose su questa città».

La delicatezza dell'acqua. Di questo aveva bisogno.

Il rumore, il calore, l'abbraccio silenzioso dell'acqua.

Seduta a gambe incrociate su un tappetino gommoso che di tanto in tanto scivolava sulla ceramica del box doccia, Claire aveva gli occhi chiusi, il volto infossato nelle mani, il cuore a brandelli. Singhiozzava, ma al contempo era certa di non aver ancora realizzato. D'un tratto pensava di doversi sbrigare, di uscire presto dal bagno e vestirsi in fretta per correre all'ospedale. Perché Roger era ferito, l'avevano portato via in barella e… No, non era questo che gli aveva raccontato Adam. Allora rifletteva sull'ipotesi di non uscire mai, da quella cabina. Di restare là sotto per sempre. Da medico si interrogava sulle conseguenze di tale scelta, per il corpo. Quanto avrebbe resistito? Come si sarebbe ridotta la sua pelle? Entro quanto tempo avrebbe raggiunto Roger nell'ignoto aldilà degli uomini?

Si chiese se avesse senso andare avanti.

Mentre le lacrime si confondevano con la cascata d'acqua proveniente dall'erogatore si domandò se Ernest Cole, l'uomo a capo del reparto in cui lei lavorava a stretto contatto con Roger, sapesse davvero della loro relazione, o se quella fatta sul traghetto non fosse altro che una stupida battuta, magari originata da futili voci di corridoio in Neurologia, o al Centro Analisi. C'era un collega invidioso dietro all'assassinio del suo amante? C'era Daniel Werner, o magari suo padre Clive? C'era qualche cliente del giro del contrabbando?

E lei, poteva tornare al lavoro il giorno successivo come se nulla fosse accaduto, aspettando che qualcuno del suo team le riportasse la tragica notizia e fingendo di essere all'oscuro di tutto? Era così brava a recitare?

Quando si alzò, dopo un tempo impossibile da calcolare ma di certo lungo e straziante, sentì le ginocchia fragili, l'intero corpo debole, in piedi in equilibrio precario. Indossò l'accappatoio e portò una mano alla fronte, col timore di avere qualche linea di febbre. Di una cosa era sicura: non poteva permettersi di ammalarsi. Adam Coven la aspettava quella sera, lontano da occhi e orecchie curiose, e il suo prossimo futuro dipendeva dagli accordi che avrebbe preso di lì a poche ore.

Decise di imbottirsi di pasticche di *Narcen*, uno dei prodotti della TD Pharma con cui si trovava meglio, affidandosi così al rapido e decisivo effetto del paracetamolo. Poi, una volta indossata una tuta di pile, aprì il frigo per selezionare solo prodotti ipercalorici e mettere insieme quella che sua madre chiamava "una cena terapeutica". Come le capitava tanti anni prima, quando affogava nel cibo i dispiaceri adolescenziali, salvo poi seguire rigorose diete per recuperare la forma perduta. A casa Hall, insaccati e dolci erano sempre stati più efficaci degli antidepressivi.

Il braccialetto le suonò mentre stava versando dell'acqua in una caraffa. Ruotò il polso e osservò le cifre sul display. Un numero non presente in rubrica.

«Claire Hall, chi parla?» rispose con tono serio, professionale, come se si trovasse in studio al Santuario e non nella penombra del suo appartamento in Aurora. Era proprio dal centro di ricerca che proveniva la chiamata, visto il codice 03 in testa al numero.

«Buongiorno, dottoressa Hall» disse una voce maschile pacata e ferma, resa lievemente sgraziata solo dall'equalizzazione del dispositivo, che tagliava quasi tutte le frequenze basse. Claire non faticò a identificarla e i muscoli del volto si congelarono in un'espressione di sorpresa. «Sono Daniel. Daniel Werner.»

JULIAN, PERPLESSO, SCAMBIÒ una fugace occhiata con Stan, poi tornò a prestare attenzione alle parole di Coven. Di fronte a loro, la pioggia batteva incessante sul largo finestrino del furgone e rendeva difficoltosa la visuale nonostante il movimento continuo e rapido dei tergicristalli, mentre sulla destra si ergeva la struttura imponente di una stazione di servizio con tanto di ristorante a tre piani, officina meccanica e parco giochi per bambini. L'amministrazione di Otis Colier aveva speso somme ingenti per le migliorie all'Anello negli ultimi anni e diverse aree di servizio ne avevano beneficiato.

«Prima che la guerra devastasse questo pianeta in lungo e in largo» cominciò Coven, le palpebre strizzate per cercare di mettere meglio a fuoco la strada, «gli scienziati di tutto il mondo stavano perseguendo diversi obiettivi ambiziosi. Tra tutti, spiccavano tre campi di ricerca principali: realtà virtuale applicata alla medicina, intelligenze artificiali e nanotecnologie. Erano stati fatti enormi passi avanti. Con la realtà virtuale si poteva lavorare in sede di riabilitazione psico-motoria con benefici straordinari per il paziente. Le intelligenze artificiali permettevano un'interazione sempre più rapida e produttiva tra uomo e macchina, tra biologico e sintetico. E le nanotecnologie offrivano svariate possibilità, sia a livello medico che nella progettazione di... ragazzi, interrompetemi se non è chiaro qualche concetto.»

Julian mantenne uno sguardo concentrato, ma sembrava che stesse cercando le parole giuste per confessare a Coven di non aver capito una parola.

Stan, dal canto suo, si protese in avanti col busto e disse solo: «Continui».

«Mi rendo conto di averla presa un po' alla larga» ammise Adam Coven. «Quello che voglio dirvi è che uno di questi campi di ricerca riuscì a resistere al disastro nucleare e rimase protagonista della scena anche nei decenni a seguire. Questo grazie ad alcune persone che avevano deciso di dedicarvi la vita. Persone che erano riuscite ad abbandonare le loro terre di origine in tempo e si erano rifugiate qui ad Aurora, con una valigia piena di speranze e la folle idea di potersi salvare. Quando il conflitto si estese fino ad assumere i contorni di una vera e propria apocalisse, e questo posto si rivelò davvero il luogo della possibile salvezza, quegli studiosi e ricercatori si resero conto che l'obiettivo di tornare a casa con una soluzione, per ricostruire là dove si era distrutto, non era più raggiungibile. Ogni ponte col resto del mondo era crollato. Nessuna comunicazione. Nessun contatto. Negli anni, scienziati e politici di Aurora iniziarono a lavorare di concerto e dedicarono le loro attenzioni all'unico microuniverso a cui valesse la pena di concederle: quest'isola. Avete mai sentito parlare della California?»

Julian scosse piano la testa e sussurrò una specie di "no". Stan si limitò a tacere.

«Alcuni degli scienziati di cui vi ho parlato venivano da lì. Era uno degli Stati Uniti d'America. Immaginate di prendere una nave e partire dal molo di Parker Beach, in direzione nord-est. Prima o poi arrivereste alla costa occidentale di quella Nazione. Appartiene al continente più vicino a noi, ma stiamo parlando di una distanza notevole. Sempre che sia ancora lì, peraltro, e che non sia stata affondata da terremoti, tsunami o chissà cosa. Sono passati quasi cent'anni, del resto.»

«La California...» fantasticò Stan.

«Il fondatore della TD Pharma» continuò Coven, la voce pastosa che ogni tanto inciampava su qualche consonante, «veniva proprio da lì. Aveva origini tedesche, però. Voglio dire, i suoi genitori erano nati in Germania. Parlo di Horst Werner.»

«Germania?» domandò Julian, in evidente difficoltà.

«Uno stato europeo. L'Europa, per farvi capire, è dalla parte opposta del globo rispetto ad Aurora.»

«Perché diamine non insegnano queste cose a scuola?» sbottò Stan. «Perché non ci mostrano delle mappe?»

«È il lato positivo e allo stesso tempo negativo di un certo tipo di politica che anche io mi sono trovato ad appoggiare, nel corso della mia vita. Un esasperato protezionismo. Un costante celare, nascondere, riscrivere, in modo che la gente, nel corso degli anni, si limitasse ad accettare questa come unica realtà.»

«Ma lei come sa tutte queste cose, allora?» chiese Julian. Al di là dei tergicristalli impazziti, la fila di auto di fronte al furgone era bloccata da diversi minuti.

«Sto per arrivarci.» Coven si schiarì la voce. «Come vi dicevo, Horst Werner era un americano di origini tedesche. Si era laureato a Los Angeles e viveva sulla costa, a Venice, in una villetta affacciata sull'oceano. Il nostro stesso oceano, il Pacifico.»

«Dunque Werner evitò di morire negli anni della guerra perché si rifugiò qui?» chiese Stan.

«Già. E ad Aurora fondò, insieme a un produttore di nome Elmore Louis, un tizio intrattabile ma con un notevole fiuto per gli affari, quella che ai tempi venne registrata come WL Pharma. L'acronimo indicava le iniziali dei cognomi dei suoi fondatori.»

«E che adesso si chiama TD per via del *Time Deal*» dedusse ad alta voce Julian.

«Esatto» annuì con un mezzo sorriso Coven. «In quegli anni il Governatore Supremo era Sam Russell, quello che inventò il *Refoundation Calendar*.»

«Il calendario Russell!» esclamò Stan. «Questa la so anch'io. È scritto su un'incisione in piazza della Rifondazione, sotto la statua del figlio.»

«Le nuove generazioni conoscono solo quello e sanno che

ora siamo nel 95. Forse vi hanno insegnato che l'anno 0 del *Refoundation Calendar* coincide con il 2028 del sistema che utilizzava il resto del mondo, ai tempi della guerra.»

«Muoio dalla curiosità di sapere quale delle branche della ricerca scientifica è stata portata avanti qui da noi» disse ancora Stan, il tono ora più contenuto ma sempre galvanizzato.

Julian lo guardò perplesso.

«La stessa che ha permesso la creazione del *Time Deal*, ragazzo mio.» Coven liberò un sospiro, come se tutto il discorso fosse impostato per arrivare a quella scioccante conclusione. «Nanotecnologie.»

Julian fu più rapido di Stan nel prendere la parola: «Stiamo sempre parlando di un medicinale, o mi sono perso qualche passaggio?»

«Non sono in molti a saperlo, in Aurora» rivelò Coven «ma il TD non è un farmaco come gli altri.»

«Il dottor Klaus mi disse la stessa cosa» intervenne Stan. «Può spiegarci che significa, una volta per tutte?»

«Non è un composto biologico.» Coven spostò la levetta del tergicristallo verso destra per farlo correre meno rapidamente sul vetro. L'acquazzone si era dato finalmente una calmata. «Si tratta di nanotecnologie ingegnerizzate.»

«Tradotto in aurale?» Julian abbozzò un ghigno, mentre la fronte increspata disegnava una teoria di sottili solchi paralleli che incanalavano tutta la sua difficoltà nel seguire il discorso.

Coven alzò il braccio destro e unì indice e pollice, senza farli sfiorare tra loro. «Immagina delle sfere di dimensioni minuscole. Siamo su una scala nanometrica, ovvero parliamo di miliardesimi di metro.»

«Non so se sono in grado.»

«Pensa al tuo corpo e ai vasi sanguigni che lo attraversano, anche i più piccoli. Queste sfere sono capaci di scorrere attraverso tali microfiumi di sangue, muoversi all'interno degli organi e raggiungere perfino il cervello. Nel momento in cui l'iniezione immette questo esercito di nanorobot nel tuo sistema, il gioco è fatto. E il risultato in termini di cura è tale da superare di gran lunga qualsiasi composto biologico mai sintetizzato fino a oggi.»

Julian si sforzò di figurarsi l'azione delle sfere, ma non pensò al suo corpo. Pensò a quello di Aileen. Ai rami di capillari nei suoi meravigliosi occhi. Alla ferita al fianco sinistro che si era procurata tanti anni prima, in un duello improvvisato di scherma.

«Quando mi avete parlato degli stivali e della giacca di materiale idrorepellente» continuò Coven «ho pensato che voleste saperne di più su questa città. E che foste pronti, visto quello che ci aspetta. La ricerca sulle nanotecnologie è andata avanti per decenni e ha riguardato diversi campi. La stessa WL Pharma, molto prima di diventare una specie di monopolio farmacologico, ha dato vita a diverse aziende che sfruttavano le nanosfere con scopi diversi. Perfino la realizzazione di materiali come quelli che piacciono tanto a te, Stan.»

Il ragazzo rimase muto, in totale ammirazione. Erano i suoi occhi a parlare, a far intuire che nella mente si stessero accavallando montagne di domande.

«La corsia a levitazione magnetica dell'Anello» continuò l'uomo «i braccialetti elettronici, gli schermi a muro, i vetri autopulenti sulla facciata della maggior parte degli edifici nelle aree di Guglia e Diamante… le nanotecnologie ingegnerizzate ad Aurora sono ovunque. Ma soprattutto, da una ventina di anni vengono ospitate nei corpi dei suoi cittadini. E non fraintendetemi: questo non è necessariamente un problema.»

«In che senso?» chiese Julian.

«Che il *Time Deal* funziona. Che questo miracolo della scienza ha rivoluzionato le nostre vite. È tutto il resto a essere marcio, a partire da chi dirige la baracca. Il Santuario, le politiche di Clive Werner, il Programma Hansen ideato da suo figlio Daniel, il Consiglio, i gusci, l'affiliazione…» Adam Coven fece una pausa mentre rallentava in prossimità di una delle rampe d'uscita. Si voltò appena verso Julian e Stan, che pendevano ormai dalle sue labbra. «Pensate che quasi cent'anni fa, prima dell'insediamento del figlio di Sam Russell, Carl, la Commissione istituita dopo la guerra e diretta da un ex generale dell'esercito statunitense concedeva addirittura di fare esperimenti sui malati di mente, sui portatori di handicap…»

Stan deglutì amaro e Julian se ne accorse. Il suo pensiero doveva essere andato di colpo al fratello maggiore, Joey.

«Niente di troppo diverso da quello che succede ancora oggi, visto che fanno sparire gli affiliati che presentano effetti collaterali. E nessuno sa che fine facciano, dopo essere stati iscritti a quell'assurdo programma. Far luce su questa faccenda è uno degli scopi del mio movimento.»

Julian attese che Coven si fermasse in prossimità di un semaforo rosso e, affamato di verità, lo inchiodò al suo sguardo deciso. «Ora ce lo deve dire.»

«Che cosa?»

«Come fa a conoscere una storia simile così nel dettaglio.»

L'uomo sorrise e alzò un indice verso il finestrino. «Siamo arrivati, cari ragazzi. Siamo all'Arsenale.»

«Chi è lei?» lo incalzò Stan, senza voltarsi verso la strada.

Seguì una pausa di un silenzio irreale, la quiete che precede lo scoppio di una bomba, l'attimo sospeso in cui tutto diventa possibile. Anche una storia sepolta nel tempo che, in altre circostanze, sarebbe potuta apparire come lo sproloquio di un insano di mente.

«Sono un curioso» rispose infine Adam Coven, il tono sornione di chi finalmente poteva togliere la maschera dopo aver generato nei suoi interlocutori la massima curiosità, «appassionato, testardo e, modestamente, brillante ricercatore, che un destino bizzarro ha fatto sopravvivere alla più spaventosa ecatombe della storia del genere umano, per proseguire i suoi studi altrove. In un'isola lontana, un rifugio esotico, una nuova casa. Horst Werner mi portò con sé perché i miei studi sulle nanoparticelle nel campo della meteorologia gli avevano messo una pulce nell'orecchio. Volevamo *drogare* l'atmosfera in modo da contrastare l'effetto nocivo e tossico dell'aria, che di lì a poco si sarebbe esteso in tutto il pianeta. E l'abbiamo fatto proprio qui ad Aurora circa novant'anni fa, quando nel resto del mondo, anche se non potevamo averne certezza, la vita si era già spenta. E in parte funzionò. Forse, se la nostra isola è sopravvissuta a quello che chiamano "inverno nucleare" è anche merito nostro. Dovete sapere che ai tempi c'era ancora l'aeroporto a sud di Teatro, e ci servivamo di rozzi biplani per condurre questi test. Negli anni successivi l'amministrazione Russell avrebbe smantellato tutto. Oggi, se non vado errato, i Werner si servono dei droni di ultima generazione prodotti dalla ditta di Les K. Moun per portare avanti esperimenti atmosferici simili.»

Coven diede una rapida occhiata sulla sua destra e si imbatté negli sguardi concentrati di Julian e Stan, rapiti dal suo discorso e in rispettoso silenzio. Prese fiato e decise dunque di proseguire. «Quelle attività, amici miei, erano solo l'inizio. Di lì a quindici anni avevo ideato e testato su me stesso il primo composto non biologico in grado di intervenire sulle cellule del nostro corpo e operare su di esse. Con le nanoparticelle potevo eliminare le tossine, correggere gli errori del DNA, modificare i livelli di ormoni, riparare membrane cellulari danneggiate... insomma, mantenere l'individuo sano.

«Lei ci sta dicendo...» sussurrò Julian, sbalordito, mentre Coven parcheggiava il furgone di fronte a un caseggiato e finalmente la pioggia si affievoliva, ridotta ormai a una spolverata di minuscole e innocue goccioline. «...che è stato il primo ad assumere il *Time Deal*? Che l'ha... brevettato?»

«Proprio così. E non ero certo che funzionasse. Ero la mia stessa cavia. Non avrei potuto coinvolgere terze persone, almeno nella prima fase. Gli anni passarono e, con mia grande sorpresa, la scorza dura del quasi settantenne che ero resistette all'usura del tempo. Anzi, per certi versi migliorò, come se il processo di senescenza, a lungo andare, pian piano si invertisse.»

«Quanti accidenti di anni ha lei?» domandò Stan.

Coven alzò gli occhi verso lo specchietto retrovisore del furgone, il fare pensoso di chi aveva smesso di festeggiare il compleanno da un'eternità. «Sono nato a San Diego, in California, nell'anno 1976 del vecchio calendario. Ne avevo cinquantuno quando mi unii alla spedizione di Horst Werner. Era il 2027.

L'anno successivo, quando ormai ero un cittadino di Aurora a tutti gli effetti, venne istituito il *Refoundation Calendar*.»

«E oggi siamo nel febbraio del 95» osservò Julian, poi fece due rapidi conti in silenzio. «Quindi, lei... ha centoquarantasette anni?»

Adam Coven spense il motore del mezzo e si voltò verso i ragazzi con uno sguardo malizioso, astuto, un'espressione in grado di esercitare fascino e ammirazione. Occhi provenienti da un altro mondo. Da una terra lontana, impossibile a immaginarsi. Un universo alieno, per gli inconsapevoli cittadini di Aurora. «Che ne dite, li porto bene?»

21

Aileen e Miry seguirono il gruppo lungo una serie infinita di corridoi, quasi tutti dotati di ampie finestre affacciate su Aurora da una parte, sull'oceano dall'altra. Sebbene all'esterno della struttura si stesse scatenando la consueta tempesta, la superficie delle vetrate non sembrava risentirne. Le gocce d'acqua battevano e, dopo essersi aggregate in formazioni globose più ampie, scivolavano via. Oltre quella barriera, i contorni di una libertà perduta.

«Ci stanno portando ai dormitori» disse Miry, sottovoce. «Vedi quelle placche quadrate appese al muro, con i puntini che formano una specie di nodo? È un segnale con cui identificano gli alloggi del Programma Hansen. Non so se prima ci hai fatto caso, ma la zona dei test è contrassegnata con un simbolo simile a una U rovesciata. Tipo un arco.»

«Lo conosci bene il posto, non è vero?» chiese Aileen, lo sguardo dritto di fronte a sé.

«La memoria che ho sviluppato da quando ho preso il farmaco non riguarda solo i testi. Ogni giorno tengo a mente volti, ambienti, percorsi, orari... non mi faccio sfuggire neanche il più insignificante dettaglio. Potrebbe sempre servirmi.»

«Potrebbe sempre *servirci*» la corresse Aileen.

Quando la fila indiana superò l'ingresso della zona relax, gli infermieri si preoccuparono di dividere i pazienti per sesso e condurli negli alloggi notturni.

Aileen si guardò attorno, curiosa, prima di seguire gli altri. L'ampio salone era disseminato di schermi televisivi che non aveva mai visto prima. Posti su stretti tavolini di vetro, sembravano trasparenti. Da dietro vi si poteva vedere attraverso. Da davanti, invece, parevano comunissimi schermi piatti, al momento sintonizzati su un dibattito politico. Di fronte a ognuno di essi, una fila di poltroncine disposte a mezza luna. La parete in fondo alla sala era occupata da un lungo bancone, simile a quello del ristorante preferito di suo padre, il Bradbury. Se non si fosse trovata in una condizione del tutto simile a quella di un detenuto, avrebbe potuto anche gradire un ambiente del genere, così silenzioso e ben curato. Le ricordava la maestosa Biblioteca in zona Diamante, con i suoi spazi immensi e quell'acustica unica che faceva in modo che le voci venissero come risucchiate dal sistema di insonorizzazione e non fossero di disturbo per chi si trovava a studiare.

Una volta all'interno della zona notte, Miry le fece strada. Gli infermieri erano già spariti oltre una porta automatica a scorrimento e ai pazienti era stato suggerito di riposarsi, prima del test della griglia previsto per metà pomeriggio.

«Non mi hanno neppure detto quale sia il mio letto» bisbigliò Aileen mentre osservava gli altri prendere posto e sdraiarsi.

«Puoi usare quello che vuoi. Siamo una decina, ce ne sono venti. Quello accanto al mio è libero.»

Aileen seguì il consiglio e si sedette in punta su un materasso piuttosto duro. Le lenzuola erano grigie come le divise del personale. Decisamente il colore dominante, al Santuario.

«Quindi tu sei una mappa umana.»

Miry allargò le braccia. «A quanto pare.»

«Questa griglia, il test del pomeriggio...» Prese un lungo respiro, reso difficoltoso dall'ansia che, pian piano, stava risalendo lungo il petto per andare a prenderle la gola. «...di cosa si tratta?»

«Alcuni la chiamano griglia, altri gabbia. È una specie di cella al centro di uno stanzone buio. Ci si entra uno per volta. Loro attivano un dispositivo da una cabina esterna illuminata, una sorta di regia. Seguono da lì l'esperimento.»

«Quanto dura?»

«Una decina di minuti. La rottura di scatole è che dobbiamo starcene tutti lì, finché non entra l'ultimo dei... ehi, che hai?»

Aileen aveva le mani al volto e stava tirando su col naso. «Perché...» disse, trattenendo a fatica il pianto.

«Non devi preoccuparti.» Miry si alzò per sedersi accanto a lei e poggiò una mano sulla sua gamba. «Anche di quelle, ne avrò fatte cinque o sei. Sto perdendo il conto. Mai avuto alcuna reazione avversa.»

«Ma che cosa ci fanno lì dentro? È una specie di esame?»

«Non ne ho idea. Dopo qualche minuto inizia a far caldo e verso la fine non vedi l'ora di uscire perché sudi. Ma non fa male, in realtà.»

«Come ha potuto...» Aileen digrignò i denti.

«Di che parli?»

«Di mio padre. Se sono qui è colpa sua. È stato lui a convocare Ernest Cole a casa nostra.»

«Ah, già. Le elezioni. So che sono state anticipate. In sala relax ci fanno vedere la televisione. Solo alcuni canali.»

«Miry...» Aileen si voltò di scatto e fissò la ragazza con due occhi di fuoco. «Noi dobbiamo scappare da qui. A qualsiasi costo.»

«Non è semplice. Siamo costantemente sotto sorveglianza. Ci sono anche dei momenti in cui penso che si potrebbe tentare una fuga, a dire il vero, e la piantina di quest'ala del Santuario è tutta qui.» La ragazza picchiò sulla fronte con i polpastrelli. «Ma senza i pass per l'apertura delle porte non andiamo da nessuna parte.»

«Dovremmo rubarne uno.»

«Non basta. Ho visto che alcuni varchi ai piani inferiori si aprono grazie alla lettura di un sensore ottico, o di una placca per le impronte digitali. Dunque servirebbe un complice nel personale medico. Praticamente impossibile.»

«Quando dico a Julian, il mio ragazzo, che qualcosa è praticamente impossibile...» Aileen strozzò il magone in gola e poggiò la mano su quella di Miry, in cerca di calore. «Lui mi risponde che l'unico modo per farcela è cominciare col *pensare* di farcela.»

«Un inguaribile ottimista.» Gli occhi verdi di Miry brillarono nella penombra.

«Di natura, sì. E tu, hai un fidanzato ad Aurora?»

«Ce l'avevo, qualche tempo fa. Poi, ecco... lasciamo stare, dai. Storia lunga. Ti dispiace se mi sdraio qualche minuto? Sono un po' stanca.»

«Figurati!» Aileen sollevò la mano e si accorse di aver intrecciato le dita a quelle di Miry, senza farci caso. Forse nel tentativo di aggrapparsi alla sua unica speranza di uscire da quella trappola.

Mentre si lasciava cadere con la schiena sullo spesso cuscino appoggiato alla testata del letto, osservò con la coda dell'occhio la figura della ragazza, di spalle. La vide sfilarsi la maglia e chinarsi per tirar fuori da un cassetto una canottiera bianca e una felpa. Ne ammirò il profilo morbido, dal seno generoso. Si interrogò sul significato di quel tatuaggio che le attraversava mezza schiena per poi girare attorno al collo e salire fin quasi al mento.

Dunque servirebbe un complice nel personale medico, si ripeté più volte la frase nella testa mentre chiudeva gli occhi e respirava a fondo, nel disperato tentativo di rallentare il battito del cuore. *Praticamente impossibile.*

L'Arsenale, a dispetto del nome, non era altro che un palazzo a sei piani nel quartiere Stella del Nord i cui appartamenti, nel corso degli anni, erano stati occupati esclusivamente da seguaci di Adam Coven. Era stato definito così perché, tra i più convinti contestatori della TD Pharma, c'erano due famiglie composte da personaggi poco raccomandabili che si preparavano da tempo a uno scontro decisivo, e custodivano nei sotterranei di quell'edificio un'invidiabile collezione di armi di ogni genere, detenute senza alcuna autorizzazione.

Julian si guardò attorno mentre seguiva Adam e Stan fino a un cancello che sembrava aprirsi su un cortile male illuminato. Stella del Nord era un quartiere dall'aspetto molto simile a quello anonimo e fatiscente in cui vivevano lui e Sara, ma si trovava dalla parte opposta della città. Senza alcun dubbio sarebbe stato l'ultimo a piegarsi alla conquista del territorio da parte della società di Werner. Nessuna farmacia di quella zona, infatti, si permetteva di fare distinzioni tra i cittadini. I medicinali venivano serviti a chiunque, che fosse affiliato o meno. Anche perché, in caso contrario, il locale si sarebbe trovato presto con le vetrine in frantumi. Certo, rifletté Julian, l'elezione di un candidato appoggiato dalla TD Pharma al ruolo di Governatore Supremo avrebbe cambiato tutto. Una nuova legislazione avrebbe determinato la fine di ogni resistenza ideologica, imponendosi sulla popolazione proprio com'era appena accaduto con i dipendenti alla Synth. Ricordava bene le parole di Clive Werner durante l'ultimo comizio: l'affiliazione obbligatoria era il primo, cruciale punto delle riforme della nuova amministrazione. Per lui suonava come una vera e propria condanna.

«Benvenuti all'Arsenale» disse a bassa voce Coven una volta che i tre si trovarono all'interno della struttura, in un cortile invaso da bidoni stracolmi di rifiuti. L'uomo trascinò la sua gonna fino a un piccolo arco in pietra, superato il quale si intravedeva una porta. Con una chiave sbloccò la serratura e fece strada per un lungo corridoio le cui pareti parevano una galleria d'arte composta da variopinti graffiti.

«Chi è il pittore, qui?» domandò Stan, meravigliato.

«Ne abbiamo diversi» rispose Coven. «Metà dei ragazzi che abitano all'Arsenale è iscritta all'Accademia Inferiore: frequentano Arti Visive.»

«Niente male davvero.»

«*Stella del Nord non cadrà*» lesse ad alta voce Julian, lo sguardo rapito da scritte e dipinti.

«*Coven Governatore*» lo seguì Stan.

«Queste persone credono in me» disse Adam, le spalle rivolte ai ragazzi. «Non posso deluderle. Ma è un'impresa contro pronostico.»

«C'è qualche speranza di contrastare la TD Pharma alle elezioni?» chiese Stan.

«Ci proviamo. La città al momento è divisa in due, ma il problema vero è che, dalle mie stime sull'elettorato, una metà è composta da affiliati, o figli di affiliati che presto seguiranno i genitori, l'altra è frammentata in diverse correnti di pensiero. C'è chi segue la mia filosofia, chi è indeciso, chi non vuole entrare nelle questioni politiche e rinuncia al voto, chi opta per candidati insulsi e disperde la preferenza... la riunione di questo pomeriggio serve proprio a capire come impostare gli ultimi giorni della propaganda, in modo da convincere più cittadini possibili a sostenerci. Il suicidio di Otis Colier ha stretto i tempi e ci ha reso tutto più difficile.»

«Ma perché?» domandò Julian. «Per quando sono previste le elezioni?»

«Per la prossima settimana» chiosò Coven. Poi tirò fuori di nuovo il mazzo di chiavi e le inserì nella serratura di una bassa porta in fondo al tunnel. Prima di entrare, frugò ancora nella tasca della gonna e ne estrasse il braccialetto elettronico. Il mini-led color azzurro elettrico lampeggiava. Un messaggio in entrata. «L'appuntamento con Claire Hall è saltato. Forse la incontreremo domani. Ha allegato una nota vocale.»

Julian afferrò per un polso Stan e lo prese in disparte. «Ma tu hai detto a quest'uomo chi dobbiamo tirare fuori dal Santuario?»

«Certo» rispose l'altro, e soffiò con la bocca storta verso il ciuffo corvino. «La tua ragazza.»

«Sa di chi è figlia?»

Stan si pietrificò. Chiuse per un istante gli occhi e si maledisse sottovoce. Poi, con un rantolo, si schiarì la voce. «Signor Coven, c'è qualcosa che deve sapere.»

Adam si voltò per ascoltarlo, mentre la porticina si apriva e una lama di luce intensa investiva il tunnel. «Dimmi tutto.»

«La fidanzata del mio amico, sì, insomma, la ragazza scomparsa, quella che dovremmo cercare di tirare fuori, ecco...»

«È la figlia di Mann Sheridan» concluse Julian. Inutile girarci attorno.

Adam Coven, nella sua imponente sagoma controluce, non mosse un muscolo. Rimase immobile per diversi secondi, un tempo sufficiente per far sorgere nei ragazzi il timore che l'uomo li stesse per cacciare seduta stante dall'Arsenale. Come poteva, il più quotato contendente del partito della TD Pharma alle imminenti elezioni, attivare la sua squadra di seguaci per salvare la vita della figlia dell'uomo che gli avrebbe presto soffiato il posto di Governatore? E come potevano entrambi essere stati così stupidi da non dirglielo prima?

«Mi stai dicendo...» Adam si avvicinò con passo lento, il volto ora accarezzato dal fascio proveniente da una delle lampade appese al muro del corridoio. «...che la tua ragazza è una Sheridan?»

«Ci scusi» mormorò Julian, il capo chino. «Dovevamo farglielo sapere subito. Non saremmo neanche arrivati fino a qui.»

«Al contrario!» lo sorprese Coven. «Questa è una notizia strepitosa.»

Julian alzò le sopracciglia e fissò l'uomo senza riuscire a replicare. Poi si voltò verso Stan, il cui viso era un enorme punto di domanda. In silenzio, i tre si inoltrarono nel quartier generale di quelli che i giornalisti chiamavano, con scarsa fantasia, coveniani.

DA LONTANO SEMBRAVA una di quelle gabbie per animali che Aileen aveva visto al centro faunistico nel quartiere del Toro. Le sbarre ben distanziate tra loro, piuttosto spaziosa all'interno, alta almeno tre metri. Dalla prima descrizione di Miry si era immaginata qualcosa di più claustrofobico. Il gruppo, di nuovo misto, stava scendendo per una larga rampa con una fila centrale di piccoli led verdi ricavati nella pavimentazione. Sulle pareti, le lettere in rilievo dicevano PROGRAMMA HANSEN – SETTORE 5. Un riquadro in metallo, posto sotto la scritta, mostrava il simbolo della U rovesciata per indicare l'area dedicata alle sperimentazioni. Alla fine della discesa, una transenna automatica con un uomo in divisa giallo-nera a presidiare il passaggio.

«Sembra un poliziotto» disse Aileen, che aveva preso la buona abitudine di restarsene in fondo al gruppo.

«Sì» rispose Miry «credo che sia una specie di guardia. Sono in due, in questa zona, si alternano. Il collega di questo mi ha sorriso, l'ultima volta che siamo venuti a fare il test della gabbia. Hai presente quei sorrisi ebeti che ti fanno i ragazzi quando vogliono far colpo su di te...»

«...e il risultato è che fanno la figura dei rimbambiti? Sì, ho presente.»

«Io ho un sesto senso per le età delle persone, sai? E il tizio che ha fatto il piacione secondo me era veramente un ragazzo. Al massimo poteva avere un paio di anni in più di quelli che dimostrava. Sulla ventina, ecco.»

«In teoria qui dentro dovrebbero essere tutti affiliati, giusto? Dottori, infermieri, sicurezza...»

«Non solo. Anche i pazienti. O perlomeno quelli con cui ho avuto a che fare io.»

«Allora è vero...» Aileen lasciò in sospeso la frase mentre l'uomo in camice grigio che aveva accompagnato il gruppo fino a lì si fermava di fronte a una placca incastonata nel muro e vi appoggiava le dita.

«Che cosa?»

«La teoria di Stan, il migliore amico del mio ragazzo. Dice che in città si stanno verificando da tempo degli effetti collaterali del *Time Deal*, o di altri farmaci prodotti da questa ditta. Quindi... alla gente normale non succede niente.»

«Ma è logico.» Sul volto di Miry si dipinse un ghigno furbo. «Anche perché la gente normale, quando ha qualcosa che non va, finisce in ospedale, non viene portata via nella notte per essere rinchiusa al Santuario.»

Una voce femminile gracchiò da un altoparlante affisso in corrispondenza della congiunzione tra il soffitto e la parete, e tutti i mormorii interni al gruppo si arrestarono di colpo.

«*Chiameremo ora per cognome e nome ciascun paziente*» disse la voce, monocorde. «*Nella griglia si entra uno per volta e si rimane in piedi, ma ci si può muovere liberamente. L'esame ha una durata di dodici minuti. Potete tenere addosso i vestiti. Il resto del gruppo è pregato cortesemente di attendere in silenzio al di là delle porte a scorrimento. Signor Lodge, Ray David Lodge. Prego, venga pure avanti.*»

L'uomo dall'aspetto adolescenziale, i capelli ricci biondi arruffati e le guance tinte di rosso, si voltò verso Aileen e Miry e spalancò la bocca in un sorriso inquietante, con gli occhi quasi fuori dalle orbite. Poi, con l'atteggiamento di uno squilibrato, sussurrò: «Vado a friggere, ragazze. A friggere!»

Julian e Stan seguirono Adam Coven fino a un'ampia sala dalle pareti crepate e rovinate dalla muffa, una fila di panche sistemate di fronte a una cattedra in legno chiaro e un fastidioso tanfo simile alla puzza di uova marce. L'uomo disse loro di voler ascoltare nell'auricolare la nota vocale di Claire prima di cominciare, e si ritrasse in disparte. Lo sguardo di Julian intanto era rapito dai seguaci dell'Arsenale in attesa dell'arrivo del leader. Come una scolaresca di fronte al preside, avevano smesso di chiacchierare tra loro all'improvviso, non appena Coven era sbucato dal tunnel sotterraneo.

Un uomo sui quarant'anni dalla pelle scura, il fisico scolpito e una brutta cicatrice lungo l'avambraccio destro si fece incontro ai ragazzi. Nonostante il clima rigido indossava una giacchetta smanicata che metteva in bella mostra i bicipiti.

«Benvenuti» disse. «Sono Gordon King.»

Julian si presentò a sua volta, e la stretta di mano fu una delle più dolorose mai provate. Subito dopo toccò a Stan. Intanto, Coven si avvicinò al gruppetto e ripose il braccialetto nella tasca della gonna.

«Buon pomeriggio, Adam. Hai saputo la novità?» chiese l'uomo dalla stretta vigorosa.

«Sì, me l'ha riferito un funzionario quando ho depositato la candidatura» rispose Coven, poi si voltò verso i ragazzi. «Ed è il motivo per cui trovo strepitoso quello che mi avete appena detto.»

«Non vi seguo» disse Julian, mentre il resto dei presenti si metteva a sedere sulle panche.

«È molto semplice.» Coven inarcò un sopracciglio e le palpebre tremarono per qualche istante. «La TD Pharma non ha candidato Mann Sheridan, come tutti si aspettavano. Di certo i problemi della figlia dell'avvocato hanno avuto un certo peso nella decisione del Consiglio, ma forse avrebbero cambiato comunque idea.»

«Non puntavano su di lui?» domandò Stan.

«Che io sappia, sì. Era visto di buon occhio da molti, secondo quello che mi riferiva il dottor Klaus. Ma come potete ben immaginare, per una campagna elettorale efficace ci vuole tempo. Mann Sheridan era un progetto sulla lunga distanza.»

«Il suicidio di Colier ha anticipato le elezioni» dedusse Julian, che mai si era occupato di questioni politiche al di fuori delle piccole beghe tra dipendenti all'interno della Synth. «E la TD ha avuto paura che i cittadini non riconoscessero in Sheridan un candidato credibile, perché non aveva avuto modo di presentarsi a dovere.»

Gordon annuì con il capo. «Pur essendo stimato e apprezzato da una cerchia di famiglie altolocate, in città non lo conosceva quasi nessuno.»

«L'unico nome possibile era dunque un altro» continuò Adam. «Certamente più autorevole, come profilo, e noto alle masse, anche se per sua stessa ammissione pubblica pareva che non fosse intenzionato a ricoprire quel ruolo in prima persona. L'aveva dichiarato qualche mese fa, durante una conferenza.»

«Clive Werner» concluse a bassa voce Stan.

«Proprio lui. Avrebbe preferito delegare un candidato esterno, uno come Sheridan, appunto. Le decisioni del nuovo Governatore sarebbero comunque dipese da lui, visto che era il Consiglio della TD Pharma a supportarlo e finanziare la campagna.»

«Un burattino, insomma» aggiunse Gordon. «Mann Sheridan era il burattino perfetto. Ora invece le cose si sono fatte, se vogliamo, ancora più complicate. L'influenza di Clive Werner sulla gente è notevole.»

«Per gli affiliati è una specie di Dio» spiegò Coven. «Lo venerano. Lui ha dato loro una sorta di eterna giovinezza, di potenziale immortalità. Non vedono tutto quello che c'è dietro. Non capiscono che in questo modo si è comprato le loro vite per sempre. Ma ora sediamoci, parliamo con gli altri.»

Julian e Stan presero posto in seconda fila tra i seguaci di Adam Coven che parevano divisi per nuclei famigliari. C'erano molte coppie accompagnate dai figli più grandi, una donna con un bambino piccolo in braccio, alcuni ragazzi sulla trentina insieme alle loro fidanzate. Diversi anziani. Nell'osservare quell'insieme di persone che, come lui, non avrebbero preso il *Time Deal* per niente al mondo, e rifiutavano le imposizioni e i condizionamenti mentali della società che lo produceva, Julian si sentì a casa. Era come se, su una di quelle panche, fossero seduti anche i suoi genitori.

«Andrò dritto al punto, amici miei» esordì Adam Coven, in piedi dietro la cattedra con Gordon seduto al suo fianco. «Tra otto giorni Aurora eleggerà il suo nuovo Governatore Supremo. Siamo totalmente sfavoriti e questo cambio di programma non ci aiuta. Come già saprete, il nostro rivale sarà Clive Werner in persona. Ma oggi sono qui a riportarvi la speranza. Siedono tra voi due ragazzi che hanno bisogno del nostro aiuto. Alzatevi, vi prego.»

Julian e Stan obbedirono e, una volta in piedi, si guardarono timidamente attorno.

«Si chiamano Julian Darrel e Stanley Leaves. Quest'ultimo era uno degli uomini del dottor Roger Klaus, di cui avrete senz'altro appreso la tragica fine. Dovete sapere che tra le innumerevoli persone scomparse da Aurora negli ultimi tempi c'è una ragazza. Il suo nome è Aileen Sheridan e il nostro compito è trovarla.»

Un coro di commenti a bassa voce si levò nella saletta. Gordon fu pronto nel gesticolare in maniera decisa per placarlo.

«Sì, si tratta proprio della figlia di Mann Sheridan» continuò Adam. «E Julian, che insieme a Stan da oggi è dei nostri, è il suo fidanzato. Non è un ragazzo qualsiasi, amici miei. I suoi genitori sono morti nell'incendio della Desler. Erano dei nostri.»

«Io non capisco» obiettò una donna in prima fila, lo sguardo vispo. «Dovremmo aiutare una famiglia di affiliati?»

«Abbiamo ragione di credere che, come tanti altri, Aileen sia stata portata contro la sua volontà al Santuario e iscritta al Programma Hansen. Questo ci dà un'opportunità unica: far leva sugli Sheridan per inchiodare i Werner. Se riuscissimo a tirarla fuori da quel posto...»

«Nessuno può accedere al Santuario» borbottò un uomo dai baffi folti seduto accanto alla signora.

«Abbiamo un'unica speranza e risponde al nome di Claire Hall. Sapete già di chi parlo. Lavorava con Roger Klaus in uno dei laboratori sull'isolotto e non era solo una sua collega, ma la sua amante. Dovevo incontrarla più tardi, ma ho appena ricevuto una nota vocale in cui la dottoressa mi informa che proprio questa sera sarà a cena con Daniel Werner, responsabile del Programma Hansen e figlio del mio rivale alle elezioni.»

«Con Daniel?» Gordon si voltò di scatto.

«L'ha chiamata poco fa, per informarla della morte di Roger e farle una proposta di lavoro.» Adam tirò fuori il braccialetto dalla tasca. «Ascoltate voi stessi questo estratto.»

Alcuni si protesero in avanti mentre la voce registrata di Claire Hall veniva fuori dal dispositivo elettronico di Coven: «...e mi ha detto che Ernest Cole, il mio superiore, gli ha parlato molto bene di me. Poi ha aggiunto un dettaglio inquietante: è grato perché in questi anni il mio reparto gli ha fornito la materia prima. La materia prima per fare che cosa, Adam? Ho paura. Ma allo stesso tempo so che questo treno passa una volta nella vita. Sarà una trappola, sarà un inganno. Ma devo andare. Devo farlo per Roger».

Coven sfiorò un tasto laterale sul braccialetto e lo poggiò sul tavolo di fronte a sé. «Capite? Se potessimo dimostrare che i responsabili della scomparsa della ragazza sono i Werner, e se scoprissimo che cosa accade davvero ai pazienti all'interno del Santuario, forse molte persone in questa città aprirebbero gli occhi. Persone che non accuserebbero mai la casa farmaceutica, perché ne sono succubi. Persone che non vedono la realtà e non capiscono che quella che viene spacciata per salvezza, o per vita eterna, è la loro condanna. Persone che magari hanno perso un figlio, o un parente, sparito da un giorno all'altro e mai più tornato.»

Julian seguì le parole di Coven in silenzio e dieci anni di vita gli passarono di fronte agli occhi. Dieci anni di risate, abbracci, fughe improvvise, baci clandestini, bugie, sogni condivisi, speranze. Dieci anni dal giorno in cui Aileen, all'età di sette, aveva disegnato le loro iniziali nella sabbia nera del porto di Parker Beach, solo un mese dopo la grande sagra durante la quale si erano conosciuti. AJ. Una stupida sigla. Una promessa per l'eternità.

Si rese conto, per la prima volta, che avrebbe dato la vita per salvare quella di Aileen, allo stesso modo in cui, se fosse stato possibile, si sarebbe preso lui la malattia di Sara per evitare alla bambina un calvario terribile. Nella natura di questo doppio dramma si consumava il suo dilemma interiore.

22

Se Claire Hall avesse avuto dubbi sulla serietà dell'offerta di lavoro di Daniel Werner, ipotizzando un coinvolgimento sentimentale dell'erede dell'impero farmacologico, questi furono fugati non appena la Rejelyse accostò di fronte al suo stabile. L'auto era un modello di lusso, lungo 8 metri e mezzo, ibrido come la maggior parte dei mezzi che riportavano sul telaio la dicitura TOP LEVEL. Dunque, poteva imboccare l'Anello dalla parte sinistra per utilizzare la corsia speciale a levitazione magnetica, e in tale circostanza avrebbe raggiunto velocità impensabili per qualsiasi altro mezzo in circolazione. Ma non fu il tipo di auto a convincere la dottoressa a proposito delle buone intenzioni di Daniel Werner. Fu la presenza a bordo, di cui si rese conto non appena l'autista le aprì la portiera per invitarla a entrare, di suo padre Clive.

L'uomo più potente di Aurora.

Colui che era riuscito nell'impresa di trasformare una casa farmaceutica in una specie di religione, di filosofia di vita, di fede, raccogliendo la preziosa eredità del vecchio Horst e alzando continuamente l'asticella degli obiettivi.

«È un vero piacere incontrarla, dottoressa Hall» disse l'uomo non appena lei prese posto all'interno della vettura, adagiandosi su un lussuoso sedile in pelle marrone. L'aspetto di Clive Werner era sempre lo stesso, da quando Claire ne avesse memoria. La maschera lucida del volto, con gli zigomi sporgenti e il mento pronunciato; i capelli argentei sempre tirati all'indietro e tenuti compatti da quintali di gel; gli occhi scavati, sfuggenti, inafferrabili. Pareva che l'uomo guardasse altrove anche quando fissava intensamente, ma questo le era già chiaro dai numerosi incontri del Consiglio, durante i quali Clive attirava su di sé le attenzioni di tutti anche solo stando in piedi, muto e pensieroso.

La dinastia Werner e la TD Pharma erano la stessa cosa, e dalla morte di Horst Werner (non per vecchiaia, naturalmente, ma per una tragica esplosione nel laboratorio dell'ala ovest, evento a cui neanche il *Time Deal* poteva porre rimedio) Clive era salito al comando della società. Uno sgargiante e affascinante eterno cinquantenne. Il figlio Daniel, seduto al suo fianco e imbalsamato in un completo elegante color blu scuro, fin troppo attillato, con quella chioma castana e quei baffi curati in maniera maniacale pareva il bimbo piccolo accompagnato dai genitori fino in classe in occasione del primo giorno di Accademia Inferiore.

«Un onore, dottor Werner.» Claire tese la mano verso l'uomo, che con un gesto di rara classe si sporse in avanti per sfiorargliela con le labbra. Se non fosse stato per il tettuccio basso della Rejelyse, pensò lei, forse si sarebbe perfino alzato in piedi. «Ciao, Daniel.»

«Benvenuta, Claire» rispose il responsabile del Programma Hansen, il cui collo pareva strozzato da un ridicolo papillon gialloblu che richiamava i colori delle felpe dei volontari sparsi in giro per la città e armati di plichi per l'affiliazione.

«È con estrema soddisfazione che la informo...» Clive rubò subito la scena al figlio e, a differenza sua, proseguì nel darle del lei. «...che ho depositato la mia candidatura. Correrò per il ruolo di nuovo Governatore Supremo alle prossime elezioni. Desideravo affidarmi a un'altra persona ma sa, le circostanze...»

«Se non erro, l'avvocato Mann Sheridan era il candidato ideale per il Consiglio» si frappose Claire.

«Ce l'avremmo fatta anche con lui» osservò Daniel «perché in fondo la gente voterà la bandiera, non la persona. Ma mio padre ha preferito non rischiare.»

«Schiaccerò quel cialtrone di Adam Coven e gli altri inetti presenti in lista» ghignò Werner, la bocca spalancata con la lucente dentatura in bella mostra. «Pardon, non vorrei sembrarle presuntuoso.»

Si figuri, un personaggio umile come lei..., avrebbe desiderato rispondere Claire. Ma tacque. Intanto, le porte automatiche si chiusero e l'auto partì. Dai vetri oscurati e retroilluminati si intravedeva una porzione di Aurora tinta di un singolare color bordeaux.

«Ceneremo al Bradbury, se non le dispiace» disse ancora Clive Werner, intonando il nome del prestigioso ristorante con un accento particolare. Poi si voltò verso il figlio e inclinò appena il capo, quasi volesse invitarlo a prendere la parola.

«È... un gran bel posto» si limitò a rispondere lei. No, non era un gran bel posto. Era uno dei ristoranti più costosi della città, in cima a una torre dall'architettura avveniristica in zona Diamante. Avrebbe potuto giocarsi lo stipendio sul fatto che i Werner fossero proprietari anche di quel locale. Forse, dell'intero palazzo.

«Ti vorrei mostrare una cosa, questa sera» disse Daniel. «So che è un giorno triste per te, e forse è proprio per tale motivo che credo sia il momento migliore per voltare pagina. Non ti stiamo offrendo una distrazione qualsiasi. Ti stiamo offrendo uno scorcio di futuro. Un futuro che anche Roger Klaus, ne sono certo, avrebbe amato.»

AILEEN ENTRÒ NELLA GABBIA per penultima.

L'ambiente era pervaso da un tanfo di vernice fresca, come se le pareti fossero state appena ridipinte. Dopo il primo minuto, passato senza muovere un arto, in posizione statuaria, le sue narici si abituarono all'odore. La stanza doveva essere ben insonorizzata perché, oltre gli spessi vetri che davano sui corridoi, le sagome degli altri pazienti a colloquio tra loro erano figure mute. In disparte, la schiena appoggiata contro una parete, le dita impegnate ad arrotolare una ciocca di capelli viola, stava Miry. La osservava. Le sorrideva, con aria rassicurante. La sua presenza, inutile negarlo, la faceva sentire meno sola.

I minuti trascorsero con una lentezza insopportabile. L'assenza di rumori nella stanza era in netto contrasto con il frastuono all'interno della testa. Si alternavano, sul palco della memoria di Aileen, gli attori della sua vita, ognuno nel pieno del proprio ruolo. Suo padre Mann la trattava con durezza, la madre Tarja si mostrava esigente e pretendeva risultati scolastici all'altezza del blasone famigliare, mentre la governante Mina le rimboccava le coperte e poggiava sul comodino accanto al letto una tazza di infuso. Poi era il turno di sua nonna, l'unica persona che aveva capito quanto lei tenesse a Julian, quanto fosse importante. Lui, luce costante nelle notti più buie. Appiglio solido per raggiungere qualsiasi vetta. I genitori lo ritenevano d'ostacolo e distrazione alla sua carriera scolastica, ma non c'era promozione, successo o bel voto che non dipendesse dalla motivazione che lo squattrinato ragazzo del quartiere industriale riusciva a infonderle. Da quanto rispettasse le sue ambizioni. In quei minuti di interminabile attesa, mentre piccole vampate di calore salivano a scaldarle la schiena e le braccia, Julian era lì. Lì, al suo fianco, con la visione cocciutamente positiva di un mondo che stava pian piano implodendo. Con i suoi occhi veri, l'identità autentica. Era solo per riuscire a riabbracciarlo che Aileen stava sopportando l'inaccettabile reclusione.

«Avevi ragione, cucciola. È proprio un bel ragazzo.»

«Te l'avevo detto!»

«Quella testa dura di tuo padre…»

«A lui Julian non piace, nonna.»

«Non è proprio così. Il problema dei tuoi genitori è un altro. Loro credono che le persone vadano giudicate in base a… parametri diversi.»

«La ricchezza?»

«Qualcosa del genere.»

«A volte vorrei essere nata a Stella del Nord. O all'Industriale.»

«Ascoltami: tu devi imparare ad accettare la tua condizione così come Julian ha imparato a fare i conti con la sua. Ti ricordi, quando sei scappata di casa e ti sei nascosta da me?»

«Mi sono beccata una bella punizione, quel giorno.»

«Ed è giusto, perché tuo padre era spaventato a morte. Non è così che risolverete questo problema.

«E come, allora?»

«Non lo so, stellina. Ma ricordo che un mio vecchio parente, uno che aveva girato tutto il mondo prima della guerra ed era appassionato di storia, diceva sempre che anche i peggiori nemici sono in grado di avvicinarsi e stringere alleanza, se devono fronteggiare un avversario comune.»

«*Tempo scaduto, signorina Sheridan.*» La voce metallica parve risuonare tutt'attorno e la destò dal dolce ricordo. «*Può uscire dalla gabbia e riunirsi al resto del gruppo.*»

Aileen fece un timido passo avanti, mentre la fila di sbarre rientrava nel terreno e le permetteva il passaggio. Poi raggiunse una larga porta e si appoggiò al maniglione antipanico con tutto il peso, rischiando di finire per terra quando il varco si aprì. Fu Otto Lancet a frapporsi con prontezza e a offrirle la sua imponente stazza come punto d'appoggio. Non disse una parola, ma aveva occhi buoni. Innocenti. Lei lo ringraziò con un muto sorriso, poi sfiorò appena la mano di Miry che le stava passando accanto, diretta alla gabbia. Mancava solo lei. In lontananza, una finestrella a forma di oblò lasciava intravedere i colori della sera.

In quel preciso istante, mentre l'amica era sul punto di entrare nella stanza dell'esperimento, un paziente sulla cinquantina di cui Aileen ignorava il nome cadde a peso morto sul pavimento e iniziò a sbavare e contorcersi. Miry si voltò di scatto. Gli altri rimasero impietriti alla visione dell'uomo che, sdraiato, sbatteva mani e piedi. Aileen indietreggiò fino a una colonna e vi appoggiò la schiena, certa che le sue ginocchia avrebbero ceduto di lì a poco. Provò a inspirare a fondo, ma il fiato le si spezzò. Allora chiuse gli occhi per non vedere. Perché quello che aveva di fronte era uno scenario possibile. Una reazione avversa. Un episodio che sarebbe potuto capitare a chiunque. Non era per codardia che non si era gettata sull'uomo per aiutarlo. Era per un'improvvisa paralisi di ogni muscolo del corpo.

Mentre cercava a fatica di respirare, tre infermieri si precipitarono nel corridoio e soccorsero il paziente in preda alla crisi. Come se nulla fosse successo, un attimo dopo l'altoparlante invitò la signorina Miriam Palmer a prendere posto all'interno della gabbia. Tutto sotto controllo. Tutto a posto.

È questo che facciamo qui al Santuario, le parole di Daniel Werner le ruotarono nella testa. Un vortice inarrestabile di menzogne. *Individuiamo il male e lo combattiamo.*

Aileen sentì le gambe deboli e vide il corridoio capovolgersi. Prima di perdere le forze e accasciarsi a terra, in un impercettibile istante di lucidità si chiese dove si trovasse. Chi fosse quella gente. Che giorno. Che anno.

L'oscurità le rispose inghiottendola.

«Deliziosa la vista, da qui» sussurrò Clive Werner alle spalle di Claire. «Non trova?»

«Da togliere il fiato» rispose lei senza voltarsi, gli occhi resi lucidi da un velo di malinconia nell'osservare Aurora dall'alto della torre del Bradbury. Si sfilò con un gesto lento lo scialle che portava al collo mentre faceva qualche passo verso il tavolo riservato. Se lo sarebbe stretto fino a strozzarsi, se avesse dato retta alla voce che urlava nelle sue viscere. Quella che gridava di continuo il nome di Roger. Invece si ripeté nella mente una filastrocca che sua madre le intonava da bambina, il metodo migliore per calmarsi e scacciare i brutti pensieri, e prese posto.

Dieci minuti più tardi stava assaggiando una specialità della casa: un piatto a base di pesce grigliato che, a detta di Daniel, rappresentava una vera e propria rarità sull'isola. I racconti dei bisnonni di Aurora erano pieni di pesci fritti, alla brace o perfino crudi. Memorie perse nel tempo, ricette di un altro mondo. La guerra, si sapeva, aveva spazzato via centinaia di tipi di animali: dall'estinzione totale degli uccelli, alla contaminazione dell'oceano che aveva ucciso decine di tipologie diverse di pesci e compromesso la sopravvivenza delle specie rimaste in vita, alle epidemie negli allevamenti. Poi qualcosa era cambiato. Era intervenuta anche in quel caso la ricerca medica sperimentale, con trattamenti specifici all'avanguardia che avevano permesso di correggere, manipolare, modificare a livello genetico e in un certo senso restituire una possibile vita, ricostruendo una fauna degna di questo nome e ripopolando in particolar modo le acque del fiume Cento. Nonostante questo, era ancora severamente vietato pescare direttamente dall'oceano. Troppo alto il rischio di imbattersi in organismi infestati dalle radiazioni e contrarre una patologia grave. Ma alcuni ristoranti elitari, come il Bradbury, il Murphy o il Cassiopea, offrivano, all'interno del loro menu, piatti a base di pesce con la garanzia certificata della non-contaminazione degli animali cucinati. E anche per quanto riguardava le carni, negli ultimi vent'anni si era tornati a trattarle in modo che potessero essere vendute anche al grande pubblico, senza grossi rischi per la salute. La campagna a sud di Aurora era disseminata di allevamenti, inaccessibili al pubblico e tenuti sotto stretto controllo medico. La TD Pharma, si vantò Daniel mentre Claire sorseggiava un bicchiere d'acqua frizzante, era in prima linea anche in questo genere di attività grazie al reparto di Ingegneria Alimentare Avanzata, che sorgeva in una sezione del Santuario in cui la dottoressa aveva messo piede forse una volta, durante un tour nei primi mesi di tirocinio.

«E c'è un'altra zona che mi piacerebbe mostrarti» disse ancora Daniel, visibilmente eccitato dalla prospettiva di coinvolgerla nei suoi progetti. «Non credo che tu sia mai scesa a *meno uno*.»

«Prego?» Lei si pulì la bocca con un tovagliolo, mentre il cameriere le passava accanto per portare via il piatto.

«Immaginavo la sua sorpresa» intervenne Clive, sul volto un sorriso enigmatico, di plastica. «In pochi conoscono quell'ala del Santuario. Ma lei, da stasera, fa parte di quei pochi.»

«Pensavo di averlo girato in lungo e in largo, da quando...»

«Non ne dubito.» Clive fece un cenno al ragazzo in divisa, indicando la caraffa dell'acqua, quasi vuota. «Ma ha utilizzato solo gli ascensori standard.»

«Credo di non riuscire a seguirla.» Claire aggrottò la fronte ma si sforzò di mantenere un atteggiamento collaborativo, curioso.

«Vede, quello che le stiamo offrendo questa sera è di seguire in prima linea un progetto che definirei...» Clive alzò gli occhi verso gli ampi lampadari che illuminavano la sala, soffermandosi sulle gocce e le lame di cristallo intrecciate in complesse e suggestive geometrie. «Prodigioso.»

«E forse non rende neanche l'idea» aggiunse Daniel.

«Mio figlio ha ragione. Rivoluzionario, epico. Diamine, neanche questi termini rendono l'idea.»

Claire stette al gioco, passò con lo sguardo dal Werner senior allo junior e scosse appena il capo. «Di che cosa state parlando?»

Daniel si sporse in avanti col busto e poggiò una mano sul tavolo, vicino alla sua. Quindi si armò di tutto il suo artefatto carisma, prese un lungo respiro e la invitò ufficialmente nel regno dei pochi. «Hai voglia di scendere sotto il livello del mare, dottoressa Claire Hall? Il futuro è laggiù.»

23

A seguito della chiacchierata strategica, Julian e Stan trascorsero le prime ore del pomeriggio all'Arsenale, perlopiù in attesa di nuove comunicazioni e sviluppi. Gordon li condusse in un monolocale sfitto, lasciandoli in compagnia di qualche vecchio libro e di un televisore che prendeva solo Aurora 1 e Politica 1. Adam Coven intanto ricevette a colloquio diverse famiglie, con le quali si intrattenne a lungo, finché tutti furono invitati alla classica cena tardo-pomeridiana che era solita chiudere quel genere di ritrovi. Per l'occasione era stata preparata una lunga tavola in legno in uno dei pochi appartamenti dello stabile dotati di una sala degna di questo nome, ovvero a casa dei Linney, una delle famiglie più numerose del palazzo.

Prima di sedersi, Julian disse a Stan che in quel momento avrebbe desiderato fare qualsiasi cosa, tranne perdere tempo a mangiare. Ma erano tutti in attesa di un cenno da parte di Claire Hall, dal momento che il suo rapporto con Daniel Werner poteva determinare le sorti della missione. Fu per questo motivo che, non appena vide Adam defilarsi per ascoltare una comunicazione privata, Julian si alzò a sua volta e lo seguì. Stan non perse un istante e, trangugiato un bicchiere d'acqua, li raggiunse.

Incalzato dagli sguardi dei ragazzi, Coven non poté fare altro che attivare la modalità CONFERENZA per far sì che tutti ascoltassero il messaggio. Distorta e compressa, la voce della dottoressa risuonò nell'angusto disimpegno: «*Sono nella toilette del Bradbury. Clive e Daniel Werner mi porteranno questa sera stessa al Santuario per mostrarmi un settore... sottomarino, credo. Se è una trappola e devo fare la fine di Roger, questo sarà il mio ultimo messaggio. Ma non credo, non so. Mi sembrano sinceri. Parlano di qualcosa di rivoluzionario, di epico. Deve trattarsi di un progetto legato al Programma Hansen, o qualcosa del genere. Devo andare, Adam. Cerco di darti informazioni al più presto*».

«E noi cosa facciamo nel frattempo? Restiamo qui ad aspettare?» esplose Julian, la frustrazione nella voce.

«Noi andiamo a parlare con Mann Sheridan.» Adam mantenne un tono calmo.

Julian lo guardò storto. «Con Mann Sheridan...»

«Se riusciremo a tirare fuori Aileen dal Santuario, serviranno prove. Quelle che non ho mai avuto per denunciare i responsabili dell'incendio della Desler. Quelle che non sono mai riuscito a raccogliere per inchiodare la TD Pharma e i suoi protocolli, nonostante l'aiuto di Roger e Claire. E sapete perché? Perché questa città è omertosa, e l'ingranaggio costruito dai Werner funziona alla perfezione. Nessuno parla degli affiliati, se non gli affiliati stessi tra loro. I pochi che hanno l'ardire di uscire dal giro vengono perseguitati, oppure spariscono, mentre le loro famiglie sono costrette al silenzio col ricatto. Ma qui abbiamo un uomo che stava per candidarsi sotto la loro bandiera, e ora è un padre che cerca la figlia scomparsa.»

«Secondo me rischiamo grosso...» Stan si voltò appena verso la tavolata, dove i Linney e i loro amici stavano brindando a qualcosa. Forse un obiettivo comune. Forse una follia. «Quindi ci sto.»

«Non le darà mai retta» obiettò Julian, mentre una bizzarra ipotesi prendeva forma nella sede dei pensieri più irrazionali.

Adam gli mise una mano sulla spalla. «Devo almeno provarci, non credi?»

«No» si oppose lui. «Sarò io a parlarci.»

Stan si voltò di scatto, le sopracciglia sollevate in un'espressione di meraviglia.

«Te la senti davvero?» domandò Adam, quasi in tono paterno.

Lui sollevò le spalle. «Certo. Tanto mi detesta. Cosa può succedere? Al massimo mi sbatterà la porta in faccia. Poi farà un paio di telefonate, parlerà coi pezzi grossi del Santuario e da domani le nostre vite varranno meno del pesce radioattivo del porto di Parker Beach.»

«Va bene. Ma dovrò essere con te.»

Julian annuì con un impercettibile cenno del capo, mentre Stan liberava uno sbuffo.

«Dove abitano gli Sheridan?» chiese ancora Coven.

«Guglia.»

Adam alzò lo sguardo oltre le sagome dei ragazzi, si schiarì la voce e, rivolto alla tavolata dei Linney, si servì di tutta l'autorevolezza della sua timbrica, senza gridare: «Gordon, prendi le chiavi della Crystal JB. Si va alla Guglia».

«Non posso rifiutarmi. Mia madre è stata categorica.»

«Non è giusto.»

«Lo so, Julian.»

«Io scapperei di casa, piuttosto.»

«E dove vado? Sulle montagne? Costruisco una zattera e sfido l'oceano? Credimi, se potessi scegliere…»

«Si può sempre scegliere.»

«La fai facile. Tu decidi per te stesso. E per Sara. La mia situazione è completamente diversa. E poi ho quindici anni, il mio parere in quella casa non conta niente.»

«Scusa… scusami, Aileen. Hai ragione. È che non sopporto l'idea che tu prenda una decisione così importante solo perché costretta.»

«Ma tanto, che ci vuoi fare… mio padre dice che entro dieci anni tutta la città l'avrà fatto.»

«Hai sentito quella storia che circola? Quella sulle donne che si sottopongono alla terapia?»

«E non riescono ad avere figli, o li perdono prima del termine. Sì, ho letto. Un articolo dice una cosa, un altro l'opposto. Lo sai perché ho scelto di seguire i corsi di giornalismo, all'Accademia?»

«Perché detesti che l'informazione, invece di far capire le cose, le complichi ancora di più. E non sopporti chi approfitta del suo lavoro per diffondere notizie false e far preoccupare la gente.»

«Non vale. Mi conosci troppo bene.»

«Aileen…»

«Sì?»

«Lo sai, vero, che io un giorno sarò vecchio, avrò i capelli bianchi, il corpo non sarà più lo stesso, mentre tutti attorno a me saranno giovani e forti… e tu sarai come loro?»

«Lo so, Julian. Ci ho pensato. Ci penso continuamente, da quando è venuta fuori questa storia della terapia.»

«E morirò. Perché morirò, lo sappiamo entrambi. Prima di tanti altri. Com'è naturale che sia.»

«E io sarò con te, non importa con quale faccia, quale pelle, o quale corpo. Magari vivremo destini diversi, chi può dirlo? La famiglia di Dean Harley è stata spazzata via da un tamponamento assurdo sull'Anello. La macchina è volata giù dal ponte e si è sfracellata in un cantiere nella zona del Toro. Morti, tutti e cinque. Non sai mai cosa può capitare. Lo sai, preferisco preoccuparmi del presente.»

«Già, la tua Prima Teoria sull'Esistenza.»

«Esatto. Conta solo il momento. Quello che siamo adesso, quello che proviamo adesso. E io adesso ti amo.»

«Anch'io, Aileen. Tu e Sara siete tutto ciò che ho. Forse è per questo motivo che non riesco a non pensare al futuro.»

«Pensaci bene, allora. Rifletti: a meno di gravi incidenti di percorso, tu, Julian, sei quello fortunato. Mi avrai sempre accanto. Fino all'ultimo respiro.»

«Come...»

«Sarò io, un giorno, a rimanere sola.»

Aileen dischiuse le palpebre a fatica. Una lama, poco più che uno scorcio. La luce accecante dei led sul soffitto, fredda e violenta, le impedì di aprire del tutto gli occhi. Le voci attorno a sé, confuse. Sovrapposte. Non familiari.

«Dove...» tossì.

«Non si preoccupi, signorina Sheridan. Ha avuto un calo di pressione.»

«C-chi...»

«Ma ora torniamo come nuove. Apra la bocca e sciolga la pastiglietta sotto la lingua.»

Aileen scostò il viso per sfuggire all'insopportabile bagliore e finalmente poté guardare. Di fronte a sé un armadio di metallo, stretto, a due ante. Un tavolino con qualche scatola poggiata sopra. Un camice grigio sgualcito su un appendiabiti. Gli interni di un'infermeria. Si voltò e la voce udita al risveglio prese corpo. Si trattava di una donna minuta, il volto scavato e i capelli cortissimi. Due occhi vispi, carichi di energia. La sconosciuta le porse una compressa, lei obbedì in silenzio e la infilò in bocca. Le papille gustative le restituirono un sapore intenso di zucchero.

«Quanto ho dormito?» biascicò.

«Pochi minuti. Questa saletta è adiacente alla stanza della griglia. Non è la prima volta che qualcuno perde i sensi dopo il test, ma non deve allarmarsi. È tutto sotto controllo.»

«Voglio tornare a casa.»

«E ci tornerà quanto prima.» La donna le sorrise, ma pareva aver visto la stessa scena centinaia di volte. Assuefatta all'orrore, abituata a indossare una maschera. I suoi pazienti come numeri. Le cartelle cliniche come copioni. Dietro quegli occhi raggianti, distese ghiacciate di ipocrisia e falsità. Aileen la osservò mentre si chiedeva quale fosse il fine ultimo del Programma Hansen. Lo scopo segreto del Santuario.

«Che cosa è stato dell'uomo con le convulsioni?» chiese ancora, mentre la pastiglia iniziava a sciogliersi.

«È stato soccorso e portato in clinica.»

«Quale clinica?»

«Quella che occupa per intero l'ala nord del Santuario. Non lo sapeva?»

Aileen scese dal lettino con un balzo e mise alla prova la risposta dei muscoli del corpo, con esito positivo. «Non so un accidenti di questo posto.»

Poco più tardi si riunì al gruppo, radunato in silenzio in un atrio a pochi metri dalla sala della gabbia. L'avevano aspettata. Forse qualcuno aveva ordinato loro di avere pazienza.

O forse, si illuse, Miry aveva pregato loro di farlo.

«Come stai?» le chiese la ragazza dai capelli viola.

«Ancora intera.»

Mentre Miriam Palmer la fissava negli occhi, le labbra serrate, quasi volesse comunicare attraverso i riflessi delle rispettive iridi, la tizia dell'infermeria parlottò con il dottore che aveva seguito l'esperimento della griglia. Questi teneva fra le mani un foglio elettronico, uno di quelli sottilissimi e flessibili, in grafene, che Aileen aveva visto spesso nello studio del padre. Il medico aveva l'aspetto di un ragazzino, di una recluta al primo anno della Kingston, con i capelli biondi a caschetto e una barbetta di pochi giorni. Aileen pensò che potesse avere trenta, trentacinque anni, e dimostrarne solo due o tre in più di lei. Alcuni istanti più tardi, il finto adolescente chiese ai pazienti di seguirlo.

«Non voglio rimanere al Santuario un giorno di più» sussurrò Aileen mentre si incamminava.

«Cosa intendi fare?»

«Qualsiasi cosa, Miry. Qualsiasi, pur di andarmene. Mi aiuterai?»

«Sei un bel tipo, Sheridan» rispose Miry, continuando a fissare il resto del gruppo. «Proprio un bel tipo.»

Una volta di ritorno in sala relax, il dottore chiese l'attenzione di tutti, e i pazienti si disposero a cerchio attorno a lui. «Ho qui un paio di nomi» disse, mentre un tecnico spegneva tutti gli schermi televisivi e faceva calare un cupo silenzio, «che tra pochi istanti vi comunicherò. A seguito degli esiti degli ultimi esami, compresa la griglia di questa sera che ci ha fornito valori in tempo reale, abbiamo ritenuto opportuno promuovere due profili al passaggio successivo del Programma.»

«Il passaggio successivo?» gridò Ray Lodge. «Il passaggio successivo è andarcene da questo posto!»

«Infatti, signor Lodge.» Il dottore inarcò un sopracciglio. «I pazienti che chiamerò adesso sono stati selezionati dalla Commissione da me presieduta e potranno lasciare il Santuario. La loro condizione psico-fisica è ideale ed è inutile trattenerli. E ora, se non vi dispiace...»

Aileen mantenne lo sguardo fisso sul ragazzo (*la Commissione da me presieduta...* sì, doveva averne almeno trentacinque, di anni) ma avvicinò una mano a quella di Miry e la strinse. Questa volta di proposito.

«Con estremo piacere vi annuncio che il Programma Hansen ha trattato al meglio e fatto in modo che siano pronti al viaggio di ritorno...» Il dottore alzò il capo fino a incrociare gli sguardi tesi e curiosi dei presenti. «...il signor Alec Bones e la signorina Miriam Palmer.»

24

L'ascensore iniziò a scendere e alla dottoressa Claire Hall sembrò di essere entrata in una nuova fase della sua vita. In silenzio, mentre Clive e Daniel Werner scambiavano opinioni politiche alle sue spalle, ripercorse le ultime ore di quell'impensabile giornata. Dalla rivelazione di Adam Coven a proposito della morte di Roger all'invito a cena da parte dell'erede della dinastia a capo della TD Pharma; dall'inattesa presenza di Clive Werner sulla Rejelyse alla sorprendente proposta ricevuta nella lussuosa cornice del Bradbury. E poi di nuovo l'autista, la macchina dagli interni pregiati, la corsa a velocità sostenuta sulla corsia 5 dell'Anello per poi salire su un motoscafo privato e raggiungere il molo d'attracco del Santuario, mentre su Aurora iniziava a scendere la notte e la pioggia sembrava aver concesso qualche ora di tregua. E adesso era lì, chiusa in un ascensore che non aveva mai neanche intravisto, dal momento che si trovava nel mezzo di un piccolo settore il cui accesso era consentito solo ai medici di classe A. Mentre scendeva si chiese se Ernest Cole, il suo enigmatico superiore, fosse a conoscenza di una sezione sotterranea, o meglio sottomarina del Santuario. Ma in fondo, cosa importava? Se Clive e

Daniel Werner stavano facendo sul serio, da quella sera Cole era solo il collega di un altro reparto. Sullo stesso gradino della gerarchia. No, nessun motivo di orgoglio o vanto personale. Claire si stava solo domandando se il suo nuovo ruolo potesse servirle per scoprire la verità sulla morte di Roger, e ordire così la sua vendetta.

«Eccitata?» chiese Daniel all'improvviso.

«Non stiamo andando a meno uno…» osservò lei.

«No, infatti. Siamo andando a meno sei.»

«Esiste un meno sei?»

«Esiste eccome» sogghignò Clive, che pareva godere nel rispondere al posto del figlio, rubandogli la scena, specie quando era palese che l'atteggiamento di Daniel fosse volto a far colpo su Claire. «Sa, volevamo che lo spettacolo avesse inizio… dalla fine.»

«Quella che sto per vedere» chiese lei, quasi intimorita, «è la fine?»

«Per certi versi è la fine. L'obiettivo, l'esito sperato» rispose Daniel in tono fiero. «Ma vista dalla parte opposta è l'inizio. L'inizio di una nuova Era.»

«Sembra qualcosa di veramente grosso» commentò lei.

Clive annuì silenzioso, mentre la porta scorreva lateralmente e apriva il passaggio.

Per quanto l'animo della dottoressa fosse ancora turbato e sotto shock per la tragica morte di Roger, la vista dell'ambiente sottomarino del Santuario le spezzò in due il fiato per la meraviglia. Pochi passi fuori dalla cabina e le parve di trovarsi in un altro mondo. Una prospettiva mai incontrata prima d'allora, qualcosa che non aveva un preciso corrispettivo neanche nei sogni più fantasiosi che le capitava di fare da bambina.

Innanzitutto, le dimensioni del posto. Ne aveva già avuto un sentore dalla notevole e inusuale lentezza con la quale l'ascensore era sceso di così pochi piani. Abituata a salirne anche dieci in mezzo minuto, il dettaglio le era parso quantomeno singolare. Doveva trattarsi di un problema tecnico, perché altrimenti la risposta era una sola: gli ambienti, dunque i livelli della struttura sottomarina del Santuario erano di una vastità e altezza impressionante.

A una ventina di metri da lei, sulla destra, una sorta di muro di vetro delle dimensioni di un palazzo di due piani, dalla forma concava, si affacciava direttamente sui fondali marini. Sulla sinistra, una fila di desk simili ai banchi d'accettazione dell'ospedale, dietro i quali diverse ragazze avvenenti che non dovevano aver assunto il *Time Deal* oltre i vent'anni attendevano composte, pronte a fornire l'assistenza necessaria. Un viavai moderato di medici, volti mai visti prima se non di sfuggita, animava il centro dell'immensa sala.

«Confortevole?» ammiccò Daniel.

«Se devo essere sincera, sono sconvolta. In senso positivo, s'intende.»

«E non hai ancora visto niente! Anche se, lo devo ammettere, chi si imbatte per la prima volta nel sesto piano sottomarino rimane a bocca aperta, e non potrebbe essere altrimenti. Basterebbe questo dettaglio per accettare l'incarico.»

«Visto?» Clive fece qualche passo avanti e allargò le braccia. «Questo è il suo nuovo regno, dottoressa Hall. Sempre che non preferisca rimanere nei corridoi stretti di Neurologia o del reparto analisi, a dar retta al vecchio smilzo.»

«Il *vecchio smilzo* è il dottor Cole» precisò Daniel. «Scusalo, mio padre a volte si dimentica le buone maniere. Ma ora vieni con me. Il meglio sta per arrivare.»

«Vi raggiungo subito.» La voce di Clive echeggiò alle loro spalle. «Devo sbrigare una faccenda.»

Ci sta lasciando soli, di proposito, pensò lei. *Non mi piace.*

«Sei pronta a conoscere la mia bambina? Anzi, una delle mie bambine.»

«Non sapevo che avessi delle figlie» scherzò Claire, quasi certa che quello di Daniel fosse un modo di dire.

«Lo sai...» Il tono del medico si fece basso e suadente. «Nel mio cuore c'è posto solo per la scienza. Nessuna donna è mai stata in grado di scalfire la mia scala di priorità.»

E non sarò certo io la prima, si disse Claire. Ai suoi occhi, Roger era un uomo. Daniel, invece, poco più di un ragazzo. Ma questo era uno degli inganni del *Time Deal*, in realtà, un curioso tranello in cui cascavano tutti ad Aurora. L'aspetto di ciascun affiliato era fonte di pregiudizi e non raccontava mai la vera storia di un individuo. Se si fosse messa a fare i conti sul serio, pensò, forse avrebbe scoperto che Daniel Werner era molto più vecchio del suo amante scomparso, nonostante l'aspetto acerbo di un trentenne con il look di un giovane musicista. Lei lo sapeva bene, ma una tara mentale le impediva di considerarlo più maturo dell'immagine che offriva. E se quell'ultima frase proferita dall'uomo fosse stata davvero una sfida, un invito a considerare l'ipotesi di una storia d'amore, lei si sarebbe trovata a dover sbattere la porta in faccia al rampollo di una casata che stava per detenere il potere economico e politico sull'unica isola sopravvissuta all'apocalisse nucleare che aveva estinto il genere umano. Una scelta non esattamente scaltra, in prospettiva.

«Ci siamo quasi.» Daniel fece strada lungo un corridoio dall'illuminazione debole, impostata su una tonalità blu elettrica. Superò un paio di aperture a scorrimento grazie all'interfaccia oculare, poi scese una piccola rampa fino a un ambiente ben illuminato da corone di faretti poste sul basso soffitto. In verità, l'altezza dei muri era la medesima di quelli del laboratorio in cui Claire aveva passato la maggior parte del suo tempo negli ultimi anni ma, dopo la maestosa visione nella sala affacciata sull'oceano, una saletta del genere dava quasi un senso di claustrofobia.

«E adesso...» Daniel sorrise soddisfatto. «Prendi un bel respiro e preparati. Oltre quella porta c'è il nostro domani. O meglio, il mezzo che lo sta rendendo possibile.»

Claire non fiatò. Camminò al fianco del dottore fino a una porta sul lato opposto della stanza, attese che questi la aprisse col semplice passaggio del dito indice su una placca a muro, e infine mosse alcuni passi verso un nuovo e suggestivo ambiente, dove regnavano colori cangianti, caldi, un alternarsi di rosso, porpora, blu e viola. Di fronte a lei, il camminamento formato da una serie di grigliati metallici correva in senso circolare attorno a un enorme buco. In prossimità di esso, una struttura tubolare proteggeva dalla voragine e faceva venir voglia di affacciarsi per scoprire cosa si celava più in basso. Durò solo un istante, ma l'istinto di voltarsi e scappare congelò i muscoli delle gambe di Claire quando una voce nella sua testa – la voce di una coscienza fondata sul sospetto – le suggerì che oltre quella barriera vi potesse essere una gigantesca vasca di acido solforico, ultima destinazione di ogni cospiratore della TD Pharma o affiliato pentito. Di ogni cittadino che manifestasse effetti collaterali, o problematiche capaci di incrinare la propaganda della società farmaceutica. Era così che li eliminavano?

«Tutto bene, Claire?»

«S-Sì... brutti pensieri. Non è un giorno come gli altri.»

«Lo so.» Daniel la prese per mano e la condusse fino alla transenna gelida, sulla quale lei adagiò piano le dita mentre il cuore pompava con forza nel petto e le palpebre si strizzavano per la curiosità. «Ma ora smetti di pensarci. Solo per un minuto.»

Lei esitò, poi prese un lungo respiro e decise di fidarsi. Un'intera serata passata nel lusso, a blandirla per farle accettare un incarico diverso dal suo, per poi spingerla in una pozza? Non aveva senso. Quando finalmente si sporse, dopo aver cancellato ogni pensiero malsano dalla lavagna della mente, la vide. Era sotto di lei, a una decina di metri di distanza. Una cupola immensa, dalla superficie irregolare su cui rimbalzavano le luci variopinte dei fari. Il fondo galleggiava in una gigantesca piscina. Nella zona centrale, che affiorava appena dall'acqua, una specie di finestra stretta e lunga correva attorno all'intera struttura.

«E questa...» disse Claire, poi liberò un sospiro di sollievo. «Che cos'è?»

«È *Back8.*» Daniel allargò le braccia, con l'atteggiamento di chi sta mostrando un tale prodigio da essere quasi in imbarazzo di fronte allo stupore del suo interlocutore. «Ottavo esemplare della sesta serie delle creature di mia ideazione. I suoi antenati furono la *Werner I* e la *Werner II*, la mitica *Refoundation*, la sfortunatissima *Werner III* e la *Arrow*.»

«Continuo a non capire...» disse ancora Claire senza staccare gli occhi da quella spettacolare noce galleggiante.

«Ogni serie ha rilasciato come minimo quindici esemplari. La *Refoundation* addirittura ventisei. Era un gran bel modello, ci ha dato tante soddisfazioni.»

Claire si voltò con aria perplessa e un velo di sospetto nello sguardo. «Di cosa stiamo parlando, Daniel?»

«Del nostro viaggio di ritorno.»

A PASSO LENTO, DANIEL CAMMINÒ attorno alla struttura, seguito da Claire e dal suo inarrestabile flusso di pensieri, domande, dubbi. Prendevano forma in maniera confusa, aggrappandosi a precarie parole. Il dottore cercò di definire nella maniera più semplice i contorni di una rivoluzione ideata decenni prima di quel momento, un progetto che finalmente era entrato nella fase operativa cruciale.

«La versione del *Time Deal* che abbiamo messo in commercio cinque anni fa è capace di contrastare l'effetto della radioattività anche ad altissime concentrazioni. Livelli che ad Aurora, per fortuna, non abbiamo mai registrato. Ma che in altri posti sono la norma. Non solo uno strumento per arrestare l'invecchiamento cellulare, ma uno scudo. Una protezione.»

«In altri... posti?»

«Certo.» Daniel armeggiò con il suo braccialetto elettronico e, su un monitor di servizio a pochi passi da loro, si proiettò l'immagine di una cartina geografica.

«La vedi quella striscia di terra in alto a destra?»

«Sì, certo.»

«Sai che cos'è?»

Claire ci pensò su per un paio di secondi scarsi. «Parte del resto del mondo andato distrutto, immagino. Ma non conosco il nome.»

«Si chiama California. Mio nonno Horst, il fondatore della primissima WL Pharma, nacque proprio lì. Come puoi notare, all'estremità opposta della mappa, in basso a sinistra, c'è un'isoletta in mezzo all'oceano.»

«Aurora.»

«Esatto.»

Claire si ravviò i capelli e rimase alcuni istanti in una posizione plastica, innaturale. Letteralmente incredula, scrutò Daniel Werner come se volesse entrare nei suoi pensieri e tirare fuori ogni informazione possibile a proposito di quel progetto. «Tu mi stai dicendo... che questi *esemplari* sono sottomarini diretti in California?»

«Non solo lì...» Daniel accennò un sorriso.

«Quando è partita la prima?»

«Dieci anni fa.»

«E dieci anni fa il farmaco non era potente come oggi, suppongo.»

«Proprio così. Infatti abbiamo perso molte unità. Ma da alcuni anni le cose sono migliorate, e con la progettazione della serie *Back* stiamo ottenendo risultati straordinari. È appena partita *Back7*, quella che vedi qui sotto è la prossima. La strada è ancora lunga, ma da queste parti nutriamo un certo ottimismo.»

Claire abbassò gli occhi verso la grata di acciaio e rifletté sulle parole di Daniel Werner. Rabbrividì nel pensare alla fine che dovevano aver fatto centinaia, forse migliaia di cittadini di

Aurora, del tutto all'oscuro degli scopi di simili missioni suicide, e le tornarono alla mente quelle vecchie storie a proposito degli esperimenti su cittadini con problemi psichiatrici che, secondo Coven, la TD Pharma conduceva agli albori della sua storia, negli anni del dopoguerra. Le si raggelò il sangue nelle vene nel realizzare che aveva passato gli ultimi anni a girare pazienti su pazienti al Programma Hansen, senza avere idea di quale destino li aspettasse. In pasto a quali mostruose creature li avrebbero dati? Nel mezzo di quale tossica e inospitale valle di macerie si sarebbero trovati, e per raccogliere quale genere di informazioni? Erano telecamere umane? Inconsapevoli e sacrificabili esploratori? A ben guardare, di fronte all'immagine mentale della devastazione post-apocalittica, l'ipotesi della pozza di acido solforico pareva una soluzione più clemente. All'improvviso, Claire si sentì complice di una carneficina di cavie umane che andava avanti da decenni. Alzò gli occhi verso Daniel e, la voce spezzata per la tensione, fece una domanda che suonava più come una sofferta constatazione. «Che cosa stiamo facendo...»

La voce pastosa e profonda di Clive Werner tuonò alle sue spalle, facendo voltare di scatto sia lei che Daniel. In quelle note cavernose vibrava l'energia accumulata per un intero secolo, finalmente pronta a rompere gli argini. «Ci riprendiamo il mondo, dottoressa Hall.»

25

Ho visto quegli occhi. Li ho visti. Mann è in pena per Aileen. Qualcosa sta cambiando in lui. Mi dovrà ascoltare.

Le palpebre serrate, Julian si ripeté le parole nella testa nel tentativo di autoconvincersi della bontà di quella mossa, impensabile fino al giorno precedente. Ricordò la tenacia di suo padre Travis e la fierezza con cui raccontava sempre che, tra uomini, ci si doveva affrontare a testa alta, qualunque fosse la posta in gioco. A patto di essere mossi da alti e inoppugnabili valori. Si fece cullare per un attimo dal ricordo dolce di sua madre Linda, la prima a sostenere il marito in ogni delicata scelta, di fronte a qualsiasi genere di bivio. La loro unione era adesso la sua forza.

La Crystal JB guidata da Gordon era un'auto color nero metallizzato, due porte, omologata per soli quattro posti. L'assetto basso, il muso oblungo e il doppio scarico le davano l'aspetto di un mezzo sportivo, ma la velocità a cui il braccio destro di Adam Coven la stava portando suggeriva l'esatto opposto. Per tutto il tragitto Julian si chiese il perché di quella irritante lentezza, ma il motivo gli fu chiaro solo a poche miglia dall'arrivo, da una conversazione tra i due uomini in prossimità del semaforo prima del ponte sul fiume Cento.

«Le hai messe nel bagagliaio, giusto?» chiese Coven.

«Sì, Adam. Quando ci separeremo, questa notte, andrò con la Crystal al laboratorio.»

Parlavano delle valigette con le matrici, era evidente. Con un tesoro del genere a bordo, meglio non superare i limiti di velocità e rischiare di incappare in un controllo da parte delle autorità di Aurora. A quanto pareva dallo scambio di battute, rifletté Julian, Gordon non era solo un uomo fidato del partito di Coven, ma forse anche un dipendente del suo centro di produzione clandestina di *Time Deal*. Il pensiero gli fece venire in mente una questione ancora irrisolta.

«Adam... devo farle una domanda. È una questione piuttosto delicata.»

Stan, seduto accanto a lui sui sedili posteriori, non fu colto di sorpresa. Doveva aver già capito, e scambiò con Julian un cenno d'intesa.

«Dimmi pure.»

«Hanno diagnosticato la sindrome di Baden-Grant a mia sorella. L'ho scoperto da poco. Mia nonna ne soffriva. È stata la causa della sua morte.»

Adam Coven si voltò per guardarlo negli occhi e scoprirli tristi, logorati da un dolore che di rado arrivava in superficie, ma dentro ardeva come lava incandescente. «Mi dispiace tanto, ragazzo.»

«Lo sospettavo da tempo» sospirò lui. «Ora ne abbiamo la certezza. A proposito, dopo l'incontro con Mann Sheridan le chiederei di tornare a casa. Non posso approfittare così a lungo della disponibilità della signora del piano di sopra.»

«Nessun problema.»

«Come le dicevo, Sara ha questa malattia. Molto grave, purtroppo. Io mi chiedevo, ecco, forse è una stupidaggine, ma… secondo lei il *Time Deal* potrebbe aiutarla?»

Adam tornò con la schiena dritta e si prese qualche secondo per riflettere, mentre la Crystal imboccava il ponte. «Sono stato uno dei primi a scrivere, ormai oltre cent'anni fa, un programma efficace di terapia genica da affidare alle nanoparticelle che in seguito avrebbero composto il farmaco. La correzione degli errori o dei danni del DNA era il mio principale campo di ricerca, insieme all'ambito meteorologico. Se non fosse scoppiato il conflitto globale, sapete, mi avrebbero senza dubbio candidato per il premio Nobel.»

«Cos'è?» chiese Stan.

«Era un riconoscimento universale, una prestigiosissima onorificenza destinata a chi si fosse distinto in diversi campi, tra cui la medicina.»

«Mi dica se si può fare qualcosa.» Julian riportò l'attenzione su Sara. «La prego. Non posso accettare l'idea di perderla.»

«Non ho mai approfondito le caratteristiche della sindrome in questione» rispose Coven «ma la conosco. Come tutte le malattie genetiche ereditarie sono piuttosto convinto che potrei fare qualcosa per intervenire nello specifico. Il composto in commercio ai giorni nostri, ovvero l'evoluzione ultima depositata dai Werner a partire dal mio brevetto, è molto efficace nel trattamento di questo genere di patologie. Ma per svariate malattie rare non si può garantire che il farmaco funzioni. Il che non è un problema in generale, per una massa di milioni di abitanti, ma risulta drammatico nel particolare del caso di Sara. Il guaio è che c'è solo uno strumento in grado di dirci se tale sindrome è contemplata nell'ultima edizione della matrice madre.»

«La matrice madre...» bisbigliò Stan.

«La matrice madre è la scheda che assegna a ogni nanosfera la sua funzione. Immaginate una partitura, con le varie chiavi per l'esecuzione della musica da parte dei diversi strumenti. Le nanoparticelle sono i musicisti. Nel cuore del Santuario c'è una sala dove alcuni macchinari chiamati arnie, una volta codificata la matrice madre, stampano a livello tridimensionale le matrici figlie, ovvero le minuscole placche contenute nelle valigette che mi avete portato. Con quelle anch'io sono in grado di produrre, nel mio modesto laboratorio, il *Time Deal*. Ma non so risalire alla partitura originale, non con i miei scarsi mezzi. Sono un volgare addetto alle fotocopie, insomma.»

«Per la cronaca: sono io a produrlo» scherzò Gordon.

«Già, scusate.» Adam si voltò ancora verso Julian e Stan. «Voi lo conoscete solo come attivista dell'Arsenale, ma il qui presente è anche il responsabile tecnico della mia piccola bottega.»

«Allora c'è una speranza...» Julian si perse con lo sguardo oltre il finestrino.

«Sì, amico mio. Ma dovrei lavorarci su. E dovrei poter mettere mano a quei macchinari. Innanzitutto, verificare che la patologia di Sara non sia già stata inserita nel programma in uno degli ultimi rilasci del farmaco. Questo faciliterebbe le cose.»

«In caso negativo, invece?» domandò Stan.

«Dovrei farlo io. Studiare l'anomalia, analizzare i precedenti in letteratura e scrivere sul software delle arnie il programma specifico, in modo che determinate nanosfere attuino la corretta terapia genica sulle sequenze prescelte. Potrei anche disporre la produzione di una fiala di *Time Deal* sperimentale, solo per la bambina. In passato, quando ero ancora un collaboratore dei Werner, lo facevamo spesso. Parkinson, Alzheimer, vari tipi di malattie degenerative, facevamo singoli tentativi in continuazione. Il problema è che, se mi devo dedicare a un bersaglio patologico specifico...» Adam lasciò la frase sospesa e tossì con forza.

«...ci vuole un sacco di tempo» concluse Julian.

«Proprio così» ammise Coven, e tornò a osservare la strada. La Crystal aveva superato la zona residenziale del Diamante e stava per inoltrarsi nelle silenziose vie della Guglia. La villa degli Sheridan era a pochi minuti di distanza.

«Oltretutto Sara è ancora piccola per sottoporsi alla terapia. Questo è un ostacolo?»

«Solo in parte. Il limite di quindici anni fu un'idea di Clive Werner. Avevano interpellato anche me sulla questione e mi ero detto concorde. Volevamo evitare di somministrare il farmaco in bambini che non avessero ancora superato la pubertà e così avevamo fissato la soglia che, negli anni a venire, sarebbe diventata una regola ferrea per ogni affiliato. Nel caso di tua sorella dovremmo per forza fare un'eccezione. Insomma, prenderci un rischio.»

Julian annuì in silenzio. In lontananza, le luci di sorveglianza attorno alla villa di Mann e Tarja Sheridan brillavano nella notte di Aurora.

Coven si girò ancora verso di lui mentre Gordon rallentava in prossimità di un incrocio. «Andremo io e te, Julian. Vediamo di essere convincenti.»

Sedute una accanto all'altra su un divanetto beige in area relax, di fronte a uno schermo piatto spento, Aileen e Miry trascorsero un tempo incalcolabile in silenzio. Dopo aver cenato in una sala adiacente, il gruppo si era diviso in piccoli capannelli sparsi tra il bancone del bar e i televisori.

«So che dovrei essere felice per te.» Aileen ruppe il silenzio. Nei suoi occhi una patina di malinconia impossibile da celare. «Ma sei l'unica persona di cui mi fido, qui dentro. Non so perché, in fondo ci siamo appena conosciute.»

«So io perché.» Miry offrì un sorriso nostalgico e, con una mano, le sfiorò il braccio. «Io le chiamo "emozioni da contatto".»

«Cioè?»

«Cioè... se mi tieni per mano, io mi sento più sicura. E viceversa. Non capita con tutti. Anzi, nel mio caso è piuttosto raro.»

«Già.» Aileen fuggì con gli occhi in cerca di appigli. Ma quel posto, senza Miry, rischiava di assumere sul serio i contorni della prigione che era. Le pareti sembravano stringersi, l'aria farsi più soffocante. Gli sguardi degli altri erano le travi marce e pericolanti di un ponte sospeso nel vuoto. La permanenza all'interno di quel programma medico, una vera e propria reclusione.

«Oggi, quando ti ho raccontato del mio ragazzo» riprese Miry, mentre un tecnico passava a riaccendere tutti i televisori, sintonizzati sul notiziario della notte, «non ti ho detto perché ci siamo lasciati.»

Aileen si voltò e fissò Miriam Palmer negli occhi. «Puoi dirmelo ora.»

«Ho letto una conversazione archiviata sul suo braccialetto. Non l'ho fatto di proposito. È accaduto e basta.»

«E che cosa hai scoperto?»

«Che da qualche mese si vedeva di nascosto con una persona... con l'ultima persona al mondo che potessi immaginare, ecco.»

«Una tua amica? La tua migliore amica?»

Miry si morse un labbro, tra la delusione e la rabbia. «Mia sorella.»

«Tua sorella?»

«Mia sorella minore.»

L'incredulità prese la forma di un sorriso imbarazzato sul volto di Aileen. «Minore... di quanto, se non sono indiscreta?»

«Lei ha sedici anni, due meno di me. Lui ventiquattro.»

«I tuoi genitori lo sanno?»

«E chi li ha più visti... Del resto sono qui da tre mesi. Forse nel frattempo la cosa è diventata ufficiale. Magari si sono dimenticati tutti di me.»

«Non credo proprio.» Aileen aprì le braccia e la invitò a stringerla forte. «Vieni qui.»

«Non mi sono mai confidata con nessuno.» Miry cedette alle lacrime e lasciò che la sua guancia umida sfiorasse quella di Aileen. «Ma con te è stato diverso sin da subito. Bizzarro, non trovi? Fino a ieri non sapevo nemmeno che tu esistessi.»

«Non lo so.» Lei le accarezzò dolcemente la nuca. «Di certo so che mi mancherai, quando lascerai il Santuario. E poi, accidenti, una mappa umana mi avrebbe fatto comodo per scappare.»

Miry strozzò una risata tra i singhiozzi, poi si scostò e asciugò il volto con la manica della maglietta. «D'accordo, drizza le antenne.»

«Cioè?»

Miry alzò un dito e disegnò nell'aria un cerchio e una linea retta che tagliava in diagonale la figura. «È il simbolo del Centro Analisi. Ricordi, le placche con le figure formate dai puntini...»

Aileen annuì e iniziò a prendere appunti nella lavagna della sua mente.

«Questo...» Miry mimò la forma di una spirale. «...identifica la Torre Sud, ovvero l'unica via per raggiungere il piano terra, passando per il ponte di vetro. Se invece vedi un triangolo, quello rappresenta il magazzino.»

«Peccato che io non abbia alcuna possibilità di attraversare lo stretto. Se anche uscissi dalla struttura, come farei a tornare ad Aurora?»

La voce nell'altoparlante prese a echeggiare nel salone: «*Attenzione. La responsabile delle degenze Cloe Ryle passerà tra pochi minuti a prelevare i pazienti Alec Bones e Miriam Palmer. Ripeto: la responsabile delle degenze...*»

Rassegnata, Aileen allargò le braccia e sbuffò. «È andata così.»

«Farò tutto il possibile perché ti dimettano.»

«Non mi dimetteranno. Sono qui per volere di mio padre. E le elezioni...» si interruppe di colpo.

«Che c'è?» chiese Miry, poi seguì la direzione dello sguardo di Aileen fino al televisore.

La scritta in sovrimpressione diceva:

CLIVE WERNER, PRESIDENTE DI TD PHARMA, SI CANDIDA COME NUOVO GOVERNATORE SUPREMO DI AURORA

«Clive Werner?» Aileen increspò la fronte. «Ma non ha senso.»

«Cosa intendi?»

«Era mio padre il candidato della società farmaceutica. Almeno fino a ieri. Diceva che il presidente non era dell'idea di occuparsene in prima persona.»

«Mi sbaglierò, Sheridan...» Miry piegò le labbra in una smorfia. «...ma temo che non ci sia il tuo vecchio dietro a quello che ti è successo.»

26

«Sparisci.»

Il volto scolpito nella roccia di Mann Sheridan, tagliato verticalmente dalle sbarre del cancello illuminate da un lampione sul marciapiede, non concesse il minimo segno di distensione o apertura.

Julian deglutì un macigno di saliva e respirò a fondo per cercare di mantenere la calma. «La prego di farmi entrare e di lasciarmi spiegare...»

«Vattene, Darrel» lo interruppe l'uomo, la fronte lucida ora schiacciata contro l'inferriata, prima di avvinghiare le mani alle protezioni metalliche come un condannato a morte. «O dirò a mia moglie di chiamare le forze dell'ordine.»

«Siamo qui per il bene di Aileen.» Julian venne avanti e il suo viso entrò nel cono di luce del piccolo faro posto sopra l'arco in pietra che delimitava l'ingresso. Solo allora si rese conto che il signor Sheridan aveva messo a fuoco anche l'uomo alle sue spalle.

«E ti presenti con questo ciarlatano?»

«Le assicuro...»

«Io la conosco.» Mann ignorò Julian e si rivolse a Coven.

«Che cosa crede? L'ho visto, qualche volta, il programma ridicolo che conduce in televisione. È grazie ai pagliacci come lei e ai complottisti che vanno loro dietro che i cittadini di Aurora sono sempre più confusi.»

Adam respirò a fondo e misurò le parole. «La invito a rasserenarsi, signor Sheridan.»

«Rasserenarsi? Senta, pagliaccio!» Mann aprì il cancello d'ingresso con forza e fece alcuni passi in avanti, poi scostò con il braccio Julian e si avvicinò a Coven, fin quasi a poggiare la fronte su quella dell'avversario. La stazza dell'uomo era impressionante. «Prima che le metta le mani addosso, le conviene andarsene. Mia moglie e io stiamo vivendo un momento estremamente difficile. Nostra figlia è appena scomparsa, la mia carriera politica è andata in frantumi... Rischio di non rispondere delle mie azioni. Non mi porti fino a quel limite. Non le conviene.»

«Fatela finita!» sbottò Julian. Poi mise una mano sul bicipite del padre di Aileen, spingendolo a voltarsi. «È stato lei a dirmi di contattarla se avessi avuto informazioni su sua figlia. O no?»

«E chi te le avrebbe date?» lo sbeffeggiò Mann. «Il cialtrone con la gonna? Un cialtrone e un mezzo delinquente. State benissimo assieme.»

Coven rimase imperturbabile. «Questo mezzo delinquente, per il poco che lo conosco, è un orfano che si spacca la schiena da anni per garantire una vita serena alla sorella gravemente malata. Non le fa onore giudicarlo così solo perché è nato e cresciuto nel quartiere industriale. Non l'ha scelto lui.»

«Sara è malata?» La fronte di Mann si contrasse mentre gli occhi interrogavano Julian. *Quegli* occhi, gli stessi che l'avevano pregato di ritrovare Aileen. L'unica speranza che lui e Adam avevano di portare a casa un risultato positivo da quell'incontro.

«Purtroppo sì» rispose lui, la testa bassa. «L'ho scoperto da poco.»

«Che cos'ha?»

«Una patologia ereditaria. La stessa per cui la nonna è morta poco dopo la nascita di mia madre.»

Mann restò in silenzio e intrecciò le braccia sul petto. Poi fece due passi indietro, verso il cancello d'ingresso. In lontananza, dietro l'imponente figura dell'uomo, il profilo di sua moglie Tarja spuntò tra lo stipite e il portone.

«Sappiamo dove potrebbe essere sua figlia» riprese Julian. «Non saremmo mai venuti qui, altrimenti. Ma ci serve il suo aiuto.»

L'uomo respirò a fondo e i muscoli del viso si rilassarono appena. Lo sguardo si mantenne deciso, duro. Lo stesso che li aveva accolti. Per quanto ne sapeva Julian, lo stesso che aveva sempre, in ogni minima situazione di conflitto che il signor Sheridan affrontava prima di tutto con armi intimidatorie.

«Mi dica...» Il padre di Aileen si rivolse direttamente a Coven. «...che non c'è di mezzo la TD Pharma. Voglio sapere solo questo.»

La risposta di Adam fu un drammatico silenzio. Quando Mann si voltò verso Julian, lui lo fissò con uno sguardo sincero e carico di angoscia.

«E va bene» si arrese il padrone di casa. «Entrate.»

Appena tutti furono all'interno della villa, Tarja invitò gli inattesi ospiti a sedere sul divano, che da solo costava più dell'intero mobilio di casa Darrel.

Julian si sistemò accanto a Coven. Non ebbe neanche il tempo di iniziare a parlare, perché si accorse dello sguardo sorpreso di Adam. Lo vide tirare fuori il braccialetto dalla tasca, orientare verso gli Sheridan il display con la chiamata in entrata e, forse per dimostrare di non avere niente da nascondere e guadagnare la loro fiducia, lasciare il dispositivo impostato su CONFERENZA.

Tutti ascoltarono in silenzio.

«Claire. Com'è andata? Stai bene?»

«Ho scoperto di essere complice di una strage» disse la voce metallica. «Per il resto, tutto a posto. Nessuno mi ha torto un capello. Anzi, mi hanno offerto una specie di promozione.»

«Dobbiamo parlare al più presto, ma non ora. Sei al Santuario?»

«Sì.»

«Tornerai a casa più tardi?»

«Dormirò qui, al quartiere residenziale. Non ci sono traghetti per Aurora a notte inoltrata, a parte quelli privati.»

«Richiamami da lì.» Coven alzò lo sguardo verso Mann, la cui fronte era un terreno attraversato da profondi solchi. «Dammi una mezz'ora. Sono a casa degli Sheridan, al momento.»

Julian sospirò mentre il cuore galoppava nel petto e un rivolo di sudore serpeggiava tra la tempia e lo zigomo.

«Sì, hai capito bene» disse ancora Coven. «Sono da Mann Sheridan.»

«Che cosa ci fai lì?»

«Era quello che volevo spiegarti, prima che i nostri programmi per la serata cambiassero. Si tratta di sua figlia. Sua figlia Aileen. È lei la persona che dobbiamo tirare fuori quanto prima dal Santuario.»

«Ho capito, Adam. Ci sentiamo tra mezz'ora.»

Coven ripose il braccialetto in fondo alla tasca della gonna e si rivolse a Mann: «La mia informatrice dal Santuario, la dottoressa Claire Hall».

«Una talpa?» domandò Sheridan, seduto in punta. Accanto a lui, la moglie Tarja sembrava sotto shock.

«La nostra unica speranza» rispose Julian.

«Aileen è davvero al Santuario?» chiese finalmente Tarja con un filo di voce. Sotto gli occhi della donna, due pesanti borse raccontavano la sofferenza delle ultime ventiquattro ore.

«Così sembra» rispose Julian, poi scambiò un'occhiata fugace con Adam. «Portano via gli affiliati che manifestano effetti collaterali. Li studiano. Li tengono sotto controllo e... chissà che cos'altro fanno.»

«Possiamo muoverci per aiutarla» insistette Coven. «Ve lo garantisco. Ma mi dovete dare la vostra parola che useremo tutto questo contro la TD Pharma, quando verrà il momento di incastrarli.»

Mann si alzò in piedi e diede le spalle a tutti. Poi, a passo lento, raggiunse l'imponente libreria della sala. Scrutò i volumi, accarezzò con un dito la costa di alcuni spessi tomi dell'Enciclopedia del Diritto, quindi si voltò. «La mia intera carriera. Le cause. L'amore per la giustizia. Devo gettare tutto questo dalla finestra?»

«Nient'affatto.» Coven si tirò su a sua volta. «Dovrà solo accettare il fatto di aver dato fiducia alle persone sbagliate. Quello che le chiediamo di fare stanotte, ovvero un radicale cambio di prospettiva, è esattamente ciò che feci io tanti, troppi anni fa. Quando mi resi conto che vivevo nell'illusione di cambiare in meglio il mondo, senza rendermi conto che chi sedeva ai vertici non sentiva affatto la stessa esigenza. Quando ero una loro pedina, proprio come lei, signor Sheridan.»

«"Se cambi punto di vista e riesci a guardarti dall'esterno, ogni paura svanisce"» recitò Julian. «Era una delle teorie di Aileen. Lo sapevate? Be', ci ho riflettuto io stesso, prima di decidere di aiutare Adam e i suoi uomini. Se si cambia il punto di vista e si guardano le cose da una diversa prospettiva, quello di cui eravamo convinti crolla. E ci rendiamo conto che stavamo osservando una realtà limitata, o distorta.»

Coven sorrise e si gustò la reazione stupita dei genitori di Aileen. Poi entrambi, con un affiatamento che pareva studiato a tavolino, si alternarono nel raccontare agli Sheridan dell'Arsenale, dei gruppi di sostenitori del suo movimento sparsi per la metropoli, del Programma Hansen e dell'assassinio di Roger Klaus.

«Nessun notiziario ha parlato del ritrovamento del cadavere di questo dottore» commentò Mann.

«I Werner hanno uomini ovunque. Lei crede che ci sia una libera concorrenza in ambito farmaceutico, per esempio?»

«Ci sono la Licet e la Garrison, i loro prodotti...»

«Non ci prendiamo in giro. Lei è un professionista di alto livello, sa meglio di me che l'opposizione sul mercato di quelle aziende è solo apparente, di facciata. Licet, Garrison e altri sono solo i compari seduti allo stesso tavolo di una mano di poker in cui Clive Werner sta accumulando ricchezze infinite, all'oscuro del pollo di turno. Il pollo di turno siamo noi, è l'intera città di Aurora. Lo stesso accade con il mondo dell'informazione e, ahimè, con parte della polizia. Ecco perché le persone spariscono e basta. E nessuno le trova.»

«Ed ecco perché tutto questo deve finire» aggiunse Julian, e per la prima volta si sentì alla stessa altezza di un colosso come Mann Sheridan. Entrambi, finalmente, uniti da un obiettivo comune.

«Devo essere assolutamente sicuro che Aileen sia stata portata via da qualcuno del Santuario, lo capite...» I solchi d'espressione sulla fronte di Mann si distesero. A Julian parve che nell'animo dell'uomo stesse cambiando qualcosa. Che la sua durezza e il fare scontroso e intrattabile fossero solo una strategia, la difesa a oltranza di una posizione sempre più vacillante. Pareva che l'avvocato fosse sul punto di rendersi conto di aver rappresentato il cliente sbagliato. «Eppure un dettaglio mi continua a tormentare.»

Julian si sporse in avanti. «Quale?»

«Ho denunciato la scomparsa di Aileen e chiesto al distretto di polizia 5-Elmo di diffondere notizie a mezzo stampa. Mi hanno rifilato una scusa dietro l'altra. Non ho ancora visto un solo comunicato sui canali dedicati.»

«Esattamente com'è capitato per l'omicidio di Roger Klaus» commentò amaro Coven. «Sepolto nel rumore di fondo della città.»

«Maledetti infami...» Mann si morse un labbro e strinse i pugni. «Non ci posso credere. Non riesco ad accettarlo.»

Coven cercò di mantenere lo stesso tono pacato di voce col quale lui e Julian erano riusciti a far ragionare l'uomo di fronte a sé. «Ora dobbiamo stare calmi e risolvere questa situazione. Ci vogliono pazienza e strategia.»

«Clive Werner stravincerà queste elezioni» osservò il padre di Aileen, carico di risentimento e sul punto di esplodere.

«Inutile farsi illusioni. E la TD ha una schiera infinita di avvocati. Io sono solo uno dei tanti.»

Julian scosse la testa e incontrò gli occhi smarriti di Tarja. Sembrava incapace di aprire bocca. Stretta in una morsa della coscienza, impotente. Pareva che si stesse affidando lei al suo sguardo. Al suo coraggio.

«L'unica cosa che conta...» Adam allungò la mano verso il rivale che sperava di trasformare in complice. «...è che lei sia dei nostri, da ora in poi.»

Mann fece un respiro profondo e sembrò raccogliere anni e anni di false convinzioni, sorrisi di circostanza, offerte ambigue e scambi di favori, per poi buttar fuori tutto in uno sbuffo violento e liberatorio. E tornarono quegli occhi. Gli occhi di un padre, questa volta determinato a fare di tutto per salvare la vita di sua figlia.

Solo allora Julian gli riservò un sorriso vero, segno di onestà d'animo e autentica complicità. La promessa di essere pronto a qualsiasi sacrificio.

«Non avrei mai pensato di dire una cosa del genere» fece Mann mentre stringeva la mano di Adam e sanciva una nuova alleanza. «Ma temo di avere bisogno del vostro aiuto. Trovate mia figlia, vi prego.»

27

Quando Miry si allontanò insieme ad Alec Bones, un ragazzo paffutello col volto invaso dalle lentiggini, Aileen non diede modo a nessuno di conoscere il suo intimo dispiacere. Si limitò a osservare la scena, seduta su una poltroncina in sala relax, impassibile. Era molto tardi, sugli schermi piatti andavano in onda le repliche di notiziari già visti e diversi pazienti si erano ritirati nei dormitori, ma i dottori avevano concesso, a chi lo desiderava, di rimanere in piedi fino alle dimissioni dei due "fortunati". Aileen non batté ciglio mentre li vedeva sparire in lontananza dietro le porte di un'ascensore insieme a Cloe Ryle. Era la stessa donna che l'aveva condotta attraverso i corridoi della TD Pharma.

Quando fece per alzarsi, una mano le afferrò il braccio e la bloccò. Angela Shant.

«Avevate fatto amicizia, eh?» chiese la donna con una punta di malizia mentre si sedeva accanto a lei.

Aileen si limitò a fare spallucce.

«Sai...» continuò la Shant facendosi più vicina e coprendo la bocca col dorso della mano, come per confidarle un segreto. «Secondo me Miriam è... le piacciono le ragazze, ecco.»

«E secondo lei a me frega qualcosa di questa sua brillante intuizione?»

La signora Shant si incupì. «Come siamo scontrose...»

«Mi lasci in pace.»

«Se fai così, qui duri poco. Capito, ragazzina?»

«Se lei pronuncia anche solo un'altra parola...» Aileen la freddò con uno sguardo di ghiaccio. «Io prendo la sua testa e la sfascio contro il televisore. Capito, signora?»

Angela Shant restò immobile e rispose con una smorfia di disapprovazione. Ma tacque. Poi si alzò, indietreggiò senza distogliere lo sguardo e infine si voltò, diretta ai dormitori. Quando scomparve dalla vista Aileen si alzò, mentre l'altoparlante suggeriva a chi fosse ancora in sala relax di prendere posto nella zona notte.

Le luci all'interno dell'ampia sala erano state smorzate ma non spente del tutto. Non fu difficile individuare il letto su cui aveva riposato durante il pomeriggio, quello accanto al posto di Miry. Vi si sedette senza far rumore. Altre pazienti presero posto, mentre altrettante sembravano già nel mondo dei sogni da un pezzo. Una volta sdraiata, Aileen addentò un lembo del cuscino e lo morse con una violenza inaudita, come se volesse strapparlo con i denti. Poi si mise un pugno in bocca per affondare i canini tra le nocche, fino a farle sanguinare. Tutto questo per evitare di gridare, di far esplodere la sua rabbia e svegliare l'intero dormitorio. Dalla lucida quiete al più incontrollabile degli scatti nervosi, in appena un paio di minuti. Per un attimo pensò che avrebbe preso volentieri una compressa di *Prefrem*. Ma che, un'intera boccetta di *Prefrem*. Tanto, droga più, droga meno, ormai era una cavia della TD Pharma, e non c'era modo di invertire il flusso degli eventi.

Un'intera boccetta di *Prefrem.*

Il pensiero prese forma nella sua mente. Se lo ripeté in continuazione. *Una boccetta di* Prefrem. Prefrem. *Maledetto* Prefrem. Prefrem *gocce.* Lei era solita mandar giù la compressa, blanda ma efficace per una ragazza della sua età, mentre sua madre prendeva tre gocce ogni sera, prima di andare a dormire. Sulla scatola c'era scritto di non somministrare dosi eccessive, e di contattare il medico in caso di sovradosaggio.

Aileen fissò il soffitto e osservò la proiezione della sua fantasia. Come un ingegnere alle prese con la visione mentale del suo mirabile progetto, vide raffigurata su quel muro in penombra la rappresentazione dei successivi quattro o cinque minuti della sua vita. Per un attimo si sentì quasi galleggiare, sospesa, avvertì il singolare distacco di una parte di sé e la vista, per pochi secondi, si annebbiò.

A quel punto lo vide. Aveva l'aspetto di una piazza gremita di facce giovani e belle, di fisici atletici e sorrisi smaglianti. Di coppie con figli adolescenti indistinguibili dai genitori. Tutt'attorno faceva eco il suono di voci piatte, sottili, modulate su frequenze tanto simili fra loro da formare un unico, insopportabile coro. Lo vide e si sentì soffocare. Era il futuro di Aurora. L'eterna giovinezza. Il plastico orrore della perdita di ogni identità.

Dopo aver scosso la testa ed essere tornata in sé, o forse in una versione alterata di sé, o in un corpo estraneo che somigliava al suo ma era guidato da pensieri distorti, si alzò di scatto. Passò in mezzo alle due corsie di letti, a piedi nudi, diretta verso l'uscita. Doveva pur esserci qualche infermiere in sala relax, qualcuno che monitorasse la situazione durante la notte. Qualcuno a cui rivolgersi.

La luce di una torcia la investì non appena si avvicinò al bancone. «Signorina, dove sta andando?»

Aileen mise a fuoco a fatica l'uomo solo quando questi abbassò l'arnese che teneva in mano. Si trattava di una guardia in divisa, l'aspetto all'apparenza giovane con i capelli a spazzola biondi, la mascella pronunciata e il fisico asciutto.

«Non riesco a dormire» disse lei a bassa voce.

«Ritorni a letto, per cortesia.»

«È la mia prima notte qui. Ho bisogno di un... aiuto. La prego.»

«Un momento.» La guardia portò il polso alle labbra e sussurrò qualcosa di indistinguibile al microfono del braccialetto.

«Sono molto nervosa, devo calmarmi. La TD Pharma ha dei prodotti straordinari per l'induzione del sonno. Mia madre...»

«Le chiedo di rimanere in silenzio» la stoppò il ragazzo. «Sta arrivando un'infermiera. Non sono autorizzato a familiarizzare con i pazienti.»

«*Familiarizzare...*» bisbigliò Aileen. «Divertente. Stavamo familiarizzando?»

«Ho detto silenzio!» Il tizio portò la mano all'altezza della cintola.

Aileen non riuscì a capire di che arma si trattasse, ma si decise a tacere. *No*, pensò, *questa non è una clinica. Qui non curano nessuno. Questo è un manicomio. O un mattatoio.*

Di lì a pochi minuti una donna in camice grigio uscì dall'ascensore in fondo alla sala e avanzò a passo svelto verso il bancone. Man mano che si avvicinava, Aileen ne riconobbe le fattezze.

«Dottoressa Ryle» disse quando furono a pochi metri di distanza. «Ho bisogno di aiuto. Non riesco a dormire.»

«Prima di tutto...» Cloe Ryle si sforzò di non alzare la voce. «Non sono una dottoressa, ma la responsabile dei degenti del Santuario. E poi, signorina Sheridan, le pare il caso di farmi chiamare a quest'ora perché fatica a prendere sonno? Capisco che lei sia abituata a maggiordomi e governanti, ma...»

«E questo lei come lo sa?»

«So ogni cosa. Non potrei fare il mio lavoro, se non conoscessi nel dettaglio il profilo di ognuno di voi.»

«Bene.» Aileen intrecciò le mani dietro la schiena, una posa innocente e inoffensiva. «Allora saprà che io mi addormento meglio con tre gocce di *Prefrem*. Le costa molto venirmi incontro, visto che è la prima volta in diciassette anni di vita che dormo con altre dieci, dodici persone, lontano da casa e in un letto che non è il mio?»

Cloe Ryle scambiò un'occhiata fugace con l'addetto alla sicurezza, poi liberò uno sbuffo di insofferenza e si rivolse a lei con il tono di un'insopportabile maestrina. E dire che, pensò Aileen, soltanto quella mattina le aveva riservato una serie di sfavillanti sorrisi di plastica. «Non sono un'infermiera e quello che mi chiede va contro il nostro protocollo medico.»

«Magnifico.» Aileen fece per voltarsi, rassegnata.

«Ma» continuò la Ryle «lei è molto giovane, e la prima notte è difficile per tutti. E credo di poter fare un'eccezione. Venga con me.»

La guardia digitò qualcosa sul braccialetto elettronico e, senza alzare gli occhi dal display, confermò a Cloe Ryle che sarebbe rimasta a sorvegliare la zona relax, mentre Aileen stendeva le labbra in un largo sorriso. Di plastica, naturalmente.

«Abbiamo un ripostiglio nel corridoio che porta ai servizi igienici» disse la Ryle mentre faceva strada lungo la buia sala. «È fornito dei principali medicinali della casa, quelli che non richiedono specifica prescrizione.»

«Io ho solo bisogno di una spinta verso il mondo dei sogni. Tre gocce andranno bene. Le prendo sempre, quando sono stressata per lo studio. E poi, ecco, il test della gabbia mi ha un pochino scombussolata.»

«So che è svenuta.» La donna sfiorò una placca metallica posta sul muro e una fila di led illuminò a giorno il corridoio. «Può capitare.»

«Già.» Aileen si guardò attorno.

«Mi aspetti qui.» Cloe Ryle fece qualche passo avanti e si avvicinò a una porta. La aprì mediante riconoscimento oculare ed entrò, per restarvi una manciata di secondi e venirne fuori con una boccetta in mano.

«La mia salvezza.» Aileen si finse sollevata.

Quello che accadde subito dopo non rispondeva ad alcuna logica e, per quanto premeditato da una decina di minuti scarsi, era un gesto istintivo e dettato dalla perdita di ogni coordinata. L'insana conseguenza di un sopruso intollerabile, di un trattamento a cui si poteva opporre solo una reazione viscerale, animalesca. Il momento in cui si agisce senza pensare, neanche per un solo istante, alle conseguenze. Come se niente avesse più alcuna importanza.

Cloe Ryle non ebbe nemmeno il tempo di accorgersi di quello che stava per accadere. Il movimento del braccio destro di Aileen fu tanto inatteso quanto rapido e le nocche arrossate della mano della ragazza, dure come la pietra, la investirono in pieno volto. In un attimo, la donna in camice grigio dal sorriso di gomma si ritrovò a terra. Nel momento stesso in cui la responsabile dei degenti realizzava che la boccetta di *Prefrem* era tra le mani di Aileen, lei stava già trangugiando l'intero contenuto come se si trattasse di un semplice integratore di sali minerali.

Non era importante il dopo.

Era importante l'ora, il presente.

Il presente era l'unica cosa che contava. Ed era un incubo. E doveva finire. E stava per finire.

Che cos'avrebbe detto Julian? Quante lacrime avrebbe versato? Quante lacrime gli avrebbero permesso di versare?

Ci sarebbe stato un funerale o suo padre si sarebbe disinteressato del destino della salma, dopo averla riconosciuta? Oppure Mann Sheridan non c'entrava niente col rapimento, come sosteneva Miry, e si sarebbe maledetto per aver dato inizio a tutta quella storia, il giorno in cui l'aveva costretta a sottoporsi alla terapia? O prima, quando era diventato lui stesso un affiliato.

E Tarja? Non si sarebbe più fatta vedere in giro per la vergogna? Avrebbe tenuto un discorso al guscio? Con quale maschera addosso? Quella della mammina buona e premurosa, devastata dalla tragedia?

E Aurora?

Che fine faceva, il mondo, dopo la morte? Esisteva ancora? O l'universo non era altro che una proiezione, una costruzione mentale, un'idea?

Eccola lì, la sua ennesima Teoria sull'Esistenza: la fine del mondo non è altro che la fine del *proprio* mondo. Non esiste una fine del mondo condivisa. Per il singolo individuo non c'è differenza tra la sua morte e l'estinzione della propria specie. Se io non sono più, *niente* è più. Il mondo finisce quando *io* finisco.

GIÀ, LA FINE ERA A POCHI passi da lei. Era bastato così poco, in fondo. La chimica non mente mai.

Ed eccola avvolgere ogni cosa di fronte agli occhi. La fine di ogni contorno definito. La fine di ogni forma e colore.

Chi ha deciso? Chi ha scelto questa strada? Nessuna certezza. Nessun istante residuo per trovare una risposta. Tempo scaduto.

OGNI SFUMATURA SI È APPENA dissolta nel nero eterno.

28

Era ormai notte fonda quando le ruote anteriori della Crystal salirono su un marciapiede del quartiere industriale. Oltre una fila di cassonetti traboccanti pattume, la struttura massiccia dell'Anello si stagliava contro il cielo nitido.

Non appena scesero dal mezzo, Julian e Stan furono investiti da un freddo pungente e ostile. Avanzarono verso un portone senza fiatare. Fatta eccezione per il frusciare di un mucchio di cartacce sollevate da un debole alito di vento, il silenzio che avvolgeva la via era pressoché totale.

Julian frugò nella tasca interna della giacca (sì, ancora quella dannata giacca beige della Synth, pensò, ma presto sarebbe finita nel bidone della raccolta degli indumenti usati) e, le mani tremolanti, tirò fuori le chiavi. Gli caddero. Le raccolse. Cercò di respirare a fondo e le inserì nella serratura. Una volta all'interno della palazzina, si chiese se fosse il caso di bussare alla porta della signora Alma. La tata di sua sorella soffriva di insonnia e il fatto che Sara stesse dormendo da lei non faceva che acuire questo problema, ma lui poteva permettersi di disturbarla nel cuore della notte?

Al diavolo, certo, si disse. E mentre saliva le scale a due a due, seguito dall'amico, ripensò al messaggio ricevuto da Adam Coven pochi minuti prima. La soffiata che aveva cambiato radicalmente i programmi per la notte, letta con i suoi stessi occhi sul display del braccialetto dell'uomo. La notizia che gli aveva fatto mancare il respiro.

DEV'ESSERE SUCCESSO QUALCOSA DI GRAVE AD
A. SHERIDAN, LA STANNO PORTANDO D'URGENZA
AL PS IN BARELLA.

«Aspettami qui» disse a Stan quando si trovarono di fronte al suo appartamento. Poi procedette verso il piano di sopra, da solo.

Come da previsioni, la luce oltre la serratura della porta d'ingresso gli diede conferma del fatto che Alma fosse ancora sveglia. Julian bussò, attese che la donna gli aprisse e si profuse in un mare di scuse. Superflue, dal momento che lei era ben felice di aiutarlo. I Darrel erano la sua unica entrata extra, una cifra vitale che andava a sommarsi alla ridicola pensione offerta dal governo di Aurora a chi, come lei, aveva versato meno di quarant'anni di contributi. Ogni ora in più equivaleva a un mazzetto di tagli indispensabili per la sua sopravvivenza. Oltre a questo, Sara era una bambina adorabile e lei una signora rimasta vedova da troppo tempo. Il ruolo di nonna le calzava a pennello.

«Grazie ancora, davvero» disse mentre indietreggiava sul pianerottolo.

«Buonanotte, tesoro» rispose con grazia Alma.

Mentre scendeva piano per le scale, la bimba tra le braccia, Julian si soffermò ad ammirarne i lineamenti. Era quasi un atto terapeutico, un modo di non pensare per un attimo a quello che era successo al Santuario, su cui tutti in macchina avevano fatto congetture. «Quanto sei bella» sussurrò, e la vide storcere le labbra in una smorfia. Chissà in quale sogno si era persa, lungo quali correnti stava risalendo il fiume della vita. Quali volti lo popolassero, quali voci. Chissà se da quelle parti incontrava ancora mamma e papà, assenti dalla dimensione onirica di Julian da mesi.

Rientrò in casa senza fare troppo rumore, seguito da Stan, e la adagiò sul letto. Missione compiuta. Del resto, pensò, quando Sara dormiva, neanche il crollo del palazzo di fronte era capace di svegliarla. Un incubo sì, invece. Un incubo ben confezionato era in grado di farle spalancare gli occhi nel mezzo della notte per cercare conforto nel suo abbraccio.

«Sei sicuro di farlo, Julian?» gli chiese l'amico. Ma non aveva bisogno di una risposta. Incrociare il suo sguardo carico di rabbia e disperazione era sufficiente.

«Se finiamo tutti in carcere» rispose lui «ti prego di fare di tutto per aiutare Sara a guarire. Solo questo. Non desidero altro.»

Stan fece un passo in avanti e allargò le braccia. «Riportala indietro.»

«Tu hai un vero amico» esordì Coven non appena la Crystal si immise nella carreggiata dell'Anello diretta a sud. «Un vero amico è il più prezioso dei beni.»

Julian, dai sedili posteriori, si sporse in avanti col busto. «Qual è il piano, Adam?»

«A quanto sappiamo Aileen è stata portata d'urgenza al pronto soccorso del Santuario. In barella. Può essere una pessima notizia, può essere un'ottima notizia. Dipende dalla gravità della situazione.»

«Intanto abbiamo una conferma, se mai ce ne fosse stato bisogno, sul luogo in cui si trova» osservò Gordon.

Julian sentì il petto indurirsi. Era tutto vero.

«E questo è molto importante» proseguì Coven. «Sappiamo che è al Santuario, sappiamo dove la tengono adesso e abbiamo Claire sul campo.»

«Siamo sicuri, allora?» domandò Gordon, che evidentemente aveva già capito le intenzioni di Adam. «Prendo la diramazione est?»

«Sì. E alla malora i limiti di velocità.»

«Dove siamo diretti?» Julian conficcò le unghie negli schienali di Gordon e Adam e si spinse in avanti il più possibile. Li scrutò per una manciata di secondi.

Fu Gordon a rispondere per primo: «Al molo di Parker Beach».

«Ti chiedo scusa» disse Mann Sheridan di spalle, il morale sotto terra, la testa bassa. In piedi di fronte alla solida base del suo sapere, una libreria con oltre duemila testi tra codici, saggi, enciclopedie, raccolte, archivi. Una formazione indispensabile che l'aveva portato a essere il numero uno, per poi crollare miseramente e vedere il suo castello di carte sgretolarsi al primo soffio di vento.

«Che cosa diceva il messaggio?» chiese Tarja, adagiata sul divano, le lunghe gambe accavallate con un largo spacco aperto sulla coscia destra.

«Ero cieco» continuò lui. «Dannazione, ero un'altra persona. Le ho detto cose orribili.»

Tarja si alzò e gli andò incontro. «Leggimi quel messaggio, Mann. Chi ti ha scritto? Werner?»

«Magari...» L'uomo alzò il braccio e mostrò alla moglie il dispositivo elettronico. La mano era in preda a un incontrollabile tremore. «Era Coven.»

«Non credevo che gli avessi lasciato il tuo numero.»

Mann scosse la testa. «Questo non è il mio braccialetto, Tarja. È quello di Aileen. Julian sapeva che lo avevo io.»

Tarja si avvicinò ancora e strizzò gli occhi per leggere il contenuto della comunicazione sul piccolo schermo. Appena comprese la gravità della situazione, mise un braccio intorno al collo di Mann e si lasciò andare. Lui dovette sorreggerla e trascinarla fino al divano. Poi afferrò la caraffa, poggiata su un vassoio sopra al tavolino di cristallo, e le versò una tazza di caffè.

«La mia bambina...»

«Tesoro, devi riposare. Non ti reggi in piedi.»

«Ho paura.» La donna allungò le braccia e intrecciò le dita delle mani dietro la nuca del marito. «Ho paura che finisca male. E poi... perché accidenti ti hanno convocato a Parker Beach?»

«Perché vogliono andare al Santuario, è chiaro. Non mi chiedere come, ma è lì che sono... che *siamo* diretti.»

«Ti prego.» Lei abbassò il capo e poggiò la fronte sul petto dell'uomo. «Dimmi che è viva. Che non è niente di grave.»

Mann prese il mento di Tarja tra le dita, le sollevò la testa e la penetrò con un'occhiata feroce, carica di una determinazione mai vista prima. «Qualsiasi cosa le abbiano fatto, Tarja, ti giuro che se ne pentiranno.»

Che cosa le stanno facendo...

Julian non fiatò per svariati minuti e si rifugiò nella contemplazione della notte di Aurora oltre il finestrino della Crystal. Ogni possibile sviluppo della situazione all'interno del Santuario prese forma nei suoi pensieri. Si stava logorando dentro e ne era del tutto consapevole, ma non riusciva in alcun modo a evitarlo. Finché, quando il mezzo guidato da Gordon era a una decina di minuti dalla costa, qualcosa lo distrasse.

«Sì» disse ad alta voce Coven dopo aver preso in mano il braccialetto, e all'interno dell'auto calò il silenzio.

«Adam.»

«Claire... dove ti trovi?»

«Fuori dal PS. Tu?»

«Siamo sulla Crystal, diretti a Parker Beach. Sono con Gordon e Julian, il ragazzo di Aileen.»

«A Parker Beach...»

«Sei sicura che si trattasse proprio di Aileen Sheridan?»

«L'ho vista solo da lontano, sulla barella. Suppongo che sia lei, voglio dire... Cloe Ryle mi è passata accanto nel cortile di fronte all'ingresso. Non mi ha degnato di uno sguardo, stava parlando al telefono e aveva il volto insanguinato. Ha fatto il suo nome, parlava di uno scontro... ma io non ho visto in faccia la ragazza. Ho solo intravisto un lenzuolo. E dei capelli rossi.»

Julian non riuscì più a trattenersi e fece uno scatto in avanti. «È lei, maledizione! Dottoressa, faccia qualcosa, la prego!»

«Devo scoprire dove l'hanno portata» rispose Claire.

Coven riprese la parola. «Hai amici nel personale del pronto soccorso?»

«Pochi.»

«Cerca di sapere in che stanza si trova e cosa le è successo.»

«La Ryle stava facendo rapporto su... credo, ecco, un tentato suicidio. Ha parlato di benzodiazepine.»

«No...» bisbigliò Julian dai sedili posteriori. «No, no, no, dannazione, no, non è vero...»

«Ha mandato giù un intero blister di *Dialamel*?» chiese Adam. «Si è scolata una boccetta di *Prefrem*?»

«È possibile. Così come è possibile che le abbiano fatto qualcos'altro e lo spaccino per un suo tentativo di togliersi la vita. Qui dentro non posso più fidarmi di nessuno.»

Coven lasciò trascorrere alcuni secondi di irreale silenzio. «Entro un'ora, un'ora e mezza al massimo saremo al Santuario.»

«Che cosa?»

«Hai capito bene. Ci vediamo nel tuo alloggio. Mi raccomando, prendi le dovute informazioni ma non dare troppo nell'occhio, non esporti, evita che si facciano troppe domande sulla tua presenza in quell'ala.»

«Va bene.»

«Non disattivare il display e ricordati di mantenere l'invio detracciato dei messaggi. Ti conviene disattivare anche la localizzazione. Da adesso in poi, in ogni caso, ti scriverò soltanto se sarai tu a darmi via libera.»

«Adam?»

«Dimmi.»

La voce di Claire si abbassò di un semitono. «Devo raccontarti quello che ho scoperto sul Programma Hansen.»

«Appena saremo da te» rispose Coven, poi chiuse la chiamata. Quando si voltò, Julian aveva il volto tra le mani. I suoi occhi, seminascosti dietro le dita, impotenti, quasi assenti. «Stai tranquillo, la troveremo.»

«Mi dica solo che non rischia di morire» chiese lui.

«La semplice intossicazione da benzodiazepine non è un grosso problema» lo rassicurò Coven. «È più un'urgenza che un'emergenza. Ma se Aileen avesse ingerito del *Prefrem*... quello contiene anche oppioidi. Potrebbe essere entrata in crisi respiratoria. Forse anche in uno stato di coma leggero.»

«Speriamo solo che l'abbiano presa in tempo» disse Gordon. «Il *Time Deal* non può nulla di fronte a una situazione del genere.»

Coven si schiarì la voce. «Se le hanno svuotato lo stomaco sarà presto trasferita in qualche stanza ad accesso limitato e si troverà in uno stato di grave ipotonia muscolare. Potrebbe essere anche letargica e ipotermica, dipende che cosa diavolo le hanno dato, o... cosa si è presa da sola. Dobbiamo capirlo e tirarla fuori di lì.»

Julian ricadde all'indietro con la schiena. Chiuse gli occhi e non riuscì a fare altre domande, quasi non volesse saperne di più, o non intendesse conoscere il ventaglio delle possibilità. Non restava che fare di tutto per trovare Aileen, in qualsiasi condizione fosse. Gli altri continuarono a parlare ma le loro voci si fecero ovattate, sempre più lontane, come se un'invisibile bolla stesse cercando di proteggerlo dai mali del mondo.

29

Mentre la notte di Aurora veniva inghiottita da un manto gelido e oscuro, con la luna come unico silenzioso testimone dei più intimi e disonorevoli progetti umani, Clive e Daniel Werner sedevano in un piccolo studio al quinto piano sottomarino del Santuario, alla penombra di due faretti blu impostati sul primo grado di illuminazione.

«Sai che cosa diceva sempre tuo nonno Horst?» domandò Clive, prima di versarsi un bicchiere da una bottiglia color ambra.

«Cosa?»

«"La nostra vita è un breve lasso di tempo che va dall'ignoranza alla parziale conoscenza".»

«Lo ricordo, sì» rispose Daniel, quasi indifferente, mentre si soffermava sulla perfezione delle sue mani, sull'eccellente pulizia delle unghie. «L'aveva scritto anche da qualche parte, nei suoi appunti.»

Clive sorseggiò il liquore. Alla sua sinistra, una fila di monitor con le immagini in tempo reale di alcuni settori del Santuario. «Sicuro che sia la persona giusta?»

«Certo.» Daniel sembrava pregustare un momento futuro già presente nella sua fervida fantasia. «*Back8* non sarà un viaggio come gli altri, lo sai.»

«Sei sempre dell'idea di partire?»

«Doveva accadere, prima o poi. Ho ideato Hansen per questo. Voglio vedere con i miei occhi.»

«Devo ammetterlo: sei un maledetto Werner. Testardo, ambizioso, dall'intelletto superiore. Se non fossi così vanitoso saresti la mia copia sputata.»

«Perché, tu non sei vanitoso?» lo punzecchiò Daniel.

Clive gongolò e bevve ancora.

«Non mi resta che trovare il giusto modo per comunicare alla dottoressa Hall il suo nuovo incarico» continuò il figlio. «Voglio una persona specializzata al mio fianco.»

«Dì la verità...» sogghignò Clive. «La signorina incontra i tuoi gusti in fatto di donne, non è vero?»

«Il progetto è la priorità.» Daniel restò con lo sguardo fisso sugli schermi. «Ma non ti nascondo che provo una certa attrazione per Claire. E credo che la cosa sia reciproca.»

«Finché non scoprirà quello che hai fatto.»

«Non avverrà.»

«Ti fidi troppo del vecchio smilzo. Se fossi in te eviterei di affidargli i panni sporchi.»

«Cole sa il fatto suo e fino a oggi i panni li ha lavati più che bene. Piuttosto dobbiamo scoprire che cosa c'era tra Roger e Claire, e se la donna era al corrente del contrabbando di farmaci.» Daniel indicò un monitor. «Ecco, stanno portando qui i nuovi passeggeri.»

«Sarai tu ad accoglierli.» Clive si alzò, poggiò il bicchiere sul bordo del banco digitale e si infilò un giaccone blu scuro con il logo della TD stampato sul taschino destro. «Io ho bisogno di riposare.»

«Inizi a essere anziano, caro mio» scherzò Daniel, e allungò un braccio verso la bottiglia.

«Sono più giovane di te e di tutti gli abitanti di Aurora messi insieme» replicò Clive, lo sguardo d'un tratto severo. «Ma ho una campagna elettorale che mi aspetta. E mi spiace insistere, ma ritengo che questa tua smania di partire sia esagerata. Avresti potuto pazientare.»

«Sai cosa, papà?» Daniel alzò il bicchiere verso Clive, quasi volesse tributargli un omaggio. «Secondo me il nonno era stato impreciso. Oserei dire generoso. Per come la vedo io, la nostra vita è un breve lasso di tempo che va dalla *totale ignoranza* alla *quasi totale ignoranza*. È in quello stretto arco di perenne insoddisfazione che si muove la mia ricerca. Restare fermi troppo a lungo è una condanna. Per questo motivo devo partire.»

«Ci vediamo più tardi.» Il presidente della TD Pharma sorvolò sulle parole del figlio, con l'aria di chi mal sopportava simili lezioni, poi si avvicinò alla porta. «In mattinata, alla riunione del Consiglio.»

Una volta solo, Daniel premette un tasto sul bracciolo della poltroncina per muoverla verso il banco. Con le dita manovrò una manopola per seguire il percorso dei nuovi passeggeri, accompagnati da un addetto del Programma Hansen di nome Gary Thorne con l'aspetto di un neomaggiorenne e la carta d'identità di un uomo di trentotto anni. Li vide sparire da uno schermo per riapparire in un altro e si divertì a monitorare il loro arrivo, finché il segnale acustico del braccialetto indicò una chiamata in arrivo. Nel rispondere, Daniel si accorse che aveva ignorato una serie di messaggi provenienti da Cloe Ryle.

«Se è una cosa lunga, non ho tempo» esordì.

«Signor Werner, sono il dottor Berger, del pronto soccorso.»

«Ci sono problemi?»

«È evidente che non l'hanno avvisata. Ho appena preso per i capelli una paziente iscritta al suo Programma che stava rischiando di salutarci per sempre.»

«Deve avermi scritto Cloe Ryle, ma ero in riunione con mio padre. Di chi si tratta?»

«Aileen Sheridan.»

Daniel si alzò di scatto dalla sedia. «La Sheridan? Ma è arrivata da poco. Che diavolo... una reazione avversa alla griglia, forse?»

«No, signore. Un'intossicazione autoprocurata. Ha bevuto un'intera boccetta di *Prefrem.*»

Daniel digrignò i denti e fece per colpire il piano del banco digitale con un pugno, ma restò col braccio a mezz'aria. «Ora come sta?»

«L'ho appena fatta portare in una sala di degenza. Terremo d'occhio la sua situazione. Ci tenevo ad avvertirla personalmente.»

«Ha fatto benissimo, dottore, la ringrazio. Mi tenga informato.»

«Dovrà solo riposare e seguire la terapia. Tra la griglia e la brillante mossa del *Prefrem*, la ragazza era una bottiglia piena di veleno. Per fortuna l'abbiamo svuotata in tempo. Si sveglierà stremata, ma si sveglierà.»

«E questo è già un ottimo risultato. Ora devo andare, mi perdoni. Si senta libero di scrivermi, quando lo riterrà necessario.»

Daniel chiuse la comunicazione appena in tempo per sentire il ronzio delle porte automatiche del corridoio e uscire dallo studio, dopo essersi concesso solo un paio di secondi per incassare la notizia appena ricevuta.

«Gary, eccoti» disse trafelato non appena si trovò di fronte agli ospiti, nel corridoio ben illuminato dai led.

«Scusa il lieve ritardo.» L'uomo in camice grigio gli tese la mano.

Lui la strinse, poi scambiò una fugace occhiata con i due nuovi passeggeri della *Back8* e, come tante altre volte era successo, si imbatté nella loro totale inconsapevolezza. Qualcuno, senz'altro, aveva fatto credere ai due di essere pronti alle dimissioni. Di essere stati selezionati per il viaggio di ritorno. Un fraintendimento voluto, sul quale a volte piaceva scherzare all'équipe da lui diretta. Di viaggio di ritorno si sarebbe trattato, in effetti. Ma non un ritorno alle rispettive abitazioni in Aurora, bensì un ritorno al mondo perduto.

Gary Thorne allargò il braccio e aprì il palmo della mano per indicare gli ospiti. «Ti presento il signor Alec Bones e la signorina Miriam Palmer.»

Mann Sheridan aveva il fondoschiena appoggiato a un muretto affacciato sull'oceano e indossava un giubbotto pesante, dalle tasche larghe, e un paio di guanti in pelle. La temperatura rigida gli aveva arrossato le guance, conferendo un vago aspetto fanciullesco a un viso squadrato e dai lineamenti spigolosi. Julian lo intravide da lontano e lo indicò agli altri, e subito Coven chiese a Gordon di accostare.

«Ci siamo» disse Adam non appena scese dalla Crystal. «Signor Sheridan, salga dietro.»

L'uomo si avvicinò con fare circospetto e, dopo aver guardato a destra e sinistra nel silenzio polare del molo di Parker Beach, salì a bordo. Una volta dentro, scambiò un cenno d'intesa con Gordon, mentre Adam si rimetteva a sedere e chiudeva la portiera. «Dal momento che ho deciso di seguirvi in questa follia, credo che possiate chiamarmi tutti Mann. E darmi del tu.»

«Vorrei solo» disse Julian mentre gli porgeva la mano «che lei capisse quanto io tenga a sua figlia. E che si dimenticasse da dove provengo.»

Mann lo scrutò con uno sguardo severo. Il mento gli tremò appena. Dopo una manciata di secondi si decise a stringerla. «So quanto tieni ad Aileen, come so che ti sei sempre sacrificato per tua sorella. Questo fa di te un vero uomo, al di là del quartiere in cui vivi. Forse avrei dovuto riconoscerlo prima, e dunque farò quello che i veri uomini fanno in queste circostanze: ti chiedo scusa.»

Julian annuì e abbassò appena il capo mentre accennava un sorriso. «Grazie, signore.»

«Anche tu puoi darmi del tu, naturalmente» aggiunse Mann.

«Non credo di riuscirci, non subito.» Rialzò lo sguardo, finalmente alla pari di chi, per uno stupido pregiudizio, lo aveva sempre trattato come l'ultimo della lista. «Ma ci proverò.»

«Bando ai convenevoli» si frappose Adam Coven mentre la Crystal faceva inversione e puntava dritta verso il molo. «Abbiamo poco tempo e ancor meno possibilità di riuscita. Stiamo per violare una proprietà inaccessibile al pubblico, per trafugare un paziente da un pronto soccorso. E lo stiamo facendo di notte, alla maniera di un gruppo di scassinatori. Sbagliamo qualcosa, e ci ritroveremo tutti dietro le sbarre, domattina.»

«Per questo suggerivo che tu non venissi con noi, Adam» disse Gordon. «Corri un rischio troppo grosso, a pochi giorni dalle elezioni.»

«E secondo te mi perdo il primo vero collaudo cittadino della Crystal JB bifase?» scherzò Coven, poi si voltò verso i sedili posteriori. «Vi raccomanderei di assicurarvi che i finestrini siano ben chiusi.»

Julian lo guardò con aria perplessa. Di che cosa stava parlando? E che cosa aveva in mente? Vide Gordon respirare a fondo e stringere le mani sul volante, per poi tirare a sé una levetta dietro lo sterzo e ingranare una marcia superiore. La velocità aumentò in maniera esponenziale, con una ripresa invidiabile in grado di schiacciare la schiena contro il sedile.

«Dove accidenti sta andando? Freni!» gridò Julian mentre si sporgeva per vedere meglio il parabrezza. Non ebbe neanche il tempo di pensare di non aver allacciato la cintura di sicurezza: un sistema meccanico si attivò in automatico e gli cinse la vita in una frazione di secondo, mentre la Crystal procedeva spedita verso il molo. Il tasto per regolare i finestrini fece uno scatto in avanti. Anche se si fosse dimenticato di chiuderli, l'automobile se ne sarebbe preoccupata al posto suo.

«Siete impazziti? Ci stiamo suicidando?» gridò al suo fianco Mann, le dita conficcate nel tessuto in poliestere dei sedili.

«Nient'affatto» rispose Adam, sovreccitato, mentre si reggeva alla maniglia della portiera.

La vettura sfrecciò verso il molo e lo imboccò a tutta velocità. Se qualcuno avesse osservato la scena dall'esterno, avrebbe raccontato di un pazzo deciso a togliersi la vita. Era capitato, in passato. Il molo di Parker Beach era una pedana lunga un'ottantina di metri e protetta solo lateralmente da due file di muretti in pietra. In fondo non c'era alcuna barriera. Chiunque poteva lanciare la propria macchina verso l'oceano e affondare con essa di fronte allo stupore di eventuali passanti. La polizia avrebbe ritrovato il mezzo sul fondale marino, recuperato il cadavere, qualcuno si sarebbe divertito a scherzarci sopra e un'altra bizzarra storia avrebbe preso posto tra le leggende metropolitane dell'isola.

Ma non quella notte.

«No!» gridò Julian quando mancavano solo una decina di metri al salto nel vuoto. Poi chiuse gli occhi. Non volle vedere.

Sentì le ruote lasciare l'asfalto e rimanere sospese nel vuoto per un tempo interminabile. Avvertì la sensazione di volare verso una morte stupida, insensata, mentre una serie di rapidi ronzii e rumori simili allo sblocco di diverse serrature automatiche riempivano l'irreale silenzio. Infine, l'impatto con l'acqua.

Trenta secondi più tardi, quando riaprì gli occhi, la Crystal stava *avanzando* sotto la superficie dell'oceano. Gordon cacciò un gridolino acuto mentre Coven aveva un ghigno di soddisfazione dipinto in volto. Julian si girò verso Mann e condivise lo stupore.

«Collaudo cittadino riuscito.» Gordon alzò il pollice della mano destra. Il display del pannello di controllo offriva un'inquadratura dei fondali marini dalle telecamere esterne. «Niente male il molo di Parker Beach, come rampa!»

«Non è possibile.» Julian schiacciò il naso contro il finestrino. Poi si voltò verso il lunotto posteriore: oltre lo spessore di vetro, le colonne che tenevano in piedi la struttura del molo trafiggevano l'oceano.

«Quando ero piccolo...» Coven si voltò appena. «...e intendo proprio piccolo, ovvero durante la mia infanzia nel mondo destinato a scomparire per via della guerra, tutti andavano matti per un agente segreto, una spia: si chiamava James Bond. Lui ce l'aveva, un mezzo simile. Ma era solo finzione cinematografica. Non esisteva un corrispettivo nella vita reale, nessuna azienda l'aveva mai sviluppato.»

«Una macchina ibrida capace di funzionare anche sott'acqua...» Julian stava sognando a occhi aperti.

«Per l'appunto. Quando hanno prodotto i modelli bifase capaci di viaggiare sulla corsia a levitazione magnetica, mi sono detto: "perché no". Sapevo che un giorno mi sarebbe tornato utile. Così ho iniziato a progettarlo. Le nanotecnologie mi hanno aiutato anche in questo caso. Ecco perché chiamo questo modello Crystal JB. Per James Bond!» Coven ridacchiò, poi prese fiato. «Hai presente la famiglia che ci ha ospitato all'Arsenale questa sera?»

«Certo.»

«Ti avranno detto di cosa si occupano, immagino. Non parlano d'altro.»

Julian tornò indietro di qualche ora e ripensò alla cena nell'appartamento dei Linney. Lo sguardo si illuminò di colpo. «Pezzi di ricambio... prototipi...»

A Coven bastò un mezzo sorriso, la faccia piegata di lato sul poggiatesta, e non ci fu bisogno di ulteriori spiegazioni.

«Stan impazzirebbe a vedere in azione un mezzo del genere, le farebbe un milione di domande.» Julian mise le mani a coppa di fronte alla bocca e soffiò, in cerca di un alito di calore. Mann lo osservò senza proferire verbo. Coven tornò a osservare i flutti, mentre Gordon armeggiava con un pannello di controllo digitale sulla destra del volante.

Un silenzio teso prese a regnare nell'abitacolo. Il tempo delle chiacchiere era finito. Ora nelle menti di tutti c'era solo il Santuario. Di fronte, ai lati e dietro di loro, l'oceano era il muto complice della missione.

«Dove siamo?» chiese Miry appena si trovò di fronte a Daniel Werner.

«Benvenuta, Miriam, aspettavo con ansia il tuo arrivo» sorrise l'uomo. «Questa è la fase finale del Programma Hansen. Uno sguardo al nostro domani.»

«Eviti i giri di parole e mi dica dove accidenti ci troviamo e cosa state per farci.»

«Non devi avere paura.»

«Non ho paura, infatti. Voglio solo sapere cosa ci succederà.»

«Ti sei mai chiesta che cosa ne è stato del resto del mondo?» Daniel si accarezzò la liscia chioma col palmo della mano. «Ebbene, voi siete tra i fortunati che avranno l'opportunità di conoscere la risposta.»

Miry avanzò di un passo. «Non me ne frega niente di vedere un video che mi mostra il resto del mondo. Voglio tornarmene a casa. Ad Aurora. Aurora è il mio mondo. I medici dicono che siamo guariti.»

«No, non credo che si siano espressi in questo modo.»

«Che cosa intende?» domandò Alec Bones con quell'aria

stralunata e bonaria che ispirava in tutti tenerezza e affetto. Il suo viso, dalle guance arrossate, gli occhi piccoli e il doppio mento strozzato nel colletto della maglia, era rigato da minuscole gocce di sudore.

«Voglio dire...» Daniel scambiò un'occhiata complice con il collega Gary Thorne. «...non penso che abbiano detto che siete guariti. Piuttosto, avranno detto che siete *pronti*.»

Miry scosse piano il capo, pallida in volto e in preda allo sconcerto. Non sarebbe tornata dai suoi genitori? Non le avrebbero firmato il foglio di dimissioni?

«Quello che il signor Werner sta cercando di dirvi» spiegò Gary «è che state per essere protagonisti del più strabiliante viaggio che un cittadino di Aurora possa sognarsi di fare. Non vi mostreremo un video per raccontarvi in che condizioni è il resto del mondo. Vi *porteremo* nel resto del mondo.»

30

Mentre la Crystal navigava pochi metri sotto la superficie dell'acqua, Julian contava i minuti che lo separavano da Aileen. I pensieri gli affollavano la mente con prepotenza, come se nulla di quello che stava capitando intorno a lui avesse importanza in quel momento. Poi Adam Coven srotolò un foglio elettronico di grandi dimensioni e sfiorò un punto in basso a destra per attivarlo. Si illuminò una mappa. Julian si risvegliò all'improvviso dai suoi pensieri e si sporse dal sedile posteriore per vedere meglio.

«Questo è l'isolotto del Santuario.» Adam orientò la piantina verso di lui. «La facciata dell'edificio centrale del centro di ricerca, ovvero l'ingresso principale, è rivolta verso la costa di Aurora. Dunque si tratta del lato ovest. Come vedete, ci sono diversi padiglioni collegati a questa struttura. A sud c'è quella che chiamano Unità Produttiva: questo caseggiato è il magazzino, mentre qui stampano le matrici figlie di cui vi ho parlato. Nell'ala nord invece troviamo il pronto soccorso e la clinica, ovvero la nostra meta. Questi due all'estremità li conoscete, si vedono bene anche dalla costa: sono i cosiddetti Alberi Maestri, che nella mappa non sono in scala per via della notevole altezza. Ciascuna delle due torri è più alta di qualsiasi edificio in Aurora, compresi quelli moderni nel quartiere Diamante, e come vedete sono collegate per mezzo di un ponte aereo a mo' di tunnel, per tre quarti trasparente. Una torre ospita il Programma Hansen, mentre nell'altra si trovano i vari laboratori, il centro analisi diretto da Ernest Cole per cui lavora Claire, e poi sale riunioni, uffici e via dicendo.»

«Noi da che parte arriviamo?» domandò Julian. La preoccupazione per Aileen si era all'improvviso trasformata in adrenalina per l'imminente missione, colorando la sua timbrica con una punta di eccitazione.

«Da est» rispose con prontezza Gordon. «Circumnavigheremo l'isolotto per attraccare dalla parte opposta, quella che possiamo chiamare il "retro" del Santuario. Per la popolazione di Aurora... il lato oscuro della luna.»

Adam annuì e prese la parola dopo aver tossito con forza, poi indicò altri punti sul foglio. «Ai lati della struttura e dietro la stessa si estendono le zone residenziali riservate ai medici. Tra cui la villetta di Claire, dove siamo diretti.»

«Come risaliamo in superficie?» chiese Mann.

«C'è una spiaggetta sul lato est, ricavata tra file di scogli. Se le coordinate non ci tradiscono e non sfasciamo la Crystal sulle rocce, dovremmo riuscire a raggiungerla e adagiare il muso della vettura sulla sabbia. Da lì in poi si esce, tutti tranne Gordon naturalmente, e si va.»

Julian annuì pensoso, il fare di chi sta trasformando le parole in immagini nel teatro dei suoi pensieri. «Niente sicurezza, da quelle parti?»

«La sicurezza al Santuario è prevalentemente interna. Dentro la struttura principale e nelle zone ad accesso limitato il controllo è costante. All'esterno ci sono solo sporadiche ronde, del tutto inutili visto che l'accesso all'isolotto è proibito e nessuno ci arriverebbe mai a nuoto. Ma qui dobbiamo fidarci dei racconti di Roger, e non abbiamo orari precisi o turni.»

«Insomma...» Gordon cercò Julian nello specchietto retrovisore. «Occhi aperti e muovetevi nel più totale silenzio.»

Lui offrì al gruppo un ghigno beffardo. «Se penso che fino a pochi giorni fa non sgarravo nemmeno nel segnare i minuti di ritardo in pausa pranzo...»

«Perdonaci.» Coven conferì una punta di ironia alla sua intonazione, per stemperare una tensione sempre più crescente. «Ti siamo trasformando in un cattivo ragazzo.»

Mezz'ora più tardi la Crystal risalì in superficie ed emerse all'altezza di Miura Bay.

«Forza» sussurrò Coven mentre apriva la portiera. «Muoviamoci.»

«Io indietreggio di qualche metro» bisbigliò Gordon dal sedile di guida. «Così nessuno si accorge dell'auto. Mi raccomando, amici. Massima prudenza. Se qualcuno si insospettisce o vi vede, tornate qui di corsa, vi carico su e ci dileguiamo.»

Julian si ingobbì per uscire dalla portiera anteriore. Le scarpe piantate sul bagnasciuga, si guardò attorno con stupore, poi diede la schiena all'isolotto e ammirò uno scenario mai incontrato prima: lo sconfinato oceano, l'orizzonte lontano come promessa di un futuro diverso, il mondo oltre il Santuario. Nonostante la paura, una simile visione gli fece venire la pelle d'oca. Per uno come lui, che come tanti non aveva mai messo piede fuori dalla metropoli, fu come lasciarsi alle spalle l'atmosfera terrestre per osservare finalmente lo spazio sconfinato.

Miura Bay non era più lunga di una ventina di metri e i tre, con Coven in testa, risalirono il declivio fino a una recinzione, mentre la macchina guidata da Gordon scivolava silenziosamente sotto l'acqua.

«Di qua» mormorò Coven. Poi costeggiò la rete metallica avvinghiata a una fila di rocce spigolose, fino a trovare una scaletta.

Julian salì per ultimo i gradini. Dovevano essere almeno le 3 di notte, per quello che contava saperlo. Qualunque ora fosse, non aveva importanza di fronte all'impresa che li attendeva. Così tacque, schiacciò il colletto della giacca sulla pelle gelida e raggiunse la cima.

«Quello laggiù...» Coven allungò un braccio e indicò una strada. «...è il viale principale che taglia in due il quartiere residenziale. È la strada più breve per raggiungere il Santuario, ma è anche quella più esposta. Pertanto non lo prenderemo. Passeremo invece di là, dalle viuzze tra le ville.»

Julian annuì in silenzio e, al seguito di Adam e con Mann al fianco, si rimise in cammino, scendendo lungo un terreno irregolare per raggiungere la strada asfaltata. Davanti ai suoi occhi, gli alloggi privati dei medici erano molto simili alle abitazioni lussuose del quartiere Guglia in Aurora: villette basse dalle ampie terrazze, circondate da alti cancelli a protezione di cortili che presentavano una vegetazione perlopiù artificiale, decorativa. Tanto appariscente quanto finta.

«Dove abita la dottoressa?» chiese sottovoce Mann mentre

il gruppetto avanzava tra le case, cercando di non transitare sulle zone illuminate dai lampioni ai lati della strada.

«Oltre questo blocco» rispose Coven.

D'un tratto, la luce di una stanza al primo piano di una villa alla loro sinistra si accese. Adam la vide per primo e allargò le braccia per arrestare i compagni. «Fermi.»

Julian alzò lo sguardo e vide passare un'ombra dietro la tenda. La sagoma di una donna, a giudicare dai lunghi capelli. «Che facciamo?» bisbigliò.

«Seguitemi.» Coven attraversò la strada e trascinò la sua gonna fino all'altro lato, poi appoggiò la schiena a un bidone della spazzatura e si rivolse a lui. «Vedi la luce, da dove ti trovi?»

«Se mi affaccio, sì.»

«Controlla ogni dieci secondi» disse con un filo impercettibile di voce, scandendo bene le parole in modo che il ragazzo le riuscisse a capire anche solo dal movimento delle labbra. «Appena si spegne, dai via libera.»

Julian obbedì, mentre il cuore saltava impazzito nel petto. Trascorsero due minuti che parvero un'eternità, finché la facciata della villa non tornò come prima. Nera. «Via libera.»

I tre ripresero a percorrere il marciapiede, attenti a ogni minima variazione nell'illuminazione del quartiere. A un certo punto, Adam tirò fuori dalla tasca della gonna il braccialetto elettronico. Premette un pulsante e restò in attesa. Julian sentì un flebile gracchiare nell'orecchio dell'uomo.

«Bene» disse Coven, rivolto al vuoto di fronte a sé. «Apri il cancello, ma non accendere alcuna luce esterna.»

I tre avanzarono attraverso un parchetto artificiale, poi si diressero verso l'abitazione di Claire Hall. Una volta in prossimità dell'entrata, fu Adam a spingere il cancelletto in avanti e fare strada. Julian restò in fondo al gruppo, il cuore sul punto di esplodere, il sorriso candido di Aileen stampato nella mente come una fotografia destinata a prendere fuoco e diventare cenere.

Non appena furono tutti all'interno, Claire li accolse con un lungo sospiro. «Come accidenti avete fatto a superare lo stretto...» sbuffò mentre abbracciava Coven.

Fu allora che Julian passò davanti a Mann e scostò perfino Coven con un braccio. «Come sta Aileen?» chiese senza giri di parole, poi si accorse che le mani erano in preda a incontrollati tremori.

«È ancora viva» rispose Claire «e questo per ora deve bastarci. Non sono riuscita a vederla.»

Julian abbassò lo sguardo mentre gli altri avanzavano in un ingresso piuttosto spoglio ma dall'arredamento elegante, raffinato, i colori delle pareti e dei mobili tra il grigio scuro e l'argento, due larghi specchi a forma di T e D ai lati di un appendiabiti nero.

Claire gli si avvicinò e poggiò le mani sulle sue spalle, in un atteggiamento materno di tenero conforto. Lo scambio di sguardi che seguì era una silenziosa promessa, sufficiente a dimostrare che la dottoressa avrebbe fatto di tutto per aiutarlo a tirare fuori la ragazza dal Santuario. Lui tentò invano di abbozzare un sorriso, poi si accomodò su un divano accanto a Mann e Coven, mentre Claire sedeva sulla poltrona di fronte e chiariva che quanto stava per dire avrebbe cambiato ogni cosa.

Bastarono le prime parole della donna per capire la gravità della situazione: «Il senso di colpa mi sta divorando».

E così, con un monologo di un paio di minuti, la dottoressa racconto tutto ciò che aveva appreso dal recente incontro con Clive e Daniel Werner. La sezione sottomarina del Santuario di cui ignorava l'esistenza, il progetto folle delle navi dirette verso un mondo ignoto, il vero scopo del Programma Hansen.

«Ho contribuito a spedire un numero imprecisato di persone verso un cimitero a cielo aperto» disse a un certo punto, trattenendo a fatica le lacrime. «Vi rendete conto? Come potrò indossare ancora un camice e svolgere il mio lavoro? Come potrò guardarmi ancora allo specchio?»

«Non potevi saperlo» la consolò Adam.

Mann congiunse le mani e fece schioccare le dita. «Dobbiamo usare tutto questo in tribunale.»

Mentre gli altri parlavano, Julian rimase in silenzio e ripensò a tutti quei cartelli in cui si era imbattuto negli ultimi tempi, per strada. Persone scomparse. Famiglie disperate. Provò un brivido, e non a causa della temperatura glaciale, nell'immaginare gli ignari cittadini di Aurora sfruttati e mandati a morire in quel modo atroce. No, non si stava figurando persone a caso. Stava pensando ad Aileen. Cercò di intervenire nel discorso, ma la scoperta gli aveva congelato la lingua.

«Hanno potenziato il *Time Deal*» osservò a un certo punto Coven, la voce rotta, sulle spalle il peso di una rivelazione terrificante, «per riconquistare il resto del pianeta grazie a un esercito di schiavi. O per fare chissà che cos'altro.»

Mann scosse la testa, incredulo. «Com'è possibile? In che modo riescono ad avere informazioni dalle persone che spediscono nelle terre contaminate? Non le faranno tornare indietro, immagino, col rischio che si portino in dote radiazioni e malattie.»

«Semplice.» Adam si concesse una pausa quasi teatrale, forse un vezzo da oratore, o da consumato uomo di televisione. «Immaginate tutte quelle persone inviate in California, o in chissà quanti altri posti, come trasmettitori di segnale. Da qualche parte, qui al Santuario, dev'esserci il ricevitore.»

Julian si schiarì la voce e lo guardò storto. «Mi sta dicendo che i Werner sono in grado di… *comunicare* con l'altra parte del mondo?»

NEI SOGNI TORMENTATI DI UNA NOTTE fuori dal tempo, i colori dominanti erano l'azzurro e il bianco.

L'azzurro di un cielo mai visto, quasi impossibile da immaginare. Il bianco della schiuma sulla superficie dell'oceano. Il lento solcare le onde di una nave chiamata speranza. Una nave senza bandiera. Una nave con due soli passeggeri.

Le dita affusolate sul corrimano del pontile. Quelle nervose di Julian sopra le sue.

«Aileen…» diceva lui, il sorriso ancora contratto. «Ti vengo a prendere, tesoro mio.»

«Ma no, che dici?» obiettava lei. «Siamo già qui. Siamo già partiti. Ti rendi conto? Siamo liberi!»

Lui allora taceva e lei, ebbra di felicità, intonava il ritornello del vecchio successo di Paulie Nelson che aveva segnato l'inizio della loro storia, quando erano ancora bambini: That light out of the darkness / the answer to my emptiness / a smiling slice of moon / that was you.

Il vento sibilava accanto alle orecchie, ma non era ancora la brezza di una libertà riconquistata. D'un tratto le nuvole tornavano scure, l'aria irrespirabile, il volto del ragazzo uno sbuffo di fumo.

Era solo uno stupido sogno. La stupida visione di uno stupido e inafferrabile futuro. Le bastò aprire gli occhi per capirlo.

Era ancora lì, al Santuario. Di nuovo sveglia. Un vago ricordo degli ultimi attimi trascorsi prima di perdere conoscenza. I muscoli flaccidi, un fortissimo senso di nausea.

Ci aveva provato. Aveva fallito.

Era condannata a vivere.

«Dunque?» insistette Julian, il volto una maschera di incredulità, il tono beffardo. «I Werner intrattengono conversazioni con la California?»

«Non è così assurdo come si potrebbe pensare» spiegò Coven. «In piccolo, questo genere di ponte viene utilizzato anche ad Aurora dai braccialetti che tutti conoscete, o da automobili come la Crystal, per la geolocalizzazione. Un tempo esistevano i satelliti in orbita attorno alla Terra e la comunicazione era verticale. Grazie a questo sistema, che sfrutta la meccanica quantistica, il segnale attraversa una rete orizzontale, terrestre, più veloce e impossibile da manipolare. I Werner devono avere, ecco... esteso il raggio.»

«Non sto capendo un accidenti!» Julian affondò il mento nel colletto della giacca. «Ma non mi piace per niente. E comunque stiamo perdendo tempo.»

Nella sala calò un istante di silenzio, finché Claire allargò le braccia e invitò Coven a prendere la parola.

«Gordon ha ragione» disse Adam. «Io non posso espormi.

Ho già fatto fin troppa strada in un territorio ostile. Hai scoperto dove si trova la ragazza?»

La dottoressa tirò fuori un pass dalla tasca dei pantaloni. «Aileen è in una stanza di degenza al secondo piano. So solo questo. Si tratta di una camera ad accesso limitato.»

Julian fissò la scheda con occhi pieni di speranza.

«Te l'ha data Daniel, questa tessera?» chiese Coven.

«Sì.» Claire sollevò il cappuccio e vi rifugiò la testa. «Ma non sono sicura che sblocchi anche le porte all'interno della clinica.»

Mann si batté una mano sul petto. «Ci penso io. Dimmi solo dove andare.»

«Semmai è compito mio» lo scavalcò Julian, il viso contratto. Quasi per un riflesso automatico si alzò in piedi. Non era un gesto casuale, ma ci avrebbe fatto caso con qualche istante di ritardo. Era una precisa presa di coscienza. Era l'orizzonte degli eventi, il limite oltre il quale non si può più tornare sui propri passi. Aileen era in pericolo di vita e aveva bisogno di lui. Non esisteva motivazione più importante per mettere la propria vita sul piatto e giocare la partita.

«Se posso permettermi...» Claire si guardò attorno, per poi soffermarsi sull'espressione quasi contrariata di Mann. «Il ragazzo ha ragione. Non è una buona idea che lei venga coinvolto, signor Sheridan. La sua fama di avvocato la precede e la ragazza è sua figlia. Se vuole usare in tribunale quello che ho scoperto deve rimanere fuori da questa operazione.»

«È troppo rischioso mandarlo da solo» osservò Adam, gli occhi incollati al pavimento.

«Non esco da quel posto senza Aileen» concluse Julian, senza rivolgersi di preciso a nessuno ma parlando in realtà a se stesso, ai recessi del suo animo. Là dove si era consolidata una nuova e dirompente convinzione.

«Un'idea ce l'avrei...» Claire si alzò in piedi a sua volta e offrì a Julian un sorriso scaltro. «Tu da adesso in poi ti chiami Randy Madison e sei un paziente del reparto di Ernest Cole. Soffri di allucinazioni e ti sto portando al pronto soccorso perché hai avuto una crisi epilettica durante il sonno.»

«Claire» replicò Coven, perplesso. «Se qualcosa va storto, lo trasferiranno direttamente al Programma Hansen. E poi tu...»

«Se qualcosa va storto non ci metteranno molto a rendersi conto della sua vera identità. Sarà nei guai lo stesso, lo saremo tutti. In ogni caso Randy è davvero un mio paziente, ho i suoi dati identificativi salvati nel braccialetto. Li rifilerò alla tizia dell'accettazione mentre Julian rimarrà piegato in due e continuerà a tossire con forza, in modo da non mostrare il volto.» Claire slegò il foulard che portava al collo e lo porse a Julian. «Tieni questo, per coprirti la faccia. Non c'è quasi nessuno laggiù a quest'ora e la signora in questione è una a cui piace chiacchierare. Se superiamo la registrazione ci basterà evitare di incrociare un paio di medici e riusciremo almeno a raggiungere il secondo piano. Da lì in poi, augurateci tanta fortuna.»

Julian annuì senza fiatare, le iridi infuocate e le sopracciglia ricurve, finalmente inchiodato in una posa statuaria, senza tremori di sorta. Finalmente pronto.

«Ti lasceranno entrare con lui?» chiese Mann. «Non sei una parente.»

«Al Santuario non esistono, i parenti.» Claire inclinò la testa prima a destra, poi a sinistra, come in un esercizio di stretching muscolare. «Devo solo capire come farmi aprire quella maledetta stanza.»

«Va bene» annuì Coven. «Noi rimarremo qui, in collegamento audio. Qualsiasi cosa dovesse succedere, interverremo.»

Mann si avvicinò a Julian e liberò un sospiro. «Te la senti davvero?»

«Sì, signore» rispose lui, lo sguardo teso. «Non permetterò che Aileen trascorra un'altra notte in questa specie di carcere psichiatrico.»

Julian e Claire si incamminarono verso la struttura dell'edificio centrale del Santuario dopo aver lasciato Adam Coven e Mann Sheridan nell'abitazione della dottoressa. Da quel punto i due improbabili complici, che fino al giorno prima credevano di doversi dare battaglia in sede elettorale, avrebbero seguito i loro spostamenti grazie alla connessione tra i braccialetti della donna e del leader del movimento d'opposizione alla TD Pharma. Appena separati, infatti, l'uno aveva chiamato l'altra, in modo da attivare una telefonata che doveva fungere da ponte radio.

Col battito cardiaco all'altezza della gola e il fiato corto, in testa mille pensieri nefasti, Julian camminò muto al fianco della dottoressa fino a costeggiare il lato posteriore della costruzione principale del centro di ricerca. Aileen era a poche centinaia di metri da lui, ridotta chissà come, in preda a chissà quali incubi. O forse era sedata, in totale assenza di coscienza. Magari aveva perfino perso la memoria. Al diavolo, si disse. L'importante era riportarla ad Aurora. Il solo pensiero di correre il rischio che salisse a bordo di uno di quei sottomarini di cui aveva parlato Claire era capace di causargli uno scompenso cardiaco. Per un attimo s'immaginò la ragazza alle prese con una giungla urbana post-apocalittica, in fuga tra carcasse di automobili, scheletri di palazzi, ceneri di esseri umani e, nella più fantasiosa delle ipotesi, animalesche mutazioni genetiche che resistevano da cent'anni nutrendosi di morte. Per ritrovare la calma si figurò il volto delicato e innocente di Sara, sdraiata sul letto sotto la stretta sorveglianza di Stan. Se avessero fallito, sarebbe stato drammatico per tutti.

«Ci siamo quasi» disse a un certo punto Claire, quando i due si trovarono all'imbocco di uno dei vialetti che percorreva il vasto cortile di fronte all'ingresso del Santuario. La notte di Aurora li ostacolava con un freddo spigoloso, ma allo stesso tempo li supportava con un complice silenzio.

«Hanno cercato di ucciderla...» disse Julian, la schiena ricurva e il capo chino, il foulard stretto tra le dita. Non suonava come una domanda. Era il terrore che prendeva voce. Era lo spettro delle più torbide conseguenze della scelleratezza umana che si impossessava dei suoi pensieri.

«Non lo sappiamo, Julian» cercò di rassicurarlo lei. «Ma la stiamo prendendo in tempo.»

«L'hanno imbottita di radiazioni» concluse il ragazzo, lo sguardo ora vacuo. «L'hanno condannata a morte. Non è un tentativo di suicidio. L'hanno indotta a farlo.»

«Preoccupiamoci di portarla via ancora viva.» Claire indicò in lontananza le porte a scorrimento del pronto soccorso. «Sai come devi comportarti, appena varchiamo quella soglia.»

Julian si voltò, impassibile. Fissò negli occhi la dottoressa e, con un'espressione di lucida incoscienza, si dichiarò pronto. I due si misero in cammino, ben consapevoli che il domani sarebbe stato assai diverso dall'oggi.

Nell'indesiderata compagnia del grasso, sudaticcio e lentigginoso Alec Bones, Miriam seguì Daniel Werner e Gary Thorne lungo una serie di corridoi stretti. Lo stupore per la scoperta del suggestivo regno sottomarino era durato giusto il tempo della presa di coscienza della sua reale destinazione. Ma pur covando una profonda rabbia per l'ingiusta detenzione e il futuro sfruttamento in un progetto del quale ignorava i dettagli, Miry decise di non opporre resistenza, esercitando quella sofisticata seppur puerile strategia che permette ai bambini di lavorarsi i genitori, quando questi sono in collera. Si limitò dunque ad assecondare il volere del responsabile del Programma Hansen e del suo sottoposto. Alec Bones invece iniziava a soffrire la situazione. Mentre camminava con passo goffo dietro a Gary Thorne, il ragazzo bofonchiava qualcosa tra sé, col capo chino verso il pavimento lucido e, pensò Miry, lo sguardo di chi avrebbe presto commesso un grosso errore.

«Bastardi!» gridò a un tratto Alec, e si gettò con tutto il peso su Gary Thorne, stringendogli le braccia al collo. «Voglio andare via!»

Daniel si voltò di scatto e indietreggiò verso la parete, poi digitò qualcosa sul braccialetto mentre Miry rimaneva impietrita di fronte alla scena. Il grassone tirò a sé Thorne come per soffocarlo, poi lo spinse con violenza in avanti facendo leva sulla sua massa di lardo. L'uomo, molto più gracile nel fisico, cadde faccia a terra, il pomo d'Adamo schiacciato contro gli avambracci di Bones che lo sovrastava da dietro. In pochi istanti il volto di Gary prese un colore violaceo.

«Lasciatemi andare!» urlò ancora il ragazzone. «Sono guarito!»

«D-Dan...» Gary Thorne strabuzzò gli occhi in direzione di Daniel Werner, immobile a un paio di metri dal groviglio umano. Poi le sue labbra dissero qualcosa di simile a "non riesco a respirare", senza che dalla bocca fuoriuscisse più di un rantolo.

«Sei impazzito, Bones?» Miry avanzò di un passo. «Cosa credi di ottenere in questo modo?»

Il giovane ruotò il collo in maniera quasi innaturale verso di lei, per riuscire a fissarla negli occhi e penetrarla con uno sguardo assassino. Inutile aggiungere futili commenti. Lo avrebbe ucciso. Gli avrebbe impedito di respirare fino a vederlo morto. Non c'era tattica dietro quell'aggressione. Nessun raziocinio. C'era solo una mente insana con la quale i medici della TD Pharma avevano giocato troppo a lungo.

«Tu sei il prossimo» sussurrò Bones a Daniel Werner mentre Gary Thorne smetteva di soffrire.

In quell'istante, due agenti della sicurezza in divisa giallonera spuntarono dal fondo del corridoio. A Werner bastò uno sguardo per autorizzarli a intervenire. A loro bastò vedere il placcaggio al suolo da parte di un paziente nei confronti di un uomo in camice grigio per estrarre la pistola e scaricare quattro colpi di estrema precisione sul cranio di Alec Bones.

Miry non aprì bocca, non si mosse di un millimetro. Ruotò solo gli occhi in direzione di Daniel Werner, scambiando uno sguardo di puro terrore. Questi le andò incontro e poggiò le mani sulle sue spalle. «È tutto finito.»

«Signore» disse una delle due guardie. «Signore, mi scusi.»

«Sì...» Una smorfia di disgusto si dipinse sul volto di Daniel, nel voltarsi e vedere la testa di Alec Bones ridotta in poltiglia, gli schizzi di sangue sulle pareti, il corpo del paziente accasciato su quello del suo collaboratore.

«Quest'uomo...» L'agente lasciò il polso di Gary Thorne e lo adagiò sul pavimento.

Daniel socchiuse appena le palpebre. «Ho capito. Pensate voi a chiamare chi di dovere per... sistemare le cose.» Poi si voltò di nuovo verso Miry. «La prego di seguirmi, signorina Palmer.»

«DOTTORESSA HALL, ANCORA LEI!» La donna dai capelli voluminosi e il sorriso smagliante accolse di nuovo Claire al desk del pronto soccorso come se si trattasse di una cara amica. Julian osservò la scena con la coda dell'occhio mentre tossiva con forza nel foulard.

«Stanotte non mi vogliono mandare a dormire» disse Claire mentre selezionava la cartella clinica dall'archivio sul braccialetto per metterla in condivisione con il computer dell'accettazione. «Ho qui un caso che vorrei sottoporre al dottor Simons. Ecco i dati del paziente.»

«I giramenti di testa di cui mi parlava prima?» chiese l'addetta. «Passati?»

«Era solo un momento di stanchezza. È bastato del *Dialamel* in gocce. Dieci, sciolte nel latte.»

«Classico. Però, se devo essere sincera, se lo lasci dire: io, durante i turni di notte, preferisco la buona vecchia caffeina.»

Julian scaricò ancora una raffica di colpi di tosse e intravide lo sguardo schifato della donna dietro lo sportello.

«Randy Madison» lesse quella, non appena la scheda emessa dal dispositivo della dottoressa comparve sul suo schermo. «Ridotto male, eh? È un suo paziente? Che cosa scrivo nel quesito diagnostico?»

«Sì» rispose Claire «è del reparto diretto da Ernest Cole. Il mio superiore si è raccomandato di stargli vicino durante ogni genere di visita, sa com'è. Scriva... crisi epilettica. Da ieri è già la seconda, e sono due volte che cade dal letto e sbatte la testa. Poi ha anche questa tosse acuta...»

«D'accordo.» La tizia indicò le porte e queste si aprirono alla pressione di un pulsante sul monitor. «Passate pure.»

Julian rimase gobbo e tenne il foulard premuto sulla faccia finché non si trovò nel corridoio del piano terra. Allora smise di tossire, ma l'aveva fatto con una forza tale da far bruciare sul serio la gola.

«Da questa parte» disse Claire dopo essersi guardata attorno nel corridoio vuoto. «Fine della recita, per ora.»

«E se incrociamo un dottore?»

«Sono guai.» Lei fece strada fino agli ascensori, poi il suo sguardo cadde su un lettino con le rotelle accostato alla parete. «A meno che...»

«Cosa?»

«Sdraiati lì sopra, sotto il lenzuolo. E chiudi gli occhi.»

Julian non se lo fece dire due volte. Una manciata di secondi più tardi, Claire Hall lo spinse all'interno dell'ascensore e premette il tasto 2. Aileen era sempre più vicina. A patto di riuscire ad aprire la porta della stanza ad accesso limitato.

Gli occhi incollati al soffitto dall'illuminazione accecante, Julian respirò a fondo e cercò di far rallentare il battito nel petto. Quando le porte si aprirono, Claire lo guidò fuori di lì e puntò verso la porta senza restrizioni d'ingresso che aveva notato in precedenza, quando si era aggirata per il pronto soccorso in cerca di informazioni. La stanza era priva di ospiti.

Entrò, lo sistemò vicino ai due letti rifatti e si curvò su di lui. «Tu aspettami qui. Nel caso dovesse entrare qualcuno, fingi di dormire. Se il pass che mi ha dato Daniel funziona, vengo a chiamarti.»

«Va bene.» Julian tirò il lenzuolo fino al mento e chiuse gli occhi.

31

Claire chiuse la porta della stanza in cui aveva lasciato Julian e si affacciò sul corridoio. In lontananza, sulla sinistra, la camera di Aileen. Prese a camminare con passo deciso e sguardo circospetto. C'era un unico modo di farcela: imporsi di non avere paura. Ordinare al proprio cervello di non mandare alcun segnale di timore al corpo per cinque, dieci minuti al massimo. Poteva costarle un attimo di indecisione, farle perdere lucidità nel momento decisivo. Poteva far naufragare l'intera missione.

Una volta di fronte alla placca metallica per l'inserimento della tessera, pregò che la scheda fornita da Daniel Werner fosse associata anche a quel reparto. La tirò fuori dalla tasca del giaccone e la passò lentamente nella fessura. Il colore del led rimase rosso.

Merda.

Dopo essersi imposta di non avere paura, ora doveva cercare di mantenere la calma. Di riflettere in uno stretto lasso di tempo e trovare una soluzione, prima che arrivasse qualcuno. Le si richiedeva la rapidità di ragionamento di un chirurgo di fronte a una scelta da cui dipendeva la vita del paziente. Una scaltrezza che non possedeva, che non aveva mai posseduto. Ritornò così sui suoi passi, indecisa se coinvolgere Julian o fare da sola.

Non poteva immaginare che, proprio in quel momento, dall'ascensore in fondo al corridoio venisse fuori Cloe Ryle.

«Scusami per prima» le disse ad alta voce la responsabile dei degenti da lontano, appena la vide. Il consueto caschetto nero arruffato, il naso e gli zigomi incerottati. «Avevo ricevuto una chiamata urgente e... sì, insomma, lo vedi come sono conciata.»

Claire si voltò e, tra sé e sé, maledisse il fato. Poi si armò di un docile sorriso. «Cloe... che cosa ti è successo?»

«Mi ha spaccato il setto nasale, quella malata di mente» rispose la donna, poi sfiorò la benda che aveva applicato sul volto. «Aileen Sheridan, hai presente? La nuova arrivata.»

«Addirittura.» Claire rivolse le spalle alle stanza in cui si nascondeva Julian. «Non ti conviene rincasare? Riposarti, fare in modo di...»

«Ci vado, a casa. Ci vado. Ma prima ho l'ordine di verificare come sta la Sheridan. Ho preferito venire di persona, piuttosto che telefonare. Ha tentato il suicidio.»

Claire si mostrò sconsolata. «Questa non ci voleva. Non che sia il primo caso, da quando esiste il Programma Hansen.»

«Che cosa intendi?»

«Solo quello che ho detto, Cloe: non è la prima volta che ricoverano un paziente di quel settore che ha provato a farla finita. Devono essere casi davvero disperati.»

«Già.» Cloe mosse alcuni passi verso la stanza di Aileen. «Ma tu, che ci fai qui?»

«Dovevo parlare col dottor Simons. Ho dei giramenti di

testa. Niente di preoccupante, spero. Forse solo stanchezza.»

«Sono anche le 3.30, se fossi in te andrei a dormire e lo cercherei domani. Magari hai solo bisogno di ricaricare le batterie.»

«Forse hai ragione.»

Cloe Ryle si avvicinò alla porta della camera ad accesso limitato e tirò fuori un badge color porpora dalla tasca del camice. Lo inserì nella fessura e il led rosso si spense. Se ne accese uno giallo. «Ora scusami, devo andare. Buonanotte, Claire.»

«Buonanotte a te, Cloe» rispose lei, quindi fece per voltarsi. Fu allora che vide la sagoma di Julian stagliarsi oltre lo stipite della camera in cui l'aveva lasciato. In piedi, lo sguardo deciso e puntato verso la responsabile dei degenti. Non ebbe neanche il tempo di provare a fermarlo.

Cloe fu colta di sorpresa e non riuscì a reagire con prontezza mentre Julian, dopo uno scatto felino, le saltava addosso, la spingeva all'interno della camera e finiva per trascinarla a terra. Nel cadere, la malcapitata batté il lato sinistro del cranio contro una gamba in metallo del letto su cui riposava Aileen. Claire sopraggiunse in tutta fretta proprio al momento dell'impatto, così violento da far perdere i sensi alla collega.

«Era l'unico modo» sussurrò Julian.

La dottoressa Hall si accucciò sulla donna e si premurò di controllarle il battito cardiaco, per assicurarsi che Julian non l'avesse uccisa. Poi tirò un sospiro di sollievo.

Aileen provò a tirarsi su col busto per cercare di capire che cosa fosse successo nella stanza, ma il tentativo fu vano. I muscoli non rispondevano all'appello. Ciò che la sua mente immaginava non si tramutava in alcun movimento del corpo.

Aveva provato qualcosa di simile solo tanti anni prima, durante i suoi primi mesi da cavallerizza, in seguito a una brutta caduta. Shock midollare, l'avevano definito. Sua madre Tarja era preoccupata che finisse su una sedia a rotelle e aveva smosso i migliori medici dell'Ospedale Centrale di Aurora. Per fortuna, la condizione patologica era temporanea. Invalidante, ma solo per qualche ora. Le spiegarono che il sistema nervoso non era in grado di trasmettere impulsi per via del forte trauma. Tutto risolto con una terapia a base di steroidi. Tutto, a parte la paura. Il terrore di rivivere una simile situazione di totale paralisi. Quello era rimasto eccome, nelle pieghe oscure dell'animo, là dove talvolta la sofferenza si annida per tornare a manifestarsi in seguito, al verificarsi di determinate condizioni originarie.

Chi era entrato nella stanza? Chi era caduto contro una gamba del suo letto? E poi che ora era? Che giorno?

«Aileen, sono qui» disse una voce maschile, giovane, e a lei parve di trovarsi in un sogno lucido. Forse stava ancora dormendo, per quello non poteva muoversi. Forse era ancora sulla nave diretta verso un'altra terra, un'altra vita. Perché quella era la voce di Julian. Ma ora pareva così reale.

«Indossa il camice di Cloe» disse un altro timbro, femminile questa volta.

Aileen tirò su la nuca di qualche millimetro, quanto bastava per riuscire a inquadrare la scena: una donna con un pesante giaccone scuro stava spingendo all'interno della stanza una specie di barella vuota. Quando ruotò gli occhi verso destra lo vide. Non era un sogno. Era lì, accanto a lei. La testa rasata, il viso pulito dalle guance infossate e quello sguardo intenso, sincero, specchio di un animo candido. Era venuto a prenderla.

«Cosa ti hanno fatto...» Julian si chinò su di lei e la baciò sulla fronte e sulle guance con foga. Poi la afferrò e la tirò a sé, stringendola forte, il volto rigato da lacrime di speranza e di gioia.

Quando si scostò, Aileen lo vide infilarsi un camice stretto, grigio come quello dei medici del Santuario. Come era arrivato fin lì? Che rischi aveva corso?

«Le ho sganciato la flebo» disse la complice di cui ignorava l'identità. «Tu prendila e sdraiala sul lettino. Quello su cui sta ora è troppo ingombrante.»

«Va bene, Claire.» Il ragazzo la prese in spalla e lei incrociò con lo sguardo la donna stesa per terra, priva di sensi. Aveva il viso bendato ma non era difficile riconoscere i suoi caratteristici occhi a mandorla: Cloe Ryle. In un attimo, fu come tornare indietro al momento dell'aggressione nel corridoio vicino alla sala relax, quando le aveva sferrato un colpo in pieno volto.

«J-Jul...» si sforzò, ma non riuscì nell'impresa di pronunciare il nome del ragazzo, mentre questi la adagiava sul lettino.

Un attimo più tardi, Julian e la donna che lui aveva chiamato Claire la stavano spingendo lungo la corsia, verso gli ascensori. Una vampata di calore le salì fino al petto, mentre il soffitto dalle flebili luci azzurre scorreva rapido di fronte ai suoi occhi. Aileen si sentì improvvisamente pesante, come se tutti i muscoli avessero ripreso a comunicare con il suo cervello e trasmettessero segnali di spaventosa stanchezza. Una sensazione mai provata prima, neanche al termine delle più estenuanti gare ippiche, quando aveva dato fondo a ogni residua energia pur di vincere.

Socchiuse le palpebre per un istante. E fu di nuovo notte fonda.

«Che cosa state facendo?» gridò la voce di un'infermiera bassa e dalla testa calva appena spuntata dal fondo della corsia, mentre i due spingevano il lettino all'interno dell'ascensore.

«Cazzo!» Julian premette il pulsante del piano terra e inchiodò Claire al suo sguardo teso. Le porte si chiusero in faccia alla donna pelata. «Come ne usciamo?»

«Appena saremo fuori da questa cabina» rispose la dottoressa «spingi questa dannata branda più forte che puoi. La strada per tornare al chiosco la ricordi, vero?»

«Sì, credo di sì... ma tu?»

«Devo mettere fuori gioco l'addetta dell'accettazione e impedire all'infermiera di inseguirti.»

«Sei impazzita? Così ci vai di mezzo.»

«Me la caverò.» Claire sospirò e rimboccò il lenzuolo sotto i piedi e ai fianchi di Aileen. «Adesso l'importante è riportare la ragazza da Coven. Dovete ripartire.»

«Senza di te? Non esiste.»

«Ascoltami, maledizione.» Claire freddò Julian con lo sguardo di chi non aveva alternative. «Se non faccio perdere tempo a queste due tizie e ad altri eventuali membri del personale medico o della sicurezza, voi alla Crystal non ci arrivate. Dammi retta e fai come ti dico.»

Julian scosse il capo, ma non replicò.

Le porte si aprirono alle spalle di Claire Hall, che si defilò per lasciarlo passare. «Vai, ora. Corri.»

Julian spinse il lettino fuori dal largo ascensore, lo sguardo fisso di fronte a sé. A una decina di metri di distanza, la porta d'ingresso del pronto soccorso si sarebbe aperta al suo passaggio. Almeno quella non aveva bisogno di alcun badge speciale. Sulla destra, come una macchiolina nella sua visione periferica, l'addetta della registrazione stava lavorando al computer.

Eseguì il movimento con una tale naturalezza che la donna non ebbe neanche il tempo di accorgersi di lui, uno sconosciuto con addosso un camice troppo stretto per essere della sua taglia che stava conducendo un paziente fuori dalla struttura. Appena percepì che quella aveva alzato lo sguardo dal monitor e l'aveva visto, affrettò il passo verso le porte a scorrimento. Non appena varcò la soglia, la receptionist scomparve dal suo campo visivo. Sarebbe stato un problema di Claire. Un vero e proprio sacrificio, non c'erano altri termini per definirlo.

Era il momento di correre. Di spingere con tutta la forza che aveva in corpo, attraverso l'intreccio di vialetti del vasto cortile da cui si dipanavano i percorsi diretti alle varie aree del Santuario. Ricordava la strada? Si guardò attorno e fu assalito dai dubbi. Le viuzze, lingue di asfalto serpeggianti in mezzo a piante e fiori sintetici, parevano tutte uguali. E Aileen, perché non parlava? Si era addormentata? Come stava davvero? Di quali sostanze l'avevano imbottita per portarla a un gesto così sconsiderato?

Julian cercò di concentrarsi. Immaginò il tragitto fatto all'andata e capovolse mentalmente la mappa. Sì, poteva e doveva farcela. Un diverso esito non era contemplato. Certo, pensò, il "tre volte campione in carica di caccia al tesoro" Stan sarebbe stato decisivo, in quel frangente.

A grande velocità, indovinando il vialetto giusto, raggiunse il lato esterno della struttura centrale del Santuario e ricordò che l'aveva costeggiato con Claire. Lo ripercorse in senso opposto, salendo su un marciapiede e rallentando la corsa. Le ruote cigolanti del lettino stavano facendo un chiasso tremendo, reso ancora più fastidioso dalla totale assenza di rumori ambientali. Forse fu per questo motivo, o forse fu solo una sfortunata coincidenza, ma non appena ebbe svoltato oltre l'angolo dell'edificio si trovò di fronte la luce violenta di una torcia.

«Si fermi» disse la voce di una sagoma controluce. Figura corpulenta, maschile. Una guardia? Un addetto alle pulizie?

Julian restò immobile, le mani piantate sulle maniglie del letto a rotelle. Poi cercò di cavarsela con una risposta poco credibile già in partenza. «Ho un caso urgente, mi faccia passare.»

«E lo porta fuori dal perimetro del Santuario?» lo sbeffeggiò l'agente.

Non aveva senso proseguire nella commedia. Era finita. Era finita così.

«Si identifichi.» L'uomo abbassò la torcia e Julian poté riconoscere parte del suo aspetto. L'addetto alla sorveglianza aveva una corporatura robusta, gambe tozze e spalle larghe, i capelli a spazzola e lo sguardo di marmo. Ma pareva un ragazzo come lui. Un coetaneo. L'ennesimo paradosso vivente.

«Non ho commesso alcun reato. Stavo solo…»

«Stava solo sequestrando una persona. Dove era diretto? Sentiamo.»

Julian liberò un sospiro per comunicare la sua resa. «Da nessuna parte.»

«Bene.» L'agente fece un passo avanti e con la mano libera sganciò dalla cintola un bracciale autobloccante in nylon che Stan gli aveva descritto, tanto tempo prima, dopo averlo visto in un servizio del notiziario. «Braccia avanti e unisca i polsi. Mi dica come si chiama e veda di non dichiar...»

Il rumore fu sordo. Netto. Improvviso. Il giovane, o finto giovane in divisa, si accasciò al suolo dopo aver emesso un ridicolo suono gutturale. Nel cadere, la torcia rotolò fino alla base della barella e la luce investì un paio di scarpe eleganti.

Senza dire una parola Julian sollevò gli occhi da terra, risalì lungo i pantaloni neri dell'uomo, poi su per il giaccone pesante e infine si imbatté nel volto spietato di Mann Sheridan. Aveva le mani strette attorno a un tubo d'acciaio.

«La prendo io» disse il padre di Aileen. «Muoviamoci!»

Julian non riuscì a trovare le parole adatte per rispondere. La persona che negli ultimi anni l'aveva più disprezzato gli aveva appena salvato la vita. E ora teneva in braccio la figlia, gli occhi lucidi per la commozione nel rivederla, l'animo finalmente puro, vero, troppo a lungo schiacciato dal peso delle responsabilità e illuso dalla sete di una vana gloria.

«Venite, presto» disse sottovoce Adam Coven dall'altro lato della strada che separava il lato est del Santuario dal quartiere residenziale. Julian e Mann lo raggiunsero, mentre la notte tornava placida e silenziosa.

«Dov'è Claire?» chiese Coven appena furono tutti insieme.

«È rimasta dentro» confessò Julian. «Mi ha ordinato di andare. Non c'è stato modo di convincerla. Voleva evitare che, ecco...»

«Maledizione!» Coven soffocò il suo dissenso. «Maledizione.»

«Che cosa facciamo?» chiese Mann mentre si caricava in spalla la figlia, le braccia strette sotto il suo fondoschiena per sorreggerla come forse aveva fatto migliaia di volte quando Aileen era piccola.

«Ci leviamo di torno.» Adam si rassegnò a un destino già scritto, mentre Julian sfilava il camice grigio di proprietà di Cloe Ryle e lo adagiava sul corpo infreddolito di Aileen. «Gordon ci aspetta.»

I tre si incamminarono a passo svelto e ripercorsero le stradine in mezzo alle ville. Solo in prossimità dell'abitazione di Claire, Julian vide Coven esitare un istante, prima di scuotere la testa e continuare a fare strada. Quasi a metà del tragitto, una serie di grida alle loro spalle spezzò il freddo silenzio che li stava accompagnando a Miura Bay.

«Porca puttana!» gridò Julian dopo essersi voltato e aver scorto in lontananza le luci di varie torce e, dietro di esse, le figure di alcuni agenti.

«Muoviamoci» disse Coven.

«Ce la fai?» Julian si rivolse a Mann, con inusuale confidenza. L'uomo non rispose. Strinse più forte la presa sul corpo di Aileen e si lanciò in una fuga disperata.

Furono pochi minuti ma sembrarono ore. Alle loro spalle si udivano rumori, urla, a un certo punto perfino uno sparo, forse indirizzato al cielo per intimorirli. I tre sgattaiolarono tra le ville con la tempra di un gruppo di ragazzini, nonostante fosse Julian l'unico vero giovane della squadra e il padre di Aileen avesse perfino una pesante zavorra in spalla. Evidentemente, il *Time Deal* stava rendendo possibile uno sforzo fisico estremo e si rivelava dunque un complice del tutto inatteso per la loro impresa. Così come accadeva nelle gare di atletica, nelle corse ippiche, nei tornei di scherma e in altri sport praticati ad Aurora. Erano anni che gli atleti non affiliati non portavano a casa medaglie. Anni di inutili proteste contro le varie federazioni. Il farmaco era diventato la normalità. Non si trattava di sostanza dopante, non si infrangeva alcun regolamento. La vittoria in un duello sportivo dipendeva sempre di più dal sapiente dosaggio delle sostanze chimiche, per una prestazione ottimale.

La riuscita della loro impresa invece dipese da una ventina di secondi, quelli che i tre avevano di vantaggio sugli uomini della sicurezza. Appena scavalcarono il muretto che separava la strada asfaltata dalla spiaggetta di Miura Bay, Gordon li vide e accese il motore della Crystal, già pronta con mezza carrozzeria in acqua e mezza sulla sabbia.

«Svelti, entrate!» gridò Coven mentre un altro sparo rimbombava nell'aria.

Mann si rifugiò nei sedili posteriori, Julian lo seguì e insieme stesero Aileen sulle loro gambe mentre Adam prendeva posto davanti e chiudeva la portiera con forza.

Solo allora gli agenti spuntarono oltre le siepi e iniziarono a fare fuoco in direzione dell'auto, che in retromarcia stava guadagnando l'oceano.

Julian si incurvò dietro lo schienale del sedile di Coven. «Ci sparano!»

«Non avere paura» sogghignò Gordon. «Corrono più rischi loro con i rimbalzi dei colpi sul vetro antiproiettile che noi qui dentro.»

Alcune guardie si lanciarono in una disperata rincorsa fino a riva, ma non ci fu niente da fare. La superficie dell'acqua inghiottì la Crystal e con essa Gordon, Adam, Mann, Julian e Aileen, finalmente al sicuro.

«Claire è nei guai» disse Coven non appena l'auto effettuò lo switch alla fase sottomarina e si trasformò in un lucente pesce di metallo.

«Cosa possiamo fare?» Gordon piegò gli angoli della bocca in una smorfia di apprensione.

«Non lo so, amico mio. Non lo so.»

Il mezzo sparì nelle profondità dell'oceano e si allontanò dall'isolotto a velocità sostenuta. In pochi istanti, nell'abitacolo scese il silenzio e si fece custode di sentimenti molto diversi tra loro.

L'emozione di Julian e Mann per aver tratto in salvo Aileen si traduceva in carezze e coccole mentre la ragazza, ancora priva di forze, schiudeva le palpebre di tanto in tanto per manifestare la sua sorpresa nel vedere i due assieme. Uniti per lei, come forse si augurava da una vita.

La tensione di Gordon nel manovrare la Crystal senza commettere errori fatali per la squadra era fatta di rapidi sguardi al navigatore quantistico sul display, abili correzioni di rotta in tempo reale, una maniacale attenzione nei confronti dell'ambiente circostante.

E infine, la linea sinuosa delle pieghe sulla fronte, il tratto curvo delle sopracciglia e gli occhi velati di malinconia tratteggiavano l'amarezza di Adam Coven per aver compiuto solo in parte la missione. Per aver lasciato Claire nelle mani dei Werner. Per non aver rischiato la sua stessa vita nel nome di una giustizia che nessun tribunale avrebbe saputo far rispettare.

32

«Dove siamo?» chiese Julian non appena la Crystal risalì in superficie.

Coven scese dall'auto. «Dalle mie parti.»

Quando venne fuori dal mezzo, Julian si guardò attorno con stupore. Quanto avevano viaggiato? Che giro avevano fatto? Doveva essersi addormentato, a un certo punto, perché in lontananza le luci dell'alba stavano introducendo il nuovo giorno di Aurora. Un nuovo giorno in una nuova vita. Quella di un gruppo di clandestini.

Ma mentre lo sguardo si perdeva sulla vasta distesa di sabbia dove erano approdati, Julian si domandò se non fosse tutto assurdo. I delinquenti erano loro, loro che avevano messo in gioco la vita per salvare una ragazza innocente, quando da anni la TD Pharma usava i cittadini di Aurora come cavie umane per i propri sporchi interessi? Chi era il vero colpevole?

«Il sole non sta sorgendo dalla parte del mare» osservò Mann, una volta uscito dalla Crystal. «Siamo a ovest?»

«Sì» rispose Gordon. «Siamo dalla parte opposta dell'isola, rispetto al molo di Parker Beach.»

Julian mosse qualche passo sulla sabbia e immaginò il percorso che li aveva portati fin lì. Sapeva poco delle aree al di fuori della metropoli. Se non ricordava male, la zona sud era occupata da allevamenti di bestiame, depositi minerari, torri idriche e centrali termoelettriche. Qualche cittadina, sorta in prossimità dei giacimenti solo per dare alloggio a chi vi lavorava. Poche minuscole frazioni nelle campagne brulle tagliate dal fiume Cento. Della costa ovest sapeva ancora meno. Aileen gli aveva raccontato che, se si proseguiva oltre il quartiere Falco guidando in direzione opposta rispetto a Elmo, prima o poi si usciva dalla città e ci si inoltrava in un "inutile nulla", di tanto in tanto interrotto da qualche paesino fatiscente dalla scarsa popolazione. Secondo alcuni, era proprio da quelle parti che le famiglie di affiliati spedivano i figli ribelli. A sentire Stan, c'erano paesi dimenticati dal mondo e popolati da animali selvatici, lasciati liberi di girare in cerca di carne umana. Ma non era altro che una leggenda metropolitana, una delle tante. Era possibile invece che si trattasse di una zona arida, desertica, abbandonata al suo destino. Che le aree abitate ospitassero piccole e povere comunità la cui massima ambizione era la sopravvivenza. Forse era per tale motivo che Adam aveva scelto quel posto come rifugio. Una sorta di autoesilio in una terra priva di giurisdizione.

«Venite con me» disse Coven, poi risalì per la pendenza.

Mann fece un cenno a Julian per indicare Aileen, stesa sui sedili posteriori dell'auto. «Mi aiuti a sollevarla?»

Lui infilò le braccia sotto quelle della ragazza e la tirò a sé, attento a non farle battere la testa. Poi la lasciò scivolare sulla sabbia, mentre il padre si inginocchiava accanto a lei. Fu allora che le palpebre di Aileen iniziarono a tremare e, pian piano, a schiudersi.

«Si sta svegliando» disse Gordon alle loro spalle. La luce del primo sole del mattino si posò sulla sua carnagione scura e la fece risplendere.

«Tesoro.» Mann si curvò su di lei. «Bambina mia.»

«Non...» si sforzò di dire la ragazza. «Non eri...»

Julian affondò le ginocchia nella sabbia e passò un braccio dietro la schiena di Aileen, per sorreggerla.

Lei aprì del tutto gli occhi e concluse la frase. «Non eri stato tu.» Poi si voltò verso Julian. «Ho avuto paura di non rivederti.»

Lui la strinse a sé e le accarezzò i capelli. Pareva che il color rosso vivo si fosse appena scurito, ma poteva trattarsi di una semplice impressione. «È finita, Aileen. Sei al sicuro.»

«Non ero stato io a fare che cosa?» domandò Mann.

La figlia lo scrutò in volto. A Julian parve l'incrocio di sguardi di due persone nuove, profondamente diverse. Due persone che nel giro di quarantott'ore avevano compiuto il giro completo di una folle giostra, perdendo ogni cosa, per poi ritrovarsi e riscoprire il vero valore del loro legame.

«Non era colpa tua» spiegò la ragazza con un filo di voce. «Ero convinta che mi avessi mandato tu in quel posto. Ero...»

Il mento di Aileen iniziò a tremare e Julian avvertì un improvviso groppo alla gola, come se ogni singola emozione di quella ragazza facesse eco nel suo animo. Travis Darrel, del resto, gliel'aveva insegnato tanti anni prima: *Quando ami davvero una persona, ogni sua ferita brucia dentro di te*.

Mann fece fatica a trattenere le lacrime, ma resistette. Era un omone di centonovanta centimetri, e agli omoni di centonovanta centimetri piace dissimulare la commozione. Ma sorrise. Eccome se lo fece. Sorrise come forse non aveva mai fatto, aprendo il suo animo all'amore di una figlia che aveva rischiato di perdere per sempre. Julian lasciò la presa e si godette la scena dell'abbraccio tra i due, stanco ma fiero. Nello stesso istante, una catena di pensieri lo strinse di colpo in una morsa. Santuario. Sorveglianza. Polizia. Sara.

Si alzò e corse verso Adam, che aveva già raggiunto un sentiero sterrato oltre la spiaggia e li stava aspettando.

«Devo avvisare Stan.»

Coven annuì e attese che Julian proseguisse.

«L'addetta all'accettazione del pronto soccorso mi ha visto in faccia. E quel poliziotto che Mann ha colpito... Ho paura per mia sorella.»

«Capisco.» L'uomo premette un paio di pulsanti sul braccialetto, poi lo portò alla bocca. Quindi chiamò Carl Linney, facendo in modo che anche Julian ascoltasse la conversazione. Aggiornò il socio dell'Arsenale sulla riuscita della missione, che definì *parziale* per via di quanto capitato a Claire, e si assicurò che qualcuno si recasse immediatamente al quartiere industriale per prelevare Stan e la bambina e metterli al sicuro a Stella del Nord, o da qualche altra parte, fino a nuove istruzioni.

«C'è una novità» rispose Carl.

«Che genere di novità?»

«Di quelle positive: un altro affiliato pentito si è rivolto a uno dei nostri. Vorrebbe prendere appuntamento con te. Non è una persona qualunque.»

«Ovvero?» Adam aggrottò la fronte, generando anche nello sguardo di Julian una punta di curiosità.

«Les K. Moun.»

Coven strabuzzò gli occhi. «Il produttore di droni?»

«Lui.»

Coven sollevò le sopracciglia. «Ogni tanto qualcuno rinsavisce, in questa città.»

«Pare che abbia avuto grossi screzi con i Werner, ultimamente. Questioni economiche, di sicurezza, cose del genere. Disaccordi.»

«Se non si tratta di una trappola, di un gioco sporco di Clive… è una notizia fantastica, Carl.»

«Mi ha detto che lo puoi trovare al Moun Light, la sede della ditta di sistemi di sorveglianza giù in città. Sta sempre lì, quando non è in giro per le sue fabbriche.»

«Una pedina importante dalla nostra parte.» Adam alzò un pollice verso Julian. «Ci potrà fornire dettagli importanti riguardo ad attività controverse della TD. Fissate pure un appuntamento e fatemi sapere.»

Quello che accadde un paio di secondi più tardi fece impallidire di colpo Adam e Julian: un fragore assordante, una distorsione totale del segnale capace di saturare ogni frequenza. Pareva il rumore che facevano gli schermi quando, per via di un temporale violento, si interrompeva il segnale televisivo. Seguirono altri suoni più sottili, acuti. Sembravano grida.

«Che cosa diavolo succede?» domandò Julian.

Coven era pietrificato.

«Adam, maledizione! Che cos'era?»

«Mi senti?» gridò l'uomo, fissando il display con orrore. «Carl, mi puoi sentire? Ragazzi, vi prego. Carl! Lizbeth!»

Julian portò le mani al volto, poi trascinò le dita sulla fronte e sul capo, fino alla nuca. Attese che Coven smettesse di invocare la risposta di qualcuno. Che si voltasse e, finalmente, lo guardasse negli occhi. Invece lo sentì solo gridare: «Oh, no. No, no!»

«Adam.» Lo afferrò per le braccia.

«È un'esplosione, Julian.» L'uomo chiuse gli occhi. «Un'esplosione, un crollo, un dannato inferno nell'appartamento dei Linney all'Arsenale, non lo so!»

Julian avvicinò l'orecchio all'uscita audio del braccialetto. Le grida e i lamenti si aggrovigliavano in una massa informe di suoni e voci strazianti, accompagnati da un sottofondo sinistro e ininterrotto, simile al crepitare fitto delle fiamme in un camino. La voce spettrale dell'orrore, in tempo reale, come nella più macabra e grottesca delle trasmissioni d'intrattenimento di alcune radio notturne di Aurora. Con la differenza che qui non si trattava di finzione, ma di cruda realtà.

Deglutì a fatica un grumo di saliva amara mentre osservava le pupille dilatate di Adam Coven. Poteva immaginare che cosa l'uomo stesse vedendo di fronte a sé, mentre udiva quei suoni di morte: l'incendio della Desler. Il rogo in cui avevano perso la vita George Coven, Linda e Travis Darrel, insieme agli altri ragazzi del primo nucleo di protesta contro la TD Pharma. Una tragedia spacciata per fatalità, forse ordinata dallo stesso mandante.

Un avversario che stava per esercitare il suo controllo totale sull'intera metropoli.

33

La luce del sole del mattino, in quell'atipico giorno di fine febbraio privo di polverose cappe o gonfie e pesanti nuvole, era quasi accecante. Batteva sulle larghe finestre della sala e si propagava fino alla moquette marrone e al lungo tavolo nero al centro dove otto persone, quattro per lato, sedevano in silenzio in attesa dell'arrivo di Clive Werner. Sulla parete opposta alle finestre, le lettere T e D, alte due metri e lunghe uno e mezzo, dominavano la scena.

Quando il titolare della casa farmaceutica entrò, scuro in volto, e i raggi del sole si posarono sui capelli color argento, tirati indietro e tenuti insieme da qualche moderno cosmetico prodotto da società affiliate, i presenti si alzarono in segno di rispetto. Tra loro, suo figlio Daniel.

«Seduti, grazie» esordì Clive, l'aspetto di chi aveva avuto un pessimo risveglio. A sua volta si accomodò, poi estrasse da una tasca un dispositivo piatto, rettangolare, e digitò qualcosa sullo schermo. Alle sue spalle, un pannello restituì l'immagine della scheda di registrazione al Santuario della paziente Aileen Sheridan.

«Come già saprete» cominciò «questa notte sono accaduti

fatti gravissimi. La ragazza che vedete sul muro, figlia degli avvocati Mann e Tarja Sheridan nonché neoiscritta al Programma Hansen, è stata portata via da un gruppo di persone che siamo riusciti a identificare grazie ai filmati di diverse telecamere sull'isola. La squadra si è servita della complicità della dottoressa Claire Hall, nostra collega di Neurologia.»

Seduto in fondo al tavolo, Ernest Cole abbassò la testa.

«Non sappiamo come siano arrivati qui» continuò Werner «né da quanto tempo questi individui fossero in combutta con la Hall. Sta di fatto che l'episodio fa sorgere un grosso problema di sicurezza interna. Sicurezza dei dati, dei protocolli, dei programmi medici.»

«La dottoressa è fuggita?» chiese un membro del Consiglio di sesso femminile, l'aspetto di una ragazza di venticinque anni. Il caschetto nero, lucente, si adagiava sulla fronte spaziosa mentre due occhi piccoli e distanti, sormontati da fini e lunghe sopracciglia tagliate in maniera da sembrare due vigorosi accenti di segno opposto, scrutavano le intenzioni del leader della società.

«Per fortuna no, signora Brann. Infatti la interrogheremo presto.» Clive armeggiò ancora con il palmare e sullo schermo apparve un primo piano di Roger Klaus. «L'uomo che vedete alle mie spalle, il dottore assassinato in città che avete conosciuto durante alcune riunioni estese ai medici di classe B, era l'amante di Claire Hall.»

«Il problema con le matrici è legato a questi due individui?» domandò un uomo seduto accanto a Ernest Cole, il cui volto pulito dalla pelle lucente e i folti capelli ricci lo facevano sembrare un coetaneo di Daniel Werner, sui trent'anni al massimo.

«Ci stavo arrivando» rispose Clive. «Klaus era anche uno dei responsabili della produzione, come sapete. E da tempo avevamo notato alcune incongruenze numeriche tra i lotti di materiale utilizzato e le matrici stampate. L'abbiamo fatto pedinare.»

«È venuto fuori che il dottore trafugava pacchetti di matrici figlie» prese la parola Daniel, sempre impeccabile e curato nell'aspetto, con la chioma liscia perfettamente in ordine. «E che distribuiva farmaci di contrabbando in città.»

Ernest Cole fuggì con lo sguardo mentre alcuni membri del Consiglio, accanto a lui, reagivano con stupore e si scambiavano occhiate dense di preoccupazione.

«Dobbiamo indagare a fondo...» Clive riprese la parola. «...e capire se tutto questo può essere legato al nostro principale oppositore. So che sembrerà assurdo a molti di voi, ma ieri notte Adam Coven era qui. Qui, sulla nostra piccola isola. Ha guidato lui il gruppo. Siamo riusciti a identificarlo grazie a un paio di telecamere poste sui lampioni nel quartiere residenziale.»

In sala si levò un coro di commenti contrariati.

Daniel picchiettò sul tavolo con una matita per riportare un minimo di ordine e il vociare si placò. «Era in compagnia di Mann Sheridan e di un giovane.»

«Mann Sheridan?» Ernest Cole scosse la testa, incredulo. «In combutta con Coven?»

«Proprio così» confermò Clive. «Come potete immaginare, è la prima volta che accade qualcosa di simile al Santuario. Un pessimo precedente.»

«E non è tutto» si frappose ancora Daniel. «Ieri notte, al

quinto piano sottomarino, un paziente del Programma Hansen di nome Alec Bones ha aggredito e ucciso il collega Gary Thorne. Solo l'intervento della sicurezza ha evitato che venissi coinvolto anch'io.»

«Tutto ciò è inaccettabile, gravissimo» intervenne ancora Cole.

Clive Werner si alzò in piedi. «Al di là di questi problemi interni, avrete saputo dai notiziari delle esplosioni in città. La nostra tattica procede nel migliore dei modi. La tensione è crescente, il nostro compito è dare all'elettorato la prova di essere l'unico punto di riferimento politico possibile. Per questo motivo tra un paio d'ore terrò una conferenza stampa ad Aurora.»

«Nel frattempo...» Daniel allargò le braccia, quasi un gesto di rassegnazione. «Dobbiamo sperare che Coven non abbia altri scherzi in mente.»

«Facciamolo fuori, quel dannato pagliaccio!» tuonò dal fondo del tavolo un uomo dal doppio mento pronunciato, sulla quarantina. «Che cosa aspettiamo?»

«Ci occuperemo di lui a tempo debito» rispose Daniel. «Non conviene a nessuno che l'avversario politico più quotato tra gli oppositori di mio padre venga trovato morto.»

«Prima di andare...» disse ancora Werner mentre disattivava il palmare e lo riponeva nella tasca interna della giacca. «...voglio suggerire, a quelli di voi che hanno influenza sui maggiori studi legali della città, di tagliare fuori Mann e Tarja Sheridan nella maniera più rapida e meno rumorosa possibile. Trovate qualcosa sul loro conto. Se non c'è, inventatela. Non devono più esercitare la professione, e se parlano in pubblico devono sembrare dei disperati complottisti dell'ultima ora.»

«In caso contrario» aggiunse Daniel «la vicenda di quella ragazza potrebbe attirare troppe attenzioni sul nostro centro medico, e… compromettere l'esito delle elezioni.»

I presenti annuirono e si alzarono in piedi. Clive accennò un inchino, come faceva sempre per congedarsi dai membri del Consiglio. Erano alcuni tra gli uomini più potenti di Aurora, pilastri economici e politici della TD Pharma. Anche grazie al loro sostegno, presto la società avrebbe disposto di un potere smisurato sulla popolazione.

Che alcuni di questi sembrassero compagni di scuola di Aileen Sheridan, per via del loro aspetto, era solo un grottesco dettaglio.

La costruzione sorgeva a pochi passi dalla cintura di scogli che separava la spiaggia dalla strada. Non era che un basso edificio a due piani dalla facciata anonima e pareva quasi un miraggio nel vasto panorama desertico che lo circondava. Arrivavano l'acqua e la corrente da quelle parti?, si chiese Julian mentre procedeva insieme al gruppo.

«Gordon.» Adam si voltò. Con la punta delle dita teneva appena tirata la gonna, per evitare di trascinarla lungo il suolo polveroso e giallognolo. «Tu rimarrai qui con loro.»

Il braccio destro di Coven affrettò il passo e si affiancò. Aveva con sé le valigette con le matrici figlie che Julian e Stan avevano trovato nella casa della madre del dottor Klaus. «Che cosa farai?»

«Devo tornare in città.»

«Ci lasciate qui?» domandò Mann Sheridan, che teneva di nuovo in braccio Aileen per non farla sforzare.

«La ragazza deve riposare» spiegò Coven. «Gordon vi fornirà tutta l'assistenza medica necessaria. Anche se non sembra, quello che avete di fronte è il mio laboratorio.»

«Adam.» Julian lo guardò con apprensione. «Vengo con lei.»

«Non se ne parla.» Coven si voltò e riprese a risalire il declivio.

«Nessuno andrà a prendere Stan e Sara, a quanto pare» insistette Julian. «E non siamo in grado di comunicare con loro. La prego. Ho paura che mia sorella sia in pericolo, dopo quello che è successo stanotte.»

«Lo so.» Coven lo afferrò per le spalle. «Ma io sto andando all'Arsenale. Per quello che sappiamo, potrebbe essere saltato per aria. È troppo rischioso. Lo capisci?»

«Più rischioso di intrufolarsi al Santuario in piena notte?»

Adam si soffermò sugli occhi lucidi di Julian e si scontrò con la sua caparbietà. Non uno sfoggio di coraggio fine a se stesso, ma l'audacia di mettere in gioco la propria pelle per salvare quella degli altri. Qualcosa di molto simile alla tempra e all'onestà d'animo che aveva visto in suo figlio George, prima che le fiamme lo portassero via.

«Aileen ha bisogno di riposare in questo momento. C'è suo padre con lei, ma Sara è da sola» aggiunse sottovoce Julian. «Aurora non è più un posto sicuro per lei.»

«Aurora non è più un posto sicuro per nessuno, se le elezioni andranno come è stato deciso che vadano.» L'uomo fece un lungo respiro e poggiò le mani sui fianchi mentre si guardava attorno. Un debole vento sollevava piccoli mulinelli di terra che si dissolvevano pochi centimetri più in là, l'aria era più calda del solito e nel raggio di un chilometro non si udiva rumore alcuno. «Va bene, verrai con me.»

«Grazie. Grazie di cuore.»

Julian si allontanò da Coven e raggiunse Mann Sheridan. Aileen, tenuta stretta nelle salde braccia dell'uomo, aveva gli occhi semiaperti, la chioma spettinata sul volto pallido. «Tornerò presto. Sara ha bisogno di me.»

«Sei sicuro?» chiese Mann.

«Sì. E temo che dovrò anche mettere insieme i nostri quattro stracci e lasciare quella casa una volta per tutte.»

«Chiamerò Tarja, tra poco» disse Mann, gli occhi stanchi e la voce affaticata dallo sforzo. «Le dirò che stiamo bene e mi assicurerò che ritiri i soldi dai nostri conti bancari. Da oggi in poi può succedere di tutto. Niente sarà più come prima.»

Mentre Julian accarezzava il viso di Aileen e la baciava, Coven confabulò con Gordon e gli diede istruzioni precise. Poi aprì il portone, fece entrare i due Sheridan e si assentò per una manciata di minuti. Poco più tardi il gruppo si divise.

Adam e Julian ripercorsero la strada appena fatta senza fiatare. Solo quando furono seduti all'interno della Crystal l'uomo si voltò e lo sorprese, tirando fuori una busta da una larga tasca della gonna. «Questi sono i diecimila tagli pattuiti, per te e Stan.»

«Me ne ero perfino dimenticato» ammise Julian. Poi, per dimostrare la sua sincera gratitudine, tese la mano a Coven.

L'uomo la strinse, gli rivolse un sorriso bonario e, mentre accendeva il motore dell'auto, si concesse un tono scherzoso per allentare il nodo della tensione. «Da queste parti gli affitti sono molto bassi, facci un pensierino.»

Claire non aveva chiuso occhio.

Dal momento in cui due agenti della sicurezza l'avevano braccata mentre fuggiva attraverso il vialetto tra il pronto soccorso e il cancello principale, per poi portarla all'interno dell'edificio centrale e infine rinchiuderla in una stanza spoglia, simile a quella in cui qualche tempo prima lei stessa aveva interrogato Ray Lodge, non aveva ceduto alla stanchezza. Era spossata e in preda a una singolare forma di panico per cui, più che la paura per la sua condizione, il sentimento dominante era il terrore che il mondo stesse per accartocciarsi su se stesso. Che Aurora fosse entrata nel suo periodo storico più buio.

Daniel Werner entrò nella stanza quando un orologio digitale appeso al muro, unico elemento di arredo dell'ambiente in cui era stata lasciata, segnava le 9.25. Fece qualche passo avanti senza dire niente. Lei, seduta per terra in un angolo, lo guardò dal basso verso l'alto con aria schifata. Se c'era un aspetto positivo di tutta la faccenda, si disse, era che finalmente si poteva giocare a carte scoperte.

«Devo ammettere che ieri notte eri molto più elegante.» Daniel ruppe il ghiaccio, poi prese posto su una sedia grigia.

«Sei un assassino» rispose lei. «Ora puoi dirmelo. Dai, fallo. Di' che sei stato tu a uccidere Roger. Tanto non uscirò viva dal Santuario, giusto? E poi, con tutta la gente che hai mandato a morire, che ti costa ammettere...»

«Io non ho ucciso il dottor Klaus.» Daniel aprì il palmo della mano per indicare la sedia di fronte a lui.

Claire si alzò. Le gambe pesanti, gonfie. Un senso generale di disorientamento. «Stronzate. Mi volevi nella tua squadra e hai eliminato l'unica persona che poteva impedirmi di accettare.»

«Brillante deduzione.» Daniel estrasse un piccolo pettine dal taschino della giacca e lo passò sui capelli, più volte. «Ma non mi dirai che ti sembro uno che si sporca le mani.»

Lei restò in silenzio.

«In ogni caso, il tuo uomo era un volgare ladruncolo. Dimmi un po', cosa sai del furto delle matrici? Eri sua complice?»

«Non so di cosa parli.» Claire sputacchiò per terra un capello che le era finito in bocca. «Avanti, affidami a chi di dovere e facciamola finita.»

«Chi vi ha assoldato? I Garrison? Chi sovvenziona questo genere di spionaggio industriale? C'è la Licet, dietro?»

«Non so. Di che cosa. Parli.»

Werner restò per alcuni istanti in contemplazione dei lineamenti sinuosi del viso di Claire, quasi affascinato dal suo strenuo tentativo di difendere la posizione. In quel momento, la porta si aprì ed entrò un uomo in divisa blu scura. Non degnò la dottoressa di uno sguardo, ma prese in disparte Daniel e confabulò con lui a bassa voce. Poi lasciò la sala.

«Non avevo dubbi» sorrise amaro l'erede dell'impero farmaceutico non appena fu di nuovo solo con Claire. «Avrei potuto scommetterci.»

«Che altro c'è» disse lei, senza intonare la domanda.

«Hanno analizzato il tuo braccialetto. Ogni corrispondenza.»

Claire scostò lo sguardo e puntò verso la parete. L'involontaria contrazione di alcuni muscoli facciali, inarrestabile, era il manifesto della sua mal celata ansia.

«Paul Bridges, assicuratore» sghignazzò Daniel Werner. «Che invidiabile fantasia.»

«Senti, io...»

«No, non ho alcuna intenzione di ascoltare stupide scuse. Abbiamo capito chi era il burattinaio, conosciamo i burattini. Magari scopriremo che ce n'erano altri, all'interno del Santuario.»

«Non ne ho idea.»

«Non te l'ho chiesto.» Daniel si fece scuro in volto. Poi prese a camminare per la stanza con il capo chino verso il pavimento.

«Fai sparire anche me, forza. Chiudiamola qui.»

«Stai scherzando, spero.» Daniel rimase immobile in una posa plastica, col busto storto rispetto alla testa. Sembrava scrutarla, le labbra appena piegate in un ghigno malizioso. «Anche se devo ammettere che non sei poi troppo lontana dalla realtà...»

«Cosa intendi?»

«Tu vieni con me. Partiamo tra pochi giorni. Quindi, in un certo senso sparirai anche tu dalla circolazione.»

«Sei impazzito, forse?» Claire si alzò in piedi di scatto. «Partiamo per dove? Neanche per sogno.»

«Tua madre Misia, sessantadue anni, affiliata da nove, residente in zona Mercato nella deliziosa villetta di testa di fronte al Parco Isola, e tuo padre Paul, sessantaquattro anni, affiliato da undici e risposato con la segretaria dell'ufficio anagrafe Sheena Crow, entrambi residenti in un appartamento del condominio sesto presso il quartiere Toro... be', credo che loro sarebbero molto felici di saperti al sicuro. E di esserlo a loro volta, s'intende.»

Claire si sforzò di non far tremare un sopracciglio, di non contrarre un solo zigomo. «Dovevo aspettarmelo, da parte di uno del tuo rango, un simile ricatto.»

«Lo definirei un semplice accordo, peraltro molto generoso da parte mia.» Daniel unì i polpastrelli e avvicinò le mani al volto. «Tu hai commesso un errore, Claire. Grave, direi. Ma a tutto c'è rimedio. Salirai con me a bordo della *Back8* e vedrai di comportarti bene.»

«A bordo di quel sottomarino? Tu sei malato.»

«Vedi, mia cara...» Daniel si mosse lentamente. «Tra una settimana mio padre verrà eletto Governatore Supremo di Aurora. Perché è così che andrà, nonostante i progetti rivoluzionari del tuo amico ecologista. Ma io ho mire diverse, orizzonti più ampi. Lo sai, mi piace guardare oltre. Gli lascerò palco e gloria, dunque. E quando, il giorno successivo al voto, il mio vecchio salirà sul podio in piazza della Rifondazione per festeggiare di fronte al popolo, noi saremo già lontani.»

«Tutto questo è allucinante.»

Daniel si avvicinò e allungò il braccio verso di lei. Poi le posò la mano sulla guancia e la accarezzò. Claire era paralizzata. La delicatezza del gesto, ai suoi occhi, era la peggiore delle beffe. Ma non riuscì a indietreggiare di un millimetro. A opporre resistenza, a reagire. Troppe vite dipendevano dalle sue scelte.

«Ci aspetta una settimana di intensa preparazione, sia fisica che psicologica, prima di lasciare l'isola» concluse Daniel. «Ti conviene tornare a sfoderare quell'incantevole sorriso di gomma che avevi ieri al Bradbury.»

JULIAN E ADAM AVREBBERO POTUTO raggiungere il quartiere Stella del Nord anche via terra, risalendo da ovest verso la periferia esterna ed entrando in città dall'area di Falco, ma l'uomo alla guida preferì sfruttare ancora le potenzialità della Crystal JB bifase, guadagnando la riva e procedendo fino a far scomparire il tetto dell'auto sotto la superficie dell'oceano.

Durante il viaggio Julian fece riemergere il problema della malattia genetica di Sara, per la quale sembrava esserci un'unica soluzione: riuscire a mettere mano alle arnie dei Werner, analizzare l'effettiva composizione dell'ultimo rilascio del *Time Deal* e, dopo aver ideato un programma apposito per la sindrome di Baden-Grant, stampare una matrice specifica per una produzione singola del farmaco, dedicata alla bambina. «Un'impresa da niente» osservò a un certo punto Julian in tono sarcastico.

La Crystal risalì lungo la costa fino a raggiungere un porticciolo abbandonato all'estrema punta nord-ovest dell'isola. Da lì, strade sterrate serpeggiavano in mezzo a paesaggi brulli, nature morte e inabitate. Proseguendo verso est si incontravano le basse catene montuose che delimitavano la costa settentrionale, mentre seguendo alcune sinuose e strette carreggiate prive di segnaletica Adam e Julian riuscirono, in un'oretta, a raggiungere la periferia della città. Dovettero fermarsi per ricaricare le batterie della Crystal (un mezzo che, per entrambe le fasi, sfruttava l'energia chimica di un serbatoio elettrico) e fu allora che l'attenzione di Julian venne rapita da un piccolo televisore dietro una vetrina. Le immagini delle varie esplosioni in città erano corredate da didascalie inquietanti.

AURORA NEL PANICO – TRE ATTENTATI ALL'ALBA

TRENTASEI MORTI PER IL CROLLO DI UN PALAZZO

NEL QUARTIERE STELLA DEL NORD

DUE GUSCI DATI ALLE FIAMME TRA ELMO E TORO

Coven finì di ricaricare l'auto e lo raggiunse. Quando vide i filmati e lesse le scritte in sovrimpressione, rimase pietrificato.

«Cosa sta succedendo?» chiese Julian dopo avergli lasciato il tempo di riflettere sul dramma in atto.

«Tu cosa vedi?»

«Sembra l'inizio di una guerra civile. Ma... non ha senso. Com'è possibile che le cose siano precipitate così in fretta, in questa città?»

«Tu vedi due frange estremiste che si contrappongono, giusto? I miei dell'Arsenale e alcuni gruppi di sostenitori accaniti della TD Pharma. I nostri attaccano i gusci, gli altri fanno esplodere un ordigno in un palazzo abitato da quelli che chiamano coveniani.»

«Così sembrerebbe. Lei cosa vede, invece?»

«Io vedo Clive Werner che gioca con l'informazione, per vincere a mani basse le elezioni.»

«Cioè?»

Adam si voltò e riprese a camminare verso la macchina. Julian lo vide per la prima volta in difficoltà. Sembrava continuare a deglutire con forza per scacciare il groppo in gola. *Trentasei morti per il crollo di un palazzo... quelli erano i suoi uomini. I suoi principali sostenitori e amici.*

«Julian, sai che cosa è successo? Che Werner ha avuto informazioni precise sui nostri gruppi più influenti, e ha pensato di eliminarne uno. Esattamente come accadde quando andò a fuoco la Desler.»

«Ma dall'altra parte, invece? Chi ha attaccato i gusci?»

«Nessuno, ragazzo mio. Nessuno ha incendiato le sedi della TD Pharma in città. O meglio...»

Julian si fermò a pochi passi dalla portiera e sgranò gli occhi. «L'hanno fatto loro stessi. Per far sembrare a tutti che ci fosse uno scontro in atto, in città. E seminare il panico.»

«Proprio così. La contestazione che noi abbiamo portato avanti per anni è sempre stata pacifica» spiegò Adam mentre risaliva in macchina. «Dura, ma non violenta. Negli ultimi tempi invece la stampa ha parlato di risse, di assalti, ha utilizzato termini quasi bellici. In un clima del genere, Werner può ribaltare la realtà e sfruttare la paura della gente comune.»

Julian si perse nella contemplazione della periferia abbandonata oltre il finestrino. Pareva una beffarda anticipazione di un futuro non così lontano. L'affiliazione obbligatoria lo avrebbe reso come gli altri. Potenzialmente giovane in eterno, in realtà schiavo delle scelte del Santuario. No, non poteva accettarlo.

«Io temo che la storia del rapimento di Aileen» disse a un certo punto in tono rassegnato «anche se Mann riuscisse a denunciarla e diffonderla grazie all'aiuto di qualche giornalista...»

«...non cambierebbe le cose» concluse Coven. «Ho lo stesso timore. È un caso isolato, saprebbero come smontarlo ed è tardi per i tempi di un processo.»

Julian restò in silenzio, gli occhi fissi su Adam Coven. Vide il suo sguardo per la prima volta spento, quasi assente. La morte dei suoi amici all'Arsenale, il sacrificio di Claire, le scarse speranze che il voto dei cittadini di Aurora potesse cambiare un destino già segnato. La drammatica quanto inevitabile resa, sempre più vicina.

A un tratto Adam ricevette un messaggio sul braccialetto, e dopo averlo letto mise di nuovo in moto la Crystal, senza fiatare. Julian non fece domande. Si limitò a leggere nel taglio degli occhi dell'uomo il riflesso di una ferita sempre più profonda. Nei suoi gesti lenti un rito di preparazione al più tetro degli epiloghi. Troppo estesa, l'influenza di Clive Werner. Troppo vasta la rete di amicizie e interessi dell'uomo che aveva donato l'immortalità alla sua gente. Troppo poco tempo a disposizione per riuscire a evitare il suo trionfo.

Adam Coven guidò la JB fino al quartiere del Toro. Il traffico del mattino era modesto anche perché, in maniera del tutto inattesa, nel momento più drammatico per le sorti di Aurora era saltata fuori un'inusuale giornata di sole, che doveva aver spinto molti ad andare al lavoro a piedi.

Una volta giunto a destinazione, l'uomo accostò e chiese a Julian di aspettarlo in macchina. Lui fece un cenno di assenso e chiuse la portiera. Poi attese, mentre ogni genere di pensiero ruotava nella sua mente e faceva crescere l'ansia per le condizioni di Aileen, per il futuro di Sara e per la situazione drammatica in cui si doveva trovare la dottoressa Claire Hall. Pensò anche alle conseguenze che avrebbero dovuto affrontare gli Sheridan, a seguito di quanto successo al Santuario.

In un mondo vasto e complesso come quello da cui proveniva Adam Coven, si disse, c'era sempre la speranza di fuggire dalla propria terra, cambiare identità e ricominciare da capo in un posto lontano.

Ma non ad Aurora.

Per loro, Aurora era l'unico mondo possibile.

34

«Vorrei vedere la mamma.»

Aileen era accucciata su una poltroncina color ocra, dalla pelle lisa, al centro della sala al piano terra dell'abitazione di Coven. Il fianco premuto contro il ruvido cuscino, teneva le ginocchia strette al petto e guardava fisso un punto in basso di fronte a sé. Il vuoto. L'ombra di un futuro nefasto, forse il presagio della vita che la aspettava: una vita perennemente in fuga.

«Lo so, tesoro» rispose Mann, in piedi, le braccia incrociate dietro la schiena e il fare pensoso. All'altezza dei suoi occhi stanchi, una mensola ricolma di testi scientifici.

«Sa che sto bene, vero?»

«Sì, l'ho avvisata con un messaggio. Ora che siamo al sicuro, che ne dici di chiamarla?»

«Non voglio chiamarla.» Aileen restò impassibile e si rannicchiò ulteriormente, come se volesse farsi inghiottire dalla poltrona. «Voglio incontrarla. Voglio, *vorrei*... tornare a casa.»

Un rumore di passi la fece voltare. La figura di Gordon emerse dalla rampa di scale che conduceva ai piani inferiori, dove sorgeva il laboratorio di produzione clandestina dedicato alle nanotecnologie. «Dobbiamo fare qualche esame, Aileen. Dare un'occhiata alla tua situazione.»

«Certo» si rassegnò lei.

Mann armeggiò col braccialetto e fece qualche passo verso l'uscita. «Vi lascio soli, vorrei chiamare mia moglie.»

Gordon annuì, lo sguardo teso. «Chiedile di iniziare a raccogliere quanto più materiale possibile contro la TD Pharma. Di intervistare degli affiliati, se possibile. Di scovare informazioni a proposito delle persone scomparse negli ultimi tempi.»

«Tarja e io eravamo tra gli avvocati incaricati di curare gli interessi di questa società» rispose Mann, sconsolato. «E neppure noi abbiamo mai avuto accesso a materiale troppo riservato o compromettente. Fino a ieri non potevo immaginare il marcio che si nascondeva dietro le apparenze. Non so come faremo...»

«Mi stai dicendo che è una battaglia persa in partenza?»

Mann drizzò la schiena e gonfiò il petto. «Ti sto dicendo che ci stiamo mettendo contro alcune tra le persone più influenti della città. E che non ho idea di come potremo riuscire a scalfire la loro posizione. Ma devi anche sapere che io e mia moglie detestiamo perdere una causa.»

DANIEL WERNER SEGUÌ la conferenza stampa del padre da una stanzetta buia al quarto piano sottomarino, dove solo lo schermo di un televisore creava un isolato alone di luce. I suoi occhi brillavano, nell'immaginare il futuro della metropoli finalmente sotto il totale comando della sua famiglia. Il cuore, invece, sognava lidi remoti.

Com'erano lontani i tempi del protezionismo esasperato del

Governatore Carl Russell e del suo successore Morgan Low, quando per quasi trent'anni la scienza era stata ostacolata, boicottata, privata di fondi e autorizzazioni. Suo nonno Horst, recuperando un termine che apparteneva al mondo da cui proveniva, aveva chiamato quel periodo il Medioevo di Aurora. Si era tornati indietro, in tutti i campi, invece di progredire. E pensare che la civiltà dei tempi della guerra prometteva di mandare l'uomo su Marte entro pochi anni.

Daniel conosceva quella storia attraverso i racconti dei suoi genitori. La società, che ai tempi si chiamava ancora WL Pharma, aveva portato avanti la ricerca con i pochi mezzi a disposizione, e solo grazie alla tenacia di Horst e del suo migliore collaboratore, Adam Coven, il laboratorio (che sotto Russell sorgeva nel quartiere Teatro) aveva continuato a produrre risultati. Intanto, in città fiorivano credenze popolari e culti religiosi, figli dell'ignoranza e della superstizione. Nuovi e bizzarri modi di interpretare il divino, a seguito di una vera e propria apocalisse che aveva spazzato via la quasi totalità degli esseri umani.

Daniel non era ancora nato quando suo padre Clive si era scontrato con un uomo di spicco di un nuovo movimento religioso, tale William Doom, sospettato di aver chiesto ufficialmente all'amministrazione Low di far chiudere uffici e centri di ricerca della società farmaceutica. Nei carteggi, resi pubblici qualche tempo dopo, era emersa anche la motivazione, che nessun Werner avrebbe mai dimenticato e che si era impressa nella memoria di ogni membro della famiglia come una filastrocca: "Questa deplorevole associazione di medici piega l'umano sapere al volere di mendaci e ambigui prestigiatori, i cui fini, che Iddio ci fulmini se siamo in errore, sono quelli di manipolare la natura delle creature di Nostro Signore, a lui sostituendosi". Doom non era riuscito nel suo intento, ma i Werner avevano iniziato a godere di pessima fama in città. Dieci anni più tardi, quando Daniel ne aveva sei, il vecchio Horst era deceduto a causa dell'esplosione di una tubatura nel laboratorio dell'ala ovest del Santuario (ai tempi niente più che un edificio al centro dell'isolotto, circondato da piccoli monolocali) e la WL Pharma era entrata in un periodo di difficoltà perfino maggiori. Aveva rischiato di fallire, di dover lasciare l'isolotto e tornare agli scomodi stabilimenti nel quartiere Teatro, e si era salvata solo grazie a un ingente finanziamento da parte di una famiglia tra le più facoltose di Aurora, i Brann, la cui più giovane erede era membro dell'attuale Consiglio.

Mentre Clive Werner parlava al microfono con l'autorità tanto a lungo agognata, Daniel ripensò all'epopea famigliare e si commosse. Sua madre Amelia, che si era sempre rifiutata di testare su di sé il *Time Deal* ed era morta a causa di un aneurisma il giorno del suo sessantaquattresimo compleanno, sarebbe stata così fiera degli uomini di casa e dei loro successi. E se avesse dato loro retta, forse sarebbe stata ancora viva per godersi quel momento di completa rivalsa.

Daniel Werner si alzò, spense lo schermo e rimase avvolto dalla totale oscurità. Nel cuore albergava un desiderio di dominio impossibile da arginare. Il presente, si disse prima di lasciare la stanza, era già segnato, giacché nessuno era in grado di prendere più voti di suo padre dopo la rivoluzione compiuta negli ultimi vent'anni e la promessa di eterna giovinezza che la casa farmaceutica garantiva ai suoi elettori. L'episodio della notte precedente non avrebbe cambiato le cose.

Il futuro, invece, era lontano da lì. Oltre la vastità dell'oceano. Nella terra d'origine dei suoi antenati.

Ed era nelle sue mani.

«PERDONAMI SE CI HO MESSO più del previsto» disse Adam Coven non appena risalì in macchina.

Senza replicare, Julian riallacciò la cintura di sicurezza.

«Ho parlato con un nostro informatore» continuò l'uomo. «Ci sono una notizia buona e due cattive. Da dove comincio?»

«Dalla buona» rispose lui, e si preparò al peggio.

Adam accese il motore e tese le braccia fino a premere i palmi delle mani sul volante. «I figli dei Linney si sono salvati. Uno di loro mi ha appena chiamato e mi ha detto che sono riusciti a portar via tutte le armi dall'Arsenale, sfruttando i sotterranei e uscendo da un cortile. Ora dovrebbero essere per strada con un furgone, diretti a uno dei nostri rifugi in città.»

«E le cattive?»

«I loro genitori Carl e Lizbeth Linney...» Coven prese fiato, la gola d'un tratto stretta dal nodo della commozione. «...e la maggior parte dei nostri amici e soci sono morti. L'esplosione ha fatto crollare tre piani su sei del palazzo. Un disastro.»

Julian non fiatò mentre Adam si faceva sfuggire un singhiozzo. Lo vide cercare di strozzare il magone deglutendo a fatica, e lasciare che una lacrima solitaria gli rigasse il volto e si perdesse nella treccia grigia del suo pizzo.

Il tono di Julian si fece compassionevole. «Cosa possiamo fare?»

«Non ti ho detto l'altra brutta notizia.» Coven si asciugò gli occhi con un fazzolettino, poi mise in moto e si infilò nel traffico. Mentre guidava, con la mano destra digitò qualcosa sul braccialetto e le immagini di un video si proiettarono sul parabrezza di fronte allo sguardo di Julian.

«Quello è Clive Werner.»

«Era in diretta, mezz'ora fa. Aveva indetto una conferenza stampa, per "rassicurare la popolazione". Questa è la clip del suo intervento.»

Julian restò a bocca aperta mentre ascoltava le parole del leader della casa farmaceutica. «Parla già da Governatore. I palazzi stanno ancora fumando e lui...»

«E non è tutto. Aspetta.»

Il primo piano di Werner scomparve per lasciare il posto alle immagini delle telecamere a circuito chiuso in funzione sia nella zona residenziale che all'interno del pronto soccorso del Santuario. Alcune figure si muovevano nella notte e, come una banda di delinquenti, attraversavano il quartiere.

«Oh, cazzo, quelli siamo noi» bisbigliò Julian. Poi, mentre la Crystal rallentava di fronte a un semaforo rosso, come per un riflesso automatico si guardò attorno, il cuore schiacciato dal timore di essere riconosciuto dai passanti.

«Pessima pubblicità» ironizzò Coven, il tono amaro.

«Io non ne ho vista neanche una» ribatté Julian mentre le immagini si facevano più luminose ed erano ora testimoni del suo blitz al pronto soccorso con la complicità di Claire. «Di queste telecamere, dico. Dove diavolo erano?»

«Non lo so. Ma potrebbe essersi servito di apparecchi talmente piccoli da poter essere fissati nei rivestimenti, nei pannelli, nelle pareti. Tu non vedi loro, loro vedono te.»

«E così ha ribaltato l'intera vicenda di Aileen.»

Adam annuì, poi si sfregò la fronte con le dita. «Le ha usate per manipolare l'opinione pubblica, facendoci passare per un gruppo di sovversivi.»

«E lei per una schizofrenica» continuò Julian dopo aver ascoltato una serie di frasi fatte da parte di Werner. «Così, qualsiasi cosa dovesse dichiarare, verrà vista dal pubblico come l'accusa di una ragazza malata nei confronti di chi si stava preoccupando di curarla.»

Coven rallentò e svoltò all'incrocio con un viale a quattro corsie. «Non abbiamo modo di dimostrare che il racconto di Claire Hall corrisponde a verità.»

«Davvero grandioso» rispose Julian mentre si guardava attorno. Per le strade, decine di ignari cittadini di Aurora alla guida delle loro macchine o in transito sui marciapiedi. Volti anonimi, statistiche ambulanti. Persone di ogni tipo di estrazione sociale che, nel giro di una settimana, avrebbero imboccato la più ripida delle discese verso il baratro.

«Per non parlare del fatto che potrebbe denunciarci, ma non lo farà perché preferisce farsi bello agli occhi dei cittadini.»

Julian fuggì con lo sguardo verso un gruppetto di agenti in divisa di fronte a una farmacia. «Non potremo più farci vedere in giro.»

Mezz'ora più tardi, Julian scese dalla Crystal e raggiunse il portone del suo condominio. L'aria era fresca, ma il sole continuava a splendere nel cielo senza essere ostacolato da alcuna nube. Durante il tragitto aveva mantenuto un rispettoso silenzio, mentre Adam aggiornava Gordon e si intratteneva al telefono con Les K. Moun, il produttore di droni che aveva rotto con i Werner di recente e cercava protezione. A quanto aveva capito dalla conversazione in vivavoce, la società di Moun (la LKM) era incaricata di fornire alla TD Pharma tutto il materiale necessario per gli esperimenti climatici. L'interesse principale di Coven era quello di capire che genere di manipolazione atmosferica portavano avanti i Werner grazie all'aiuto di Moun. Ma quest'ultimo, con voce tremolante e ripetuti balbettii, si era dichiarato ignaro del reale utilizzo dei suoi droni. I Werner li compravano per ingenti somme di danaro e, senza rendere conto a nessuno, li utilizzavano per il trasporto aereo delle nanosfere ingegnerizzate che venivano poi disperse nell'atmosfera. Il campo elettromagnetico generato dalla rete di droni evitava che le nanoparticelle venissero trascinate via dal vento e consentiva agli scienziati di dirigerle, di teleguidarle a distanza. Per quanto ne poteva capire suonava come una specie di videogame, di quelli che lui non poteva permettersi.

«Dopo così tanto tempo, c'è ancora bisogno di drogare il clima di Aurora per contrastare l'effetto delle radiazioni?» aveva chiesto prima di scendere dall'auto.

«Se non è questo lo scopo, mi piacerebbe sapere a quale altro genere di gioco stiano giocando» era stata la criptica risposta di Coven.

Prima di entrare nel palazzo, Julian continuò a farsi la stessa, assurda domanda: e se Aurora fosse stata fuori pericolo da tempo? Se la manipolazione del clima da parte dei Werner, al contrario di quanto la logica suggerisse, fosse volta a mantenere la metropoli sotto una cappa di inquinamento, in modo da spingere la gente ad affidarsi al *Time Deal* per preservare la salute? Sembrava incredibile ma, a pochi giorni dall'interruzione delle forniture da parte della LKM, per una bizzarra coincidenza, le nubi si erano diradate e il sole aveva ripreso a battere sopra la città. In più, Moun aveva ammesso di non sentirsi "affatto al sicuro", e di temere per la sua vita. Che cosa c'era dietro?

All'improvviso il pensiero che il clima dell'intera isola, da anni, subisse costanti modifiche a seguito di un'invisibile opera di ingegneria atmosferica, suggerì a Julian che la vita degli abitanti di Aurora fosse una gigantesca farsa. Del resto, la maggior parte degli ornamenti floreali nelle zone più verdi della città era artificiale, e questo si sapeva. La fauna ittica che popolava il fiume Cento era perlopiù costituita da organismi geneticamente riprogrammati. Dello stesso aspetto di ogni singolo cittadino sopra i quindici anni, ad Aurora, non si poteva essere certi, e la situazione si sarebbe estesa a dismisura se fosse passata la legge sull'affiliazione obbligatoria.

C'era ancora qualcosa di vero, dunque, nella sua esistenza?

Julian ci pensò mentre saliva le scale in tutta fretta, ansioso di rivedere Stan e Sara e assicurarsi che stessero bene. Oh, sì, c'era eccome qualcosa di vero. C'era sempre stato, in ogni mondo possibile, oltre le manovre dei poteri dominanti sull'inconsapevole popolazione: era l'amore. L'amore per sua sorella Sara, per Aileen, per un amico sincero e fedele come Stan. Quello era vero. Tangibile, concreto. Un sentimento che superava ogni tessuto sintetico, ogni nanosfera meccanica, ogni campo di forza non generato da un essere umano ma da una macchina.

«Stan» disse Julian prima di gettarsi tra le braccia dell'amico, che aveva appena aperto la porta di casa.

«Dimmi che ce l'avete fatta.»

Julian si affacciò all'interno dell'appartamento. «Dov'è Sara?»

«Dalla signora del piano di sopra» rispose Stan, poi si defilò e lo fece entrare. «Voleva che le rifacesse le treccine.»

«La situazione in città è pesante. Sì, ce l'abbiamo fatta. Ma accendi il televisore e ti renderai conto del casino in cui ci siamo infilati.»

«Il tuo apparecchio non funziona più da ieri notte. Era vecchiotto.»

«Ascoltami bene.» Julian si perse con lo sguardo oltre la finestra dal vetro sporco e intravide il profilo dei palazzi della città, il mondo in cui era nato e cresciuto, un mondo che si era fatto via via più inospitale. «Dobbiamo prendere mia sorella e andarcene da qui.»

Fu allora che qualcuno bussò alla porta. Julian corse ad aprire, il cuore d'un tratto al galoppo nel petto, e si imbatté nel più dolce e autentico sorriso dell'isola. Prese in braccio Sara e la strinse forte, poi la riempì di baci.

Sì, qualcosa di vero esisteva eccome. E lui era chiamato a fare di tutto per proteggerlo.

35

Nei giorni successivi, quasi a smentire le congetture di Julian, Aurora tornò a essere avvolta da un'oscurità perenne che impediva di distinguere il mattino dal pomeriggio, il pomeriggio dalla sera. A seguito degli unici due giorni di sole in un febbraio rigido e piovoso, ammassi di nuvole nere avevano ripreso a gravitare sull'isola e scaricare violenti temporali sulla città. Che fosse un fenomeno naturale o il frutto di un'attività di manipolazione atmosferica, poco importava. Di certo era la cornice ideale per abbracciare i pensieri inquieti di tutto il gruppo, nel momento in cui ogni speranza veniva ridotta a brandelli dalle mosse politiche di casa Werner.

Con l'aiuto di Stan e Sara, Julian mise assieme vestiti e oggetti vari, riempì due valigie, pagò la signora Alma (arrotondando per eccesso il suo compenso, grazie alla momentanea disponibilità di tagli offerta dal recupero delle matrici) e lasciò per sempre il quartiere industriale. Con Adam alla guida della Crystal, il gruppo riprese la strada verso ovest, e lui assaporò nell'aria il malsano profumo di un saluto estremo. Dopo una buona mezz'ora di silenzio, Sara si addormentò con la guancia schiacciata sulla sua gamba. Solo allora Julian chiese a Coven di dirgli qualcosa della sua infanzia. Del mondo che era stato e non era più. Della civiltà di cui Aurora era figlia unica. Ma Adam non era in vena di perdersi in lunghi racconti.

«Avevamo fatto di tutto per mettere in comunicazione ogni angolo della Terra» rispose a un certo punto, una nota di rassegnazione nel tono caldo e profondo. «Di permettere alle persone di avvicinarsi, di far parte di un'immensa rete di relazioni. Col risultato di renderle ancora più distanti, schiave di una realtà illusoria popolata da versioni digitali di noi stessi. Dell'immagine che volevamo dare di noi, al posto di ciò che eravamo davvero.»

Julian incontrò lo sguardo cupo di Stan, prima di fare una riflessione ad alta voce: «A quanto pare anche voi avevate problemi di identità. Come succede qui in Aurora, dove non si riesce più neanche a capire l'età delle persone».

«La razza umana ha sempre avuto problemi di identità» concluse con amarezza Coven, prima di ritirarsi in un cupo silenzio. «L'unico uomo davvero sincero è l'uomo solo, perché non deve indossare maschere con nessuno.»

Una volta al rifugio-laboratorio di Coven, Julian prese da parte Aileen e Stan in un angolo della sala. La luce fioca di un paio di faretti si accordava alla perfezione con il suo stato d'animo.

«Niente sarà più come prima» disse con amarezza.

I tre rimasero a parlare per un'ora buona, mentre Sara dormiva (o faceva finta di dormire, secondo Julian) su un divanetto. A quanto raccontò Aileen, Mann aveva preso in prestito una vecchia auto di Gordon ed era tornato alla villa in zona Guglia dove, senza perdere tempo, si era messo al lavoro insieme a Tarja. Bisognava prepararsi a qualsiasi eventualità e raccogliere testimonianze e prove per dimostrare, qualora fosse stato possibile, i misfatti dei Werner e la loro inaccettabile condotta professionale.

Un paio di giorni più tardi, Julian convinse Aileen a sentire la madre per telefono. Restò in disparte a osservare le reazioni di lei durante la conversazione. La vide respirare con affanno, stropicciarsi gli occhi, mordersi un labbro per non cedere alla commozione. Si avvicinò e la tenne per mano quando le lacrime ebbero il sopravvento. Più tardi lei gli riferì di aver parlato con una persona diversa. Quasi una sconosciuta. Di certo, una madre pentita. Finalmente consapevole della giusta prospettiva da cui vedere le cose, in imbarazzo con se stessa per il comportamento che aveva tenuto per troppo tempo, schiava com'era di una carriera politica fatta di inganni e raggiri.

«Non l'avevo mai sentita piangere» confessò Aileen. «Non mi aveva mai chiesto scusa.»

Julian la strinse forte e non aggiunse altro. Mentre le carezzava i capelli con delicatezza, il fiume di interrogativi che si nascondevano nel suo animo ruppe ogni argine. Si era tenuto dentro quella domanda troppo a lungo, ma era certo che prima o poi sarebbe venuta fuori. Diretta, spontanea. Inevitabile.

«Perché l'hai fatto?»

Aileen indietreggiò, arrossì e si voltò verso la finestra della sala. Oltre il vetro spesso, la vista si perdeva in un nulla senza fine. Le sagome di Adam e Gordon transitarono per un attimo nello spiazzo polveroso di fronte all'edificio, dirette a un camioncino.

«Non hai pensato a me?» insistette Julian, rivolto al profilo della ragazza. «Quando ho saputo che avevi cercato di ucciderti, io...»

Aileen si voltò di scatto, gli occhi gonfi in un accesso di rabbia improvvisa. «Tu non hai idea, Julian. Non hai idea di quello che si prova là dentro.»

Lui avanzò di un passo ed esitò prima di poggiare le mani sulle spalle di Aileen. «Raccontamelo, allora. Parlami. Sono qui.»

«Scusa.» Lei abbassò il capo e inspirò a fondo. Poi liberò l'aria lentamente, da una stretta fessura tra le labbra, come se stesse soffiando sulle fiamme di un caminetto. Un faticoso tentativo di ritrovare la calma e riuscire a incasellare le parole giuste. «La verità è che non lo so spiegare, neanche a me stessa. È come sentirsi... paralizzati. Come smettere all'improvviso di riuscire a pensare al futuro. Mi sembrava di essere rinchiusa lì da anni, capisci? Di non avere alcuna possibilità di tornare a casa. Avevo il terrore che si servissero di me come cavia, che mi sottoponessero a ogni genere di esperimento. E poi... so che è assurdo, ma non ricordo niente di quello che ho pensato prima di prendere quella decisione. Come se l'avesse presa qualcun altro al posto mio.»

Gli occhi di Julian brillarono nella penombra. «Lo sai che avrei fatto di tutto per tirarti fuori di lì. Posso immaginare la mia vita ad Aurora come schiavo di una fabbrica, come pezzente, perfino come delinquente. Posso addirittura pensare di prendere quel maledetto farmaco e andare contro a ogni mio principio, di vivere un'esistenza da pedina del sistema. Ma non riesco ad accettare che tu non sia parte di tutto questo. Per il tempo che ci verrà concesso, tu sei la mia vita, Aileen. Lo sei sempre stata.»

La ragazza sollevò la testa e lo fissò a lungo, senza replicare. Ma tremava. Tremava come se la temperatura fosse sotto zero. Julian allargò di nuovo le braccia mentre lei cedeva a un pianto inconsolabile, figlio del tormento interiore e della paura, e si avvicinava al suo petto.

«Ti amo.» La voce le si strozzò in gola.

«Anche se sono destinato a diventare un vecchio bavoso?» scherzò Julian.

«Credo proprio di sì» rise lei, tra le lacrime. Poi, nella frazione di un secondo, lo sguardo si fece di nuovo inquieto.

Julian le passò le dita sotto i capelli, all'altezza della nuca, poi la tirò a sé, chiuse gli occhi e la baciò. Premette le labbra contro quelle di Aileen con forza, mentre inclinava appena il capo e la cingeva in vita con l'altra mano. La strinse forte, per dimostrarle che insieme erano una cosa sola, con il vigore e la fermezza di chi può offrire amore e protezione, rispetto e fede, fino al sacrificio più estremo. Si baciarono a lungo, come se non volessero staccarsi per niente al mondo, e Julian sentì in lei un desiderio nuovo, diverso. Forse un'unione più matura, frutto di un cambiamento in atto. Il corso degli eventi, nella sua più impensabile drammaticità, sembrava averli sradicati fuori dall'adolescenza per trascinarli in una nuova fase della vita. E quel bacio, promessa sincera di amore eterno, ne era il sigillo.

Giorno dopo giorno, Julian si accorse che Aileen era riuscita a recuperare un certo vigore fisico. La accompagnava spesso a passeggio lungo la strada polverosa circondata dal nulla che collegava il laboratorio al paese più vicino. E i due parlavano, scherzavano, si tenevano per mano. Ma soprattutto fingevano: fingevano per qualche ora di essere altrove, persi in un mondo immaginario dove nulla avrebbe potuto dividerli. Solo in una circostanza, durante una di queste camminate, Aileen riprese a vaneggiare come era capitato alla Synth e al guscio. Durò pochi minuti, ma in quel breve lasso di tempo Julian parlò con una bambina di nove, dieci anni al massimo. Anche il tono della voce della ragazza pareva essersi adeguato alla distorsione temporale di cui era vittima. Lui la abbracciò, cercò di confortarla, e insieme si sedettero sul ciglio della strada deserta, a lanciare sassolini il più lontano possibile.

Quasi ogni sera, però, Aileen si intratteneva per almeno mezz'ora in laboratorio con Gordon o Coven, e questo non sfuggiva né a Julian né a Stan. Sembrava che la ragazza volesse saperne di più a proposito dell'attività di contrabbando, delle matrici, della vera storia del *Time Deal*. Ma più tempo trascorreva al piano di sotto, più appariva chiaro che, nel suo animo, stava crescendo la convinzione di tornare al Santuario. Il luogo da cui aveva desiderato scappare sin dal primo minuto del suo ricovero era ormai un pensiero fisso, un'ossessione.

Julian la osservava preoccupato. Non c'era nulla che potesse fare per interpretare davvero i pensieri di Aileen, nulla che potesse fare per aiutarla. E allora cercava conforto in Stan, il suo unico amico, il suo bene più prezioso. L'unica persona con cui potesse essere del tutto onesto.

Seduti per terra a gambe incrociate sul terreno dalle tinte sulfuree, si erano chiesti più volte se la loro intera vita non fosse altro che una menzogna. A pensarci bene, se il destino non li avesse messi sulla strada di Roger Klaus e Adam Coven, si sarebbero trovati a subire passivamente gli eventi della città, come tutti, senza la possibilità di comprendere la reale natura del confronto politico e sociale. Senza conoscere davvero la storia di Aurora. Rabbrividirono nel pensare che quasi tutti i loro concittadini erano in quella condizione. E presto avrebbero votato. Il futuro della città dipendeva da masse di persone a cui era precluso l'accesso alla verità. Come sempre, avrebbe vinto la migliore propaganda.

Durante una di queste chiacchierate, il cui intimo contenuto veniva trascinato via dal vento, Julian confessò a Stan di avere delle difficoltà nel rapportarsi ad Aileen, dalla notte della fuga dal Santuario. Era diversa, a volte non sembrava neanche lei. Quando veniva punta sul vivo reagiva in malo modo e, più di una volta, lui aveva visto ardere nei suoi occhi il fuoco di una cieca vendetta. Per fortuna si era riconciliata con i genitori, ma pareva che non vedesse l'ora di sfogare la sua ira su chiunque lavorasse per il Programma Hansen. Quando Coven, spesso durante la cena, tentava di ipotizzare una possibile tattica per scontrarsi nuovamente con Clive e Daniel Werner, lei era la prima ad accogliere la proposta con entusiasmo. Con *eccessivo* entusiasmo.

Da una parte, il carattere ribelle tenuto per tanti anni sotto la campana di vetro domestica era venuto fuori e, complici il rapimento e la reclusione, si era scatenato in tutta la sua furia. Questo era senz'altro un lato positivo, un segno di crescita. Dall'altra, forse a causa della combinazione con i veleni della sperimentazione, la rabbia e l'impeto si erano incanalati nella direzione sbagliata, trasformandosi in un elemento autodistruttivo che aveva rischiato di ucciderla. E questo era un pessimo segno. Un segno che Julian non avrebbe ignorato, perché era pronto a rischiare la sua vita altre cento volte per salvare quella di Aileen.

A metà della settimana pre-elettorale, Julian accompagnò Adam ad Aurora. Fu una decisione improvvisa, presa mentre tutti gli altri dormivano e nata dal desiderio dell'uomo di tornare all'Arsenale, confrontarsi di persona con l'orrore, spendere due parole per gli amici perduti e promettere di fronte al luogo della loro morte che l'ideologia non sarebbe mai stata vinta.

Lasciarono dunque il rifugio nel cuore della notte e puntarono verso la metropoli. Entrarono in città dalla zona del Falco, poi risalirono fino a Stella del Nord e parcheggiarono il pulmino a due isolati da quello che rimaneva del palazzo. Quindi raggiunsero la destinazione a piedi, attenti a non dare nell'occhio. Per l'occasione, Coven aveva rinunciato alla caratteristica gonna, sostituendola con un pantalone scuro.

E così videro.

Le macerie di fronte ai loro occhi erano come le fiamme della Desler. Una motivazione, forse la più potente, per proclamare un intimo e solenne giuramento. Una promessa di giustizia, anche a costo di sacrificare la propria vita.

Julian tacque e i pensieri si strinsero attorno al ricordo di Travis e Linda, i suoi genitori scomparsi. Coloro che gli avevano insegnato il rispetto, la lealtà e il senso di responsabilità. Rifletté sulla loro storia e su quella degli uomini di Coven. Con gli occhi chiusi, mentre il vento sibilava accanto alle transenne di fronte alle macerie, pronunciò nella mente quel motto che Adam gli aveva riferito durante il viaggio, e che aveva rappresentato per il figlio George una vera e propria filosofia di vita: *gli uomini muoiono, gli ideali sopravvivono.*

L'UOMO CHE AVEVA TRADITO la causa dei Werner aveva l'aspetto di un ragazzino di sedici anni, dai capelli castani mossi, le spalle strette e la corporatura gracile, e non sopportava la barba. La radeva ogni mattina, all'alba, prima di vestirsi e raggiungere gli uffici della LKM, la ditta produttrice di droni di cui era titolare. Quel giorno, prima di essere prelevato dai figli dei Linney e condotto fuori città per incontrare finalmente Adam Coven nel suo rifugio a ovest, si piazzò davanti allo specchio del suo appartamento in zona Elmo e cancellò ogni traccia di eventuali peli superflui. *Ossessione* era il termine esatto per definire il suo rapporto con la normale ricrescita che capitava ogni giorno a un essere umano adulto di sesso maschile. E Moun, che aveva in realtà superato i trent'anni, adulto lo era eccome. Ma lo specchio gli restituiva l'immagine di un adolescente. Tutte le mattine. Era questa la grande conquista? Il miracolo medico? Indossare una maschera per il resto della propria vita, mentendo prima di tutto a se stessi? La buona salute giustificava una perenne distorsione dell'identità? Se l'era chiesto per mesi. Se l'era chiesto nel vedere gli spot di Paulie "Wolf" Nelson. Se l'era chiesto quando era entrato in affari con Clive Werner.

E se l'era chiesto a quella riunione di "imprenditori del prossimo secolo", dove aveva fatto amicizia con Rodan Sheen, un brillante e volitivo studioso di economia che pareva avere la strada già spianata da una famiglia di dirigenti d'azienda di successo. Era stato quell'incontro a cambiare le cose. Nelle pieghe terrificanti del finto sorriso di Sheen aveva visto il volto dell'Aurora del futuro.

I soldi sarebbero arrivati. Avrebbero comprato la sua esperienza e il suo silenzio. Ma non avrebbero mai potuto corrompere l'animo. E nelle profondità di ogni pensiero, nell'intimità dei sogni e nella spietata verità dello specchio, Les aveva incontrato la sua ferma convinzione nel voler porre fine alla farsa. Era bastato un pretesto, un disaccordo sul cospicuo risarcimento preteso dai Werner per una fornitura di droni mal funzionanti. Una responsabilità che Les non si era voluto prendere. L'innesco di un meccanismo che avrebbe portato alla rottura totale e che al momento lasciava i due interlocutori in una condizione di precario equilibrio.

Ma mentre passava il rasoio sotto il mento, con una cura maniacale, Les K. Moun si domandava se la battuta di Daniel Werner a proposito di "eventuali sventure" non fosse in realtà una precisa minaccia, un'anticipazione del suo futuro.

In ogni caso, era troppo tardi per tornare indietro.

Julian e Stan raggiunsero Adam Coven e il suo braccio destro Gordon in sala, per accogliere il nuovo arrivato. Fuori, un fortissimo vento stava trascinando con sé giganteschi chicchi di grandine, per poi scagliarli con violenza sulle fiancate e sui finestrini del pulmino dei Linney. Dal mezzo scese solo una persona, imbacuccata fino al collo e con un ridicolo cappellino blu in testa.

«È lui» disse Adam, il naso schiacciato contro la finestra della sala.

«Quel ragazzetto è il titolare della LKM?» Stan si produsse in una goffa risata, che cercò di mascherare con un paio di colpi di tosse, poi si sedette sul bracciolo di un divano al centro della sala.

«Ha più di trent'anni» spiegò Gordon. «Certo, non è esattamente un culturista o un modello.»

«Ci possiamo fidare di una persona che sembra aver preso il *Time Deal* il giorno stesso della sua uscita sul mercato?»

«No» rispose Adam. «Ma non ci possiamo fidare più di nessuno, dunque fa poca differenza.»

Gordon aprì la porta d'ingresso per accogliere Moun, che entrò scortato da una folata di grandine e vento glaciale. Non appena fu al caldo, il produttore di droni si tolse il cappellino in segno di saluto e scoprì la chioma castana, schiacciata sopra la fronte e mossa ai lati.

Mentre il socio di Coven faceva le dovute presentazioni, Julian si defilò per andare incontro ad Aileen, appena emersa dalle scale.

«Sara?» chiese lui.

«Disegna, giù in laboratorio.»

«Secondo te come sta?»

Aileen allargò le braccia e bastò un'alzata di sopracciglia per rispondere.

«Non riesco a immaginare cosa sarà di noi.» Julian abbassò la testa e affondò con le mani nelle tasche, mentre alle sue spalle il gruppetto prendeva posto su divani e poltrone.

«Spero che mio padre trovi una soluzione» bisbigliò Aileen.

«I tuoi stanno rischiando grosso, altroché. Chiunque volti le spalle a quella gente rischia grosso. Prova a pensarci: Werner e soci presto saranno al governo. Avranno il potere di stabilire che cosa possiamo e non possiamo fare ad Aurora.»

«E renderanno obbligatoria l'affiliazione.»

«Appunto.» Julian avanzò di un passo, con un gesto del corpo che significava *abbracciami.*

Aileen si avvicinò lentamente, infilò le mani nella fessura tra i fianchi e le braccia di Julian e lo tirò a sé. Poi adagiò la guancia sul petto del ragazzo. Lui tirò fuori le mani dalle tasche e prese ad accarezzarle i lunghi capelli rossi e la schiena avvolta in un caldo e soffice maglione. Attimi di serenità che entrambi avrebbero desiderato vivere in eterno.

In sala, intanto, Les K. Moun stava raccontando la catena di episodi che l'aveva portato a ritirare le forniture e interrompere il rapporto di lavoro con i Werner. Stan lo interruppe più volte, in preda a un'inarrestabile sete di conoscenza. Coven invece, dopo aver rivelato all'uomo quanto sapeva sui misfatti del Santuario, azzardò l'ipotesi che gli esperimenti di depurazione dell'aria celassero un obiettivo diametralmente opposto.

«Non ve lo saprei dire» si difese Moun. «Io non conosco la composizione delle nanosfere della TD Pharma. Io provvedo solo a dotare i Werner di squadre di droni alfa, microdispositivi aerei capaci di generare campi di forza nei quali queste particelle si muovono.»

«Come funzionano esattamente?» chiese Stan.

«Immagina una classe di bambini disposti a cerchio, che reggono un lenzuolo e lo agitano. Sopra il telo è pieno di minuscole palline colorate. Bene. Il campo di forza è quel telo, le palline sono le nanosfere che ci sguazzano dentro e i bambini...»

«...sono i suoi droni» concluse Stan, galvanizzato.

«Esatto. Naturalmente il campo può essere molto vasto e i droni, visto che sono telecomandati, possono alimentarlo e orientarlo, come se i bambini trascinassero il lenzuolo in giro per il parco. In ogni caso io ai Werner fornisco solo i bambini e il telo. Quale sia lo scopo delle palline colorate, lo ignoro. Nessuno ci ha mai tenuto a informarmi in merito.»

«Però si sente in pericolo» intervenne Julian dopo essersi avvicinato con Aileen al gruppetto.

«Proprio così.» Les lo fissò con l'aria di un cucciolo indifeso dallo sguardo impaurito. «E quello che mi avete detto sui Werner non fa che confermare i miei sospetti.»

«Siamo deboli.» Adam si alzò in piedi e camminò fino alla finestra, poi scrutò oltre il vetro e liberò un lungo sospiro. «Mancano pochi giorni al voto e neanche la sua testimonianza potrebbe fare la differenza...»

«L'unica cosa che fa la differenza è tornare al Santuario» si sovrappose Aileen, in tono deciso. «Armati.»

Tutti si voltarono verso di lei.

«Scherzi, vero?» chiese con una smorfia Gordon dopo alcuni istanti di silenzio. «Sarebbe un suicidio.»

«E poi potevamo coglierli di sorpresa una volta» lo spalleggiò Coven. «Non permetteranno che ce ne sia una seconda.»

Aileen spalancò un bizzarro sorriso e gli altri la osservarono con sguardi perplessi. «Non intendevo di sorpresa. E non intendevo con pistole e coltelli in mano. Ai corsi di giornalismo ho imparato che alla gente non interessano le chiacchiere. I talk show della sera sono fatti per conciliare il sonno. Agli spettatori interessano i reportage dal vivo. Armiamoci di telecamere e presentiamoci al Santuario. Non possono respingerci, dimostrerebbero che hanno qualcosa da nascondere.»

«Non funzionerebbe» rispose Coven. «Il centro medico è

diviso in blocchi con differenti livelli di accessibilità. Se anche riuscissimo a entrare, ci mostrerebbero zone della struttura perfettamente in regola, come credo che abbiano fatto in passato durante i controlli di routine della Commissione Medica. Nel frattempo sistemerebbero i pazienti in qualche punto impenetrabile e, anche ammettendo di poter raggiungere l'area del Programma Hansen, con tutta probabilità non troveremmo niente.»

«Eppure non è una cattiva idea...» disse Stan, lo sguardo fisso sul muro oltre la sagoma di Les K. Moun, come se stesse osservando la scena proiettata dalla sua mente.

«Secondo me la sicurezza vi sparerebbe a vista» osservò Moun, il tono sfrontato del tutto estraneo alla fragilità della sua corporatura. «E addio filmati. Insabbierebbero la vostra scomparsa così come hanno fatto con tutte le altre.»

«A meno che...» Julian si voltò verso Adam e per qualche istante nessuno osò fiatare. «Con la sua trasmissione su Natura 2, potrebbe disporre una diretta?»

«Già!» Stan batté il pugno sul bracciolo della poltrona. «Il programma televisivo!»

Adam inspirò a fondo e si prese il tempo per rifletterci, mentre Aileen intrecciava le sue dita a quelle di Julian e scambiava con lui uno sguardo intenso, ricco di parole non dette. Entrambi fuori dal tessuto rassicurante delle loro vite ordinarie, complici in una situazione che mai avrebbero potuto immaginare. Entrambi diversi, forse più grandi, al di là di ogni inganno farmacologico.

«Potrei organizzarlo, sì» ammise Coven. «Ma non riusciremmo a varcare la soglia dell'ingresso principale. Sapete che cosa significa, vero?»

Gordon scosse la testa. «Significa promettere uno scoop, fare una figuraccia in diretta nazionale e consegnare la città nelle mani dei Werner.»

Fu allora che lo sguardo di Stan si accese, come rinvigorito dal fuoco di una nuova, dirompente trovata. Puntò il dito verso Les K. Moun, agitando l'altra mano attorno alla tempia come se stesse rimescolando i pensieri, alla ricerca dell'idea vincente. «I suoi droni non possono fungere da microtelecamere per una ripresa aerea?»

Les sollevò le sopracciglia. «Teoricamente sì, basta prepararli.»

«Magnifico!» Stan si voltò verso Coven. «Allora è fatta. Saranno i droni a entrare al posto nostro. Moun potrebbe telecomandarli fino alle zone più segrete del Santuario, in modo da...»

«No, ragazzo, frena» lo stoppò Les. «L'idea è brillante, ma i miei droni misurano come minimo due centimetri in lunghezza e uno in larghezza. Potremmo arrivare a riprendere il centro medico da fuori, questo sì. Ma una volta dentro, la sicurezza ci metterebbe poco a individuarli e distruggerli. O a interferire con la frequenza di trasmissione del segnale. E di certo non passerebbero attraverso le porte, perché dubito che le zone ad accesso limitato abbiano larghe e comode serrature attraverso le quali entrare.»

Coven fece un passo avanti, poi un altro, infine si appoggiò con le mani allo schienale della poltrona da cui si era alzato. «Ma certo...»

Stan lo interrogò con lo sguardo, poi scambiò un'occhiata fugace con Julian, la cui espressione lo collocava a distanza siderale dalla terminologia specifica utilizzata negli ultimi minuti.

«Certo che sì» disse ancora Adam, il volto improvvisamente raggiante. «C'è solo un tipo di microcamera capace di passare attraverso la strettissima fessura che separa una porta ad accesso limitato dalla pavimentazione.»

«Nanospie» sussurrò Gordon.

«Geniale...» commentò Moun.

«Sono l'unico che non sta capendo un accidenti?» domandò Julian, lo sguardo perso.

Aileen gli offrì una smorfia solidale.

«Le nanosfere ingegnerizzate di cui vi ho parlato» spiegò Coven «sono talmente piccole da poter attraversare i vasi sanguigni. E si possono programmare con le più disparate funzioni, non solo di carattere medico. Anche la videosorveglianza è possibile. E non c'è porta che non siano in grado di superare.»

Aileen aggrottò la fronte. «Ma come fa una particella che inquadra una minuscola parte di un vaso sanguigno a riprendere gli interni di un edificio?»

«Non basta una particella, infatti» le rispose in tono enfatico Moun, galvanizzato dall'inattesa prospettiva. «Ne serve uno *sciame*.»

Stan si alzò di scatto, guadagnandosi l'attenzione dei presenti. «Uno sciame, è chiaro!»

«I droni della LKM potrebbero disporsi attorno al Santuario, circondandolo e alimentando il campo elettromagnetico.» Coven gesticolò in modo da mimare l'azione e Stan tornò seduto. «Le nanosfere vi si muoverebbero all'interno, telecomandate a distanza. In una formazione di milioni, potrebbero sembrare giusto un'ombra che svolazza per aria. Non le noterebbe nessuno.»

«Devo smorzare il vostro entusiasmo, però.» Les K. Moun conficcò i gomiti sulle ginocchia e intrecciò le dita delle mani sotto il mento. «Quando ho svolto operazioni simili all'aria aperta, con un segnale non disturbato, per telecomandare e indirizzare le nanoparticelle bastava il mio palmare. Una volta infiltrate nel Santuario, con un ostacolo fisico di quella natura, sarà difficile guidarle. Forse impossibile.»

«Come si risolve questo problema?» domandò Coven.

Les K. Moun chiuse gli occhi e ci rifletté sopra. Mosse appena la bocca come se stesse dialogando con i suoi pensieri più profondi. Poi annuì a un interlocutore immaginario e si pronunciò: «Col gioco di squadra. Uno di voi dovrebbe davvero entrare, con qualsiasi scusa, e avere con sé una piccola fonte di segnale che io chiamo sonda. Ne ho di minuscole, si possono incastonare in un anello o in un orecchino».

«A che cosa serve?» chiese Julian.

«Le nanospie potrebbero entrare e muoversi in maniera casuale all'interno della struttura, ma la persona in possesso della sonda, attivandola, fungerebbe da "richiamo" per lo sciame. Da guida. Certo, ci vuole un soggetto che sappia esattamente dove andare e sia in grado di trovare l'area dedicata al Programma Hansen, e i pazienti detenuti all'interno.»

Nessuno disse una parola, ma si voltarono tutti nella stessa direzione.

Aileen respirò a fondo, passò in rassegna gli sguardi di Adam, Gordon, Stan e Julian, poi lasciò trascorrere un interminabile momento di attesa e infine si decise. «Sono l'unica che è stata in quell'ala del Santuario, l'unica che saprebbe tornarci. Solo io posso farlo.»

Il piano era ancora incompleto, ma ogni dettaglio sarebbe stato definito nelle quarantotto ore successive dal gruppo, che non si mosse dal rifugio di Coven. Non si poteva lasciare al caso neanche il più insignificante degli aspetti della missione, e fu per questo motivo che Les, Gordon e Adam (sovente con l'aiuto di Stan) simularono numerose prove utilizzando disegni e plastici improvvisati, per mettere in discussione la strategia.

Julian cercò di trascorrere più tempo possibile con Aileen e Sara, prima di uno scontro che rischiava di far crollare l'intero mondo attorno a sé. Quando si discusse su chi dovesse affiancare la ragazza nella sortita sull'isolotto dei Werner, lui fu il primo a dichiararsi pronto. Lo fece di fronte allo sguardo impaurito della sorellina, perché in gioco c'era anche il suo futuro.

Nel frattempo, il laboratorio al piano di sotto produceva le nanospie. Quasi per uno scherzo del destino, l'alleato più importante per l'impensabile duello era proprio la stessa tecnologia che, in ambito medico, aveva permesso alla TD Pharma di diventare un simile colosso.

Finché, la sera del 27 febbraio, l'attesa terminò.

36

27 febbraio, anno 95 R.C.

Ore 22.38

Daniel Werner fece il suo ingresso trionfale in una sala dalle pareti curve, la pianta circolare e una stretta finestra che correva lungo i muri e separava l'ambiente sottomarino dall'oceano. Di fronte a sé, ventisei persone silenziose, in piedi, con una divisa arancione addosso. Alle sue spalle, la dottoressa Claire Hall indossava, come lui, pantaloni grigi con una fibbia bianca, maglia e giacca di un nero lucido su cui si riflettevano i led posti sul soffitto.

«Signori, la fase di preparazione può dirsi terminata» esordì Daniel. Il viso pulito e i capelli lisci e lunghi curati al punto da sembrare una parrucca da donna, l'espressione soddisfatta di chi attendeva quel momento da sempre. «Ci aspetta un viaggio epocale. Domani riposerete mentre il giorno successivo, nel primo pomeriggio, quando mio padre sarà proclamato Governatore Supremo… lasceremo Aurora.»

Nessuno fiatò. Ciascuna di quelle persone aveva un buon

motivo per tacere. Una ribellione, un gesto stupido o una parola fuori posto sarebbero costate vite innocenti di parenti e amici. Nei giorni che avevano preceduto quel discorso, Daniel e il suo staff si erano assicurati che non si verificassero altri episodi come quello che era costato la morte di Gary Thorne e l'uccisione di Alec Bones.

«Quasi dimenticavo» aggiunse Daniel. «La donna al mio fianco è la dottoressa Claire Hall. Sarà il vostro medico di bordo.»

Lei fece un passo avanti, dimessa. I suoi occhi incontrarono quelli di Miry Palmer. Entrambe vittime di uno squallido ricatto. Entrambe impotenti di fronte al volere del rampollo della dinastia dei Werner.

Ore 22.42

I tre figli maschi di Carl e Lizbeth Linney parcheggiarono il furgone bianco della ditta di famiglia accanto alla Crystal guidata da Gordon, in quella che un tempo era stata una stazione di rifornimento a una decina di chilometri dall'ultimo paese abitato prima della costa, ma che ora pareva solo uno spiazzo abbandonato.

Adam Coven scese e andò loro incontro. Il più alto e giovane dei tre, un (vero) ventenne sui due metri di nome Andreas, saltò giù dal mezzo e aprì il vano di carico. La fioca luce di un lampione dell'area di servizio illuminò cumuli di borse nere ammassate l'una sull'altra.

«Siete coordinati con gli altri?» chiese Coven.

«È tutto a posto» rispose lo spilungone dalle sopracciglia

sottili, la fronte spaziosa e gli zigomi sporgenti. «All'orario stabilito entreremo in azione.»

«Grazie per il supporto, ragazzi, state dimostrando un coraggio non comune. Il nostro domani dipende da questa notte. Carl e Lizbeth sarebbero fieri di voi.»

«Male che vada li raggiungiamo nell'aldilà.» Andreas gli tese la mano. «Secondo me laggiù c'è un clima migliore.»

Adam la strinse, poi prese due sacche e le sistemò nel bagagliaio della Crystal. Infine fece un cenno con la mano agli altri due figli dei Linney e risalì a bordo.

Appena Gordon mise in moto, Coven trasse un profondo respiro. «Lo stiamo facendo davvero.»

Ore 22.58

«Siete pronti?» chiese Adam non appena rientrò nel suo appartamento perduto tra le grigie polveri a ovest della città.

Stan scese dalla scala che portava al primo piano e gli andò incontro. «Ci siamo, signor Coven.»

«La bambina?»

«È al sicuro. Uno dei suoi uomini ha prelevato la tata di Sara dal quartiere industriale e l'ha portata qui.»

Coven alzò lo sguardo verso i gradini e vide comparire le figure di Julian e Aileen. «È ora di andare.»

«Bene» rispose lei. Sotto un giaccone imbottito, la tuta nera e attillata esaltava le sue gambe atletiche, abituate a stringersi sul dorso di cavalli di grossa taglia e a saltellare sulla pedana dei duelli di scherma. L'ipotonia della settimana precedente era, per fortuna, niente più che un vago ricordo.

Al suo fianco Julian, il viso tirato e le guance appena arrossate per il freddo, indossava un paio di jeans slavati e un maglione grigio a collo alto. Stan gli lanciò una giacca di pelle e un paio di guanti, poi si tirò su la zip di una felpa color verde scuro in pile.

«Ci salutiamo qui, allora» disse Adam. «Gordon vi aspetta in macchina.»

«D'accordo» rispose Julian.

«Questa notte ciascuno di noi ha un ruolo.» Coven avanzò verso i tre e li scrutò con attenzione. «Recitiamo la nostra parte, e andrà tutto bene. Ricordate quello che ci siamo detti?»

I ragazzi annuirono.

«Se non ve la sentite, questo è il momento per tirarsi indietro. Non verrete giudicati. Ciascuno di noi ha qualcosa di importante da perdere. Voglio dire, non siete obbligati a farlo.»

Aileen sollevò un sopracciglio con aria maliziosa e scrutò l'espressione sul volto di Julian. Lui rimase impassibile.

Stan, le braccia intrecciate dietro la schiena, notò lo scambio di sguardi ma tacque.

«Ottimo» concluse Coven. «Andiamo.»

Ore 23.00

Alle ore 23 in punto del 27 febbraio del novantacinquesimo anno del *Refoundation Calendar*, Les K. Moun convocò d'urgenza Clive Werner con un messaggio privato sulla linea criptata 02 di AuralCom, quella da utilizzare solo in caso di emergenze. C'era solo una possibilità che un bluff del genere, ordito insieme ad Adam Coven, funzionasse, ed era data dal fatto che i sospetti sulla manipolazione del clima fossero fondati.

Ore 23.01

RICEVUTE FOTO DI NOSTRA SONDA ATMOSFERICA
INTERCETTATA DURANTE ULTIMA OPERAZIONE.
HANNO ANALIZZATO CONTENUTO.
MINACCIANO DENUNCIA.
SERI RISCHI PER TUA CAMPAGNA ELETTORALE.
VEDIAMOCI MOLO PARKER BEACH ORE 23.45.
LKM

Clive Werner era seduto su un comodo divano in pelle bordeaux nel suo studio al decimo piano della torre nord, in mano un calice di champagne, quando lesse il messaggio sul palmare. Nell'aria stava risuonando un brano che suo padre Horst adorava, cimelio di un'epoca musicale sepolta nel tempo. Era il preludio de *La Valchiria*, uno dei quattro drammi musicali di Richard Wagner tratti da *L'Anello del Nibelungo*. Una rarità di cui, in Aurora, solo pochi e facoltosi collezionisti erano in possesso. Il movimento incalzante e ritmico degli archi sembrava la metafora perfetta della sua rincorsa frenetica verso un traguardo sempre più vicino, ma allo stesso tempo colorava l'impresa con tinte angoscianti ed era il sottofondo ideale per il contenuto del messaggio di Les K. Moun.

L'espressione serena e rilassata di Werner mutò in un istante. Con un gesto fulmineo digitò qualcosa sul braccialetto elettronico e lo schermo a muro di fronte a sé, dove stavano ruotando, mute, le immagini della sua conferenza stampa del mattino, si spense.

«Daniel Werner» pronunciò dopo aver portato il polso alla bocca. Sul dispositivo apparve il contatto di suo figlio e la chiamata partì in automatico.

«Papà» rispose qualche secondo più tardi la voce nell'auricolare.

«Devo andare ad Aurora.»

«Problemi?»

Clive si alzò e poggiò il bicchiere su un tavolo di cristallo, poi si pulì le labbra con un fazzolettino. «Forse.»

«Non ti preoccupare, questa sera rimango io al Santuario. Ho appena spedito la mia squadra negli alloggi. Nelle prossime quarantotto ore voglio stressarli il meno possibile, visto che il viaggio...»

«Sì, va bene» lo interruppe. «Ho capito.»

«Che c'è? Sei ancora dell'idea che dovremmo aspettare?»

«Naturalmente.» Clive camminò fino a raggiungere un'ampia finestra affacciata sulla notte di Aurora. Sopra la città, banchi minacciosi di nubi pronte a inghiottire ogni cosa. Quasi un ammonimento a non trascurare alcun dettaglio, o l'epilogo dell'intera campagna sarebbe stato tragico. E quello che gli aveva riferito Moun era tutto meno che un dettaglio. «Non farò neanche in tempo a presentarmi da vincitore alla popolazione, e sarai già andato via.»

«Ne abbiamo parlato a lungo» obiettò Daniel in tono pacato. «Mi pareva che avessimo raggiunto un accordo.»

«Il tuo problema, figlio mio...» Clive poggiò la mano aperta sul vetro della finestra. «...è che tu prendi accordi solo con te stesso.»

Ore 23.20

La Crystal JB era una sagoma scura sotto la superficie dell'oceano e procedeva a velocità sostenuta. All'interno del mezzo era calato il più immobile dei silenzi. Nessuno osava aprire bocca, ma tutti ripassavano nella mente le mosse discusse fino allo sfinimento negli ultimi quattro giorni. Era come avere la voce di Adam Coven piantata tra le pareti del cranio.

"Ci servono prove. Abbiamo bisogno di prove."

Julian intrecciò le dita a quelle della mano di Aileen e la fissò a lungo. Non c'era bisogno di dire niente. Erano assieme. Da quel momento in poi, di fronte a qualsiasi ostacolo, senza più nascondersi.

"Quando sarete in superficie, attivate la modalità conferenza sui braccialetti di cui vi ho dotato e chiamatemi. Potrei rispondere senza parlare. L'importante è stabilire un ponte."

«Gordon.» Stan spezzò il silenzio dopo aver sbuffato verso il ciuffo ribelle. Un gesto scacciapensieri, un vezzo. Forse un tic nervoso.

«Dimmi.»

«Quello che stiamo facendo...» Stan prese a mordicchiarsi un'unghia.

«Che cosa? Non avrai dei dubbi proprio adesso?»

«Nient'affatto. Ma mi chiedo se... sì, insomma, niente di

quello che faremo questa notte rientra nella legalità. Se anche riuscissimo nel nostro intento, come potrebbe Adam vincere le elezioni?»

«Il nostro obiettivo non è vincere le elezioni, non più» rispose Gordon, gli occhi fissi sul parabrezza. «Il nostro obiettivo è non farle vincere a Clive Werner.»

Ore 23.40

I gomiti poggiati su un tavolino di legno nella parte coperta del traghetto, unico passeggero di un viaggio improvvisato, Clive Werner vide un'ombra transitare oltre il vetro mentre sorseggiava un bicchiere di liquore e indugiava con i denti sui cubetti di ghiaccio.

Si voltò appena, senza curarsi più di tanto del fenomeno. Poteva essere il vento che sollevava granelli di sabbia nera dal molo di Parker Beach e li faceva danzare sull'oceano. Poteva essere solo un gioco di riflessi, un'illusione ottica.

Pochi minuti più tardi il traghetto attraccò. Clive si chiuse in un pesante cappotto, avvolse al collo una sciarpa di seta color panna e si incamminò verso il ponte.

«Grazie, signore» disse un marinaio, sull'attenti.

«Rimanete a disposizione, pronti a salpare. Rientrerò presto al Santuario.»

«Agli ordini, signore. Riferisco al capitano.»

Mentre percorreva lo scalandrone per tornare a terra, Clive individuò in lontananza la struttura del molo. Aveva ancora impresso nella mente il video, fornito dalla guardia del porto e da lui utilizzato durante la conferenza stampa, di un'auto che percorreva quella striscia di cemento fino a lanciarsi in un volo apparentemente letale.

Qualche timida goccia di pioggia cadde sui guanti in pelle nera appena indossati. La quiete che avvolgeva la costa sembrava un lucido e silenzioso presagio. L'equivalente atmosferico di un brutto presentimento. Clive si incamminò verso il molo e pensò che, quand'anche un dannato ambientalista avesse denunciato i suoi esperimenti climatici, la notizia non avrebbe fatto in tempo a rimbalzare tra un notiziario e l'altro. La lentezza di quel genere di processi avrebbe fatto il resto. Nel frattempo lui sarebbe stato eletto Governatore. C'erano di sicuro svariati modi di contestare le analisi sul contenuto dei droni, o far passare quelle operazioni per un servizio di monitoraggio meteorologico utile alla cittadinanza, quando avesse avuto piena influenza sulle reti televisive.

Eppure, il tono del messaggio di Les K. Moun era di completo allarme. Viste le recenti controversie, era meglio verificare di persona che non ci fossero questioni più delicate in ballo, alla vigilia delle elezioni.

Ore 23.45

Gordon, Stan, Julian e Aileen uscirono dalla Crystal appena emersa dalle acque e arenata su una spiaggetta a trecento metri dal porticciolo del Santuario e vennero investiti da una folata di vento gelido, ostile. In lontananza, l'edificio centrale della struttura medica si ergeva tronfio, con le imperiose torri nelle vesti di spavalde guardie del corpo. L'impressionante maestosità di una coppia di giganti di cemento, la massiccia stazza di due simbolici totem.

«Aspettiamo il segnale» sussurrò Gordon, e si acquattò insieme agli altri al riparo di una fila di scogli.

Ore 23.47

«Clive» lo accolse Les K. Moun, rintanato in un ingombrante piumino blu. Se ne stava in piedi accanto all'imbocco del molo, la schiena appoggiata a un lampione.

«Sta per venir giù il finimondo» rispose Werner. «Forse ci conviene trovare un posto al chiuso.»

«Pensavo esattamente la stessa cosa.» Les contrasse l'adolescenziale e imberbe volto in uno strano sorriso, mentre alle sue spalle si aprivano le portiere laterali di un furgone nero. «Un posto al chiuso.»

Il numero uno della TD Pharma riuscì solo ad aggrottare la fronte, prima che uno sconosciuto lo braccasse da dietro e gli premesse un fazzoletto imbevuto di cloroformio sulla bocca.

Ore 23.52

«Il setup è completo?» domandò Adam Coven, seduto in una buia cabina di regia accanto a un uomo dalla barba lunga, sudaticcio e dalle guance infuocate, che stava armeggiando con i fader di un banco digitale.

«Sì, tutto pronto. Quando vuole lei, iniziamo.»

Coven infilò una mano nella nuovissima gonna indossata per l'occasione, un manto morbido del colore della sabbia che arrivava fino a terra. Ne estrasse una busta che porse al fidato tecnico. «Quanto pattuito per questo... straordinario.»

«Grazie, signore.» Il tizio si fece scappare un ghigno. «Se non finiamo tutti in galera, ne farò buon uso.»

«Bene, andiamo.»

L'assistente afferrò un dispositivo elettronico dalla forma ovale poggiato sul bordo del banco e lo portò alle labbra. «Unità uno e due, in onda in tre minuti.»

Adam Coven si alzò in piedi, chiuse gli occhi e restò per una decina di secondi in silenziosa meditazione. Poi lasciò la stanza, attraversò uno stretto corridoio e sbucò nello studio televisivo del suo programma. I fari erano puntati al centro, su due sedie poste l'una di fronte all'altra di fronte a un gigantesco pannello sul quale al momento campeggiava una veduta aerea della struttura del Santuario. Non era un'immagine fissa, ma l'inquadratura di una telecamera in volo.

In quel preciso istante, ogni singola luce sull'isolotto di fronte alla costa est di Aurora si spense.

Lo spettacolo era appena cominciato.

37

Ore 23.54

«È il segnale, andiamo!» disse Gordon non appena scattò il blackout totale.

I quattro si misero in azione, circospetti, e a passo svelto raggiunsero la strada asfaltata che costeggiava il cancello del centro medico. Si mossero con rapidità e sicurezza, certi di poter contare su un appoggio a distanza, fornito dagli uomini di Coven. Julian ripensò alle parole dell'uomo mentre si guardava attorno.

"Uno dei figli dei Linney, Drew, l'unico che non lavora nell'azienda di famiglia perché si diverte di più con i sistemi informatici, manipolerà il sistema di comunicazione interno del Santuario. Niente di troppo invasivo: diffonderà un messaggio di allarme a tutti gli agenti, un quarto d'ora prima del vostro approdo, segnalando la presenza di un mezzo sottomarino nei pressi di Miura Bay. Dall'altra parte dell'isola."

«Niente cortei per accoglierci» scherzò Stan.

«Parla piano.» Julian prese per mano Aileen e osservò dal basso verso l'alto la stazza colossale delle torri. Le parole di

Adam continuarono a risuonare nella sua testa come una filastrocca imparata a memoria.

"Il primo obiettivo dello sciame è far saltare i generatori di corrente, causando un sovraccarico fittizio. Avete quindici minuti per entrare, venti al massimo, poi la procedura si rimetterà in sesto e tornerà la luce. Il secondo è interferire con antenne e ripetitori del Santuario per influenzare il campo elettromagnetico, in modo da impedire agli agenti di utilizzare il braccialetto per comunicare tra loro."

«Mi sono persa un passaggio» chiese Aileen. «Adam ci aveva detto di chiamarlo per stabilire un ponte, una volta entrati. Ma come facciamo, se sono saltate le linee?»

Fu Stan a precedere Gordon nella risposta, come uno scolaretto fiero di conoscere la soluzione al problema posto dall'insegnante. «In realtà, noi possiamo. Anzi, chiunque può chiamare da qui all'isola. La frequenza di AuralCom non ha problemi, è quella interna utilizzata dalla sicurezza del centro medico a essere preda dell'attacco dello sciame.»

«Paradossalmente» aggiunse Gordon «per mettersi in contatto gli agenti dovrebbero chiamarsi con dispositivi standard, il cui segnale parta da qui per arrivare ad Aurora e tornare indietro, e non con quelli che hanno in dotazione quando sono in servizio.»

«Vorrei tanto vederlo» disse ancora Stan, lo sguardo sognante.

«Che cosa?» chiese Gordon. «Lo sciame?»

«Sì.»

«Dovevi intercettarlo quando è partito come corpo unico, trascinato dai droni di Moun. Avresti intravisto una specie di ombra che svolazzava a pochi metri dalla superficie dell'oceano.

A quest'ora si è già diradato e diviso in mini-colonie. E quelle, per nostra fortuna, nessuno è in grado di vederle.»

Ore 23.55

«Amici di Aurora, buonanotte» esordì Adam Coven, lo sguardo profondo e magnetico dritto in camera.

Per la prima volta da almeno un paio d'anni stava trasmettendo in diretta. Ne dava conferma al pubblico la scritta LIVE in basso a destra, che di tanto in tanto lampeggiava per poi tornare fissa. Alle spalle del conduttore, le immagini aeree del Santuario al buio.

«Tra una manciata di ore sarete chiamati a votare per la carica di nuovo Governatore Supremo di questa città. Una tornata elettorale insolita, con tempi e modalità obbligati, anticipata a causa della tragica morte di Otis Colier… macché, signori!» Coven spalancò un sorriso sornione. «Una meravigliosa macchinazione di Clive Werner per garantirsi la vittoria. Restate sintonizzati su Natura 2, questa notte. Sarà l'unico canale a raccontarvi i fatti con una straordinaria diretta dal Santuario di Aurora, dove finalmente saprete la verità sulla TD Pharma.»

L'inquadratura dall'alto dell'edificio principale del centro medico tornò a tutto schermo, mentre Coven immaginava i suoi abituali e fedeli spettatori incollati al televisore. E gli altri, che forse a quell'ora si dilettavano in un noioso zapping, fermarsi su quel canale per seguire gli eventi. Nessun'altra rete avrebbe potuto offrire una cronaca tanto avvincente. Poteva figurarsi nella mente i centralini di Natura 2 che impazzivano per le telefonate provenienti dagli uffici delle altre emittenti. Era come averli di fronte a sé, i direttori di Aurora 1 e Politica 1 che si chiedevano come diavolo ci fosse riuscito.

Intanto, là fuori, una frazione dello sciame di nanosfere veicolate dai droni della LKM, composta da centinaia di minuscole pupille curiose, planava delicatamente verso l'ingresso del Santuario. Se tutti assieme potevano essere scambiati per un nugolo di moscerini o di detriti trascinati dal vento, una volta separati diventavano pressoché invisibili.

Ogni sezione aveva un compito specifico.

Ogni squadra un obiettivo.

Adam si godette la suggestiva panoramica della sede di TD Pharma completamente al buio, prima di lanciare un inserto pubblicitario obbligato (una sorta di promemoria per la cittadinanza con istruzioni precise per non commettere errori alle urne digitali sparse per la città) e promettere rivelazioni scottanti al rientro in onda. Che lo trascinassero pure in galera, ma avrebbe condotto quello show fino all'ultimo minuto. Era tempo che i cittadini di Aurora emergessero dal gorgo della menzogna.

Ore 23.58

«Ci siamo, ragazzi, pronti a separarsi» disse Gordon quando i quattro ebbero finito di costeggiare il cancello e si trovarono all'ingresso principale del Santuario. «Aileen, tu hai il compito più difficile.»

Lei mantenne lo sguardo fisso sull'entrata. Le fiamme nei suoi occhi sembravano dichiarare di non avere niente da perdere.

Personale in camice grigio andava e veniva attraverso il vasto cortile, il fare agitato e la camminata nervosa. Ombre nell'oscurità, in balìa di un imprevisto a cui non dovevano essere abituati.

«Come previsto» disse Gordon «si è attivata la procedura standard che scatta in caso di blackout generale, per far sì che dottori e pazienti non rimangano bloccati dentro.»

«Muoviamoci, allora.» Julian prese coraggio.

«Pronti a usare il dissuasore elettrico, se necessario. Non facciamo del male a nessuno, ma non permettiamo a nessuno di ostacolarci. Non ci sarà moltissima gente, vista l'ora, ma non sarà neanche deserto.»

Aileen accarezzò il taser nella fondina che pendeva dalla cintura. Aveva la forma di una torcia rettangolare nera, dall'impugnatura sagomata. Nessun grilletto. Solo due pulsanti gialli sui lati, la cui pressione simultanea dava origine a una scarica ad alta tensione e bassa intensità di corrente, capace di paralizzare l'avversario per un tempo necessario a metterlo a terra o ammanettarlo. «Con molto piacere.»

Allo scoccare della mezzanotte, il gruppo mosse verso l'entrata principale.

28 febbraio, anno 95 R.C.

Ore 0.00

Al ritorno in studio, Adam presentò un collegamento di estrema importanza e introdusse gli ospiti, che apparvero nel pannello alle sue spalle. Erano seduti su un divano bianco e dietro di loro si ergeva un'imponente libreria in legno intarsiato, piena di tomi spessi. Codici, enciclopedie, manuali. Poco spazio per la fantasia, nella collezione di testi professionali che fungeva da autorevole cornice.

«Buonanotte e benvenuti, Mann e Tarja Sheridan» disse Coven, visibilmente sovreccitato.

I genitori di Aileen salutarono a loro volta. La telecamera si spostò piano verso il tavolino di fronte alle ginocchia dei due. Era invaso da voluminosi faldoni.

«Dovete sapere...» Adam si rivolse all'obiettivo della macchina da presa, guardando dritto negli occhi il suo pubblico. «...che tutto quello che faremo questa notte è volto a sfilare la maschera a personaggi che fino a qualche ora fa vi hanno raccontato una magnifica favola. E l'hanno fatto, amici di Aurora, con il supporto di istituzioni, forze dell'ordine corrotte, burocrati conniventi e produttori senza scrupoli. Noi, come sapete bene, siamo da sempre per una medicina e una scienza etiche, e consideriamo il progresso un cammino onesto e rispettoso della natura umana.»

Un tecnico inginocchiato dietro le quinte sistemò a favore di Coven un monitor diviso in quattro riquadri con i principali canali televisivi della città (Aurora 1 e 2, Politica 1 e 2). Adam si concesse uno sguardo fugace, per rendersi conto che nelle varie redazioni era stato improvvisato un notiziario in tempo reale, privo di supporti video. Quella notte il re del piccolo schermo sarebbe stato lui.

«Passerei la parola a Mann Sheridan, avvocato di prima fascia che fino a qualche giorno fa poteva dirsi un affiliato convinto. E anche un promettente candidato per queste elezioni, giusto?»

«Giusto, Adam.» Il padre di Aileen prese la parola. La sua larga mascella era coperta da una barba incolta, come se dalla notte del blitz al Santuario avesse evitato di radersi per la prima volta nella sua vita. «Finché nostra figlia non è scomparsa. Da un giorno all'altro. E io sono stato tagliato fuori dalla corsa elettorale senza lo straccio di una nota ufficiale, o una comunicazione da parte della TD Pharma. Per il Consiglio ero l'uomo giusto. Almeno così credevo.»

«Ma poi Aileen ha manifestato dei problemi» riprese la parola Coven, sempre rivolto ai telespettatori. «Così come è accaduto a tantissimi cittadini, negli ultimi anni. Cittadini misteriosamente scomparsi. Che cos'avete scoperto in merito? Tarja, lo chiedo a lei.»

La donna prese un plico di fogli dal tavolino. La calda luce di un riflettore posto al centro della sala e diretto sul divano le stava mandando a fuoco la fronte. O forse era colpa della tensione. «Abbiamo raccolto testimonianze, nell'ultima settimana, a dir poco preoccupanti. È tutto in queste documentazioni cartacee. Sottolineo cartacee, perché un contenuto digitale rischierebbe di essere falsificato o compromesso. Noi invece abbiamo spedito una copia di queste prove a diversi studi legali e notarili della città. Una forma di tutela forse un po' all'antica, ma lei mi capisce.»

«Lo capiranno anche gli spettatori, quando racconteremo loro alcuni retroscena legati alla nascita del *Time Deal*. Ma ora, ci dica: di che testimonianze si tratta?»

Tarja si sistemò i capelli e alzò gli occhi dal plico. «Abbiamo intervistato decine di famiglie, negli ultimi sette giorni. Famiglie di affiliati. La maggior parte di queste ha preferito rimanere anonima, ma i documenti depositati e secretati portano la firma di tutti i membri. L'esito di queste elezioni, lei lo sa meglio di me, potrebbe ritorcersi contro queste persone.»

«Che cosa è emerso?»

«Ricorre spesso il nome di un medico, tale Ernest Cole. Non ho avuto il piacere di conoscerlo, ma è stato in visita anche da noi. Quando Aileen ha manifestato i primi problemi di natura psichica, mio marito ha inviato una segnalazione e la TD Pharma ci ha mandato uno dei suoi specialisti.»

«Ma non si è trattato di una vera visita. Direi più che altro... di una chiacchierata» aggiunse Mann. «E questo è successo con tantissime altre persone ad Aurora. Molti dei nostri intervistati hanno menzionato il dottor Ernest Cole, ma abbiamo registrato anche altri nomi coinvolti.»

«Quando avete parlato con la polizia, che cosa è successo?» chiese Coven mentre una giovane assistente dai capelli a caschetto biondi dietro le quinte gli mostrava un cartello con su scritto SIAMO IN TESTA AL RANKING DEGLI ASCOLTI!

«Chi non è del giro» rispose Tarja «non conosce bene le dinamiche. Ci sono dei... *privilegi*, chiamiamoli così, quando si abbraccia questa filosofia di vita. I più evidenti sono sotto gli occhi di tutti: le farmacie dedicate esclusivamente agli affiliati, per esempio. Ma ci sono anche altre situazioni in cui...»

«Quello che mia moglie sta cercando di dirvi» si frappose Mann «è che alcuni distretti di polizia hanno una corsia preferenziale per i seguaci dei Werner. Ci consigliano da sempre di rivolgerci a questi dipartimenti per godere di un servizio dedicato.»

«In ogni guscio si può trovare una lista dei distretti da chiamare in caso di necessità» spiegò Tarja. «Ed è vero, i poliziotti garantiscono una presenza costante e interventi rapidi. Noi abitiamo in zona Guglia e possiamo testimoniarlo. Il problema...»

«...è che nessuno di questi agenti ha mai risolto il caso della scomparsa di un affiliato» concluse Adam Coven dallo studio. «Giusto?»

«Ahimè» annuì Mann Sheridan.

Adam Coven si alzò in piedi, seguito dall'obiettivo della macchina da presa di fronte a lui. Si rivolse ancora alla gente a casa. «Spariti nel nulla, amici miei. Ma alcune di queste persone, ve lo prometto, possono ancora nutrire la speranza di tornare dai propri cari. Ringraziamo Mann e Tarja Sheridan, per il momento, e torniamo con le immagini dal Santuario, dove i nostri inviati dovrebbero aver fatto il loro ingresso nell'edificio principale. Tra poco li avremo in collegamento.»

L'assistente di Adam, inginocchiata accanto all'operatore, poggiò per terra il foglio in cui segnalava il boom di audience e ne mostrò un altro. Ma ora l'espressione sul volto della giovane era di apprensione, e il messaggio scritto di fretta ne era la prova.

PULMINO FORZE DELL'ORDINE

DAVANTI INGRESSO PALAZZO

Ore 0.05

Fu Julian a contattare Adam Coven dal braccialetto che gli aveva fornito Gordon, non appena quest'ultimo varcò la soglia dell'ingresso principale del Santuario, affiancato da Stan e

Aileen. La hall era completamente al buio. Si riusciva a distinguere la sagoma a mezzaluna del lungo desk informazioni solo grazie al debole alone di alcune luci di sicurezza poste in basso che, pensò lui, dovevano funzionare grazie a una batteria interna. Dietro il bancone non c'era alcuna addetta all'accoglienza.

«Prima o poi, quando tornerà la luce, ci fermerà qualcuno» disse Gordon. «Non potranno farci niente di male, visto che i braccialetti torneranno operativi e le guardie verranno avvertite della diretta televisiva. Ma ci bloccheranno. Dividiamoci ora.»

Aileen fece un passo avanti. «Ricordo bene le sale del Programma Hansen. Devo solo riuscire a capire quale sia il percorso per la Torre Sud.»

«Bene. Noi cercheremo le stanze di degenza dei pazienti del centro di Ernest Cole. Servono prove. Volti, nomi. Registrazioni cartacee, se esistono. Stan, tu prendi quel corridoio. Io andrò da questa parte.»

«Sono in collegamento con Coven» disse Julian. «Siamo... siamo in diretta. Accettate la modalità CONFERENZA sul braccialetto.»

Gli altri seguirono il consiglio, mentre tutt'attorno si muovevano figure indistinguibili, a passo frenetico. La situazione ideale per confondersi, finché le luci fossero rimaste spente. Allo stesso tempo era fondamentale che si riaccendessero, prima o poi, per permettere alle microtelecamere dello sciame di riprendere gli interni del Santuario.

"Sarà uno spettacolo indimenticabile. Un peccato non essere sul divano a godermelo in tempo reale."

Le parole di Coven echeggiarono ancora nella testa di Julian mentre gli occhi si abituavano all'oscurità e, a un paio di metri da lui, Aileen estraeva la pistola elettrica dalla fondina. Non era un bel segno. Pareva una manifestazione della volontà di attaccare, più che di potersi difendere.

Una volta connessi alla chiamata di gruppo, tutti ascoltarono le parole di Adam Coven, rivolte al pubblico della trasmissione: «...e ci sta venendo a far visita anche la polizia, amici di Natura 2. Chi vuole scommettere cento tagli su quale distretto abbia inviato i suoi uomini all'entrata della nostra emittente?»

Nel giro di un paio di minuti i quattro si divisero. Ma mentre Adam dava finalmente la parola al suo braccio destro Gordon, lasciando che la sua voce entrasse nelle case di centinaia di migliaia di cittadini di Aurora, l'unica del gruppo a procedere a passo svelto, la destinazione ben chiara in mente, era Aileen Sheridan.

38

Ore 0.07

Aileen si allontanò dal gruppo e prese a correre a tutta velocità. Non aveva idea di come fosse fatta la pianta del piano terra, dal momento che il suo arrivo al Santuario, una settimana prima di quella notte, era avvenuto in uno stato di totale incoscienza.

Per capire dove stesse poggiando i piedi tenne premuto un tasto sulla parte anteriore del taser. Si trattava di una mini-torcia dalla gittata lunga, perfetta per la circostanza. Il fascio di luce illuminò corridoi e passaggi, transitando sul volto di ignari passanti che le offrirono uno sguardo stupito. Finché si trattava di infermieri, addetti alle pulizie o altri generi di professionisti in servizio a quell'ora, forse la strada sarebbe rimasta libera, a patto di non imbattersi in quel signore esageratamente magro che aveva detto di chiamarsi Ernest Cole. Lo stesso che si era presentato a casa sua per visitarla. Se fosse saltata fuori una guardia, invece, di sicuro la musica sarebbe cambiata.

A un certo punto della sua confusa corsa, la torcia illuminò un cartello che diceva PERCORSO RAPIDO. Sotto la scritta, una placca quadrata con alcune decine di puntini disposti in modo da formare una spirale. D'un tratto le sembrò di sentire la voce di Miry, invisibile guida al suo fianco.

"Questo identifica la Torre Sud, ovvero l'unica via per raggiungere il piano terra, passando per il ponte di vetro."

La sua mente impiegò la frazione di un secondo a ricordare il tragitto fatto in compagnia di Cloe Ryle, poco dopo il suo risveglio nel primo e unico giorno di detenzione tra quelle mura. Se non si sbagliava a proposito di uno dei tanti simboli di cui le aveva parlato Miry, e il ponte indicato dalla placca era davvero quello sospeso per aria che collegava le due torri, non poteva perdere tempo. Doveva arrivarci prima che venisse riattivata la corrente. Sempre che avesse ragione Coven, nel supporre che gli ascensori funzionassero anche in caso di blackout generale grazie a dei generatori specifici, allo stesso modo dei macchinari nelle sale operatorie.

"Un'improvvisa interruzione di corrente non può impedire a un chirurgo di portare avanti una delicata operazione, così come non può confinare le persone a quindici piani di distanza dal suolo, senza alcuna possibilità di scendere se non per le scale."

Mentre esitava di fronte all'indicazione del segnale, il cuore in gola e la pistola-torcia stretta nella mano destra, Aileen non poté evitare di pensare che con una compressa di *Velmacs* non avrebbe avvertito tutta quella stanchezza mentre correva, e che con l'applicazione di un paio di sottili nastri di *Podium* sotto le narici avrebbe respirato molto meglio durante lo sforzo. Nell'immaginare la sua fornitura domestica di prodotti della TD Pharma, e dunque l'ambiente rassicurante della sua camera da letto, per una bizzarra associazione di idee la mente le ripropose un insegnamento su cui si era soffermata solo pochi giorni prima, quando suo padre l'aveva confinata in camera a studiare: *un valido reporter non si arrende finché non ha raggiunto il punto più profondo della caverna, dove risiede la verità.*

Ore 0.15

Daniel Werner si era assopito dopo la telefonata con il padre e dormiva da quasi un'ora su un divanetto in pelle, al buio di uno studio al terzo piano sottomarino. La parete in vetro oltre la scrivania era affacciata sui flutti, una visione capace di conciliare il riposo come nessun altro intruglio chimico mai prodotto dalla casa farmaceutica. Specialmente dopo una giornata di estenuante lavoro durata più di sedici ore.

Il rumore sembrò inizialmente parte dello strano sogno in cui Daniel si ritrovava al momento, fatto di bizzarre e imponenti costruzioni ai piedi delle quali lui si sentiva minuscolo. Una scena ricorrente, che lo accompagnava sin dall'infanzia. Andò avanti per diversi secondi, ma forse nella sua traduzione onirica durò decine di minuti. Era come l'impatto cadenzato di un tronco che batteva contro il portone blindato di una fortezza, per abbatterlo, mentre un'eco lontana sussurrava il suo nome. Ma questa era solo una versione amplificata e temporalmente distorta di quanto stava accadendo nella realtà.

Quando spalancò finalmente gli occhi, si accorse che qualcuno stava bussando alla porta dello studio, con insistenza. E lo chiamava a gran voce.

«Chi diavolo è?» gridò Daniel. Poi si alzò e andò verso la

porta. Si chiese perché il videotrasmettitore a parete non funzionasse. In questo modo non poteva essere certo di chi fosse dall'altra parte.

«Sono Ernest Cole» insistette l'uomo. «Mi hanno detto che sei qui. Vuoi aprire o no?»

Solo allora Daniel si convinse dell'identità della persona che l'aveva svegliato e si decise a sbloccare la serratura. «Che cosa...»

Cole entrò con passo deciso e gli spinse quasi la porta addosso. «Stavi dormendo, scommetto.»

Daniel premette senza successo l'interruttore accanto allo stipite. «Perché non funziona un accidenti...»

«Blackout generale, Daniel. Gettati dell'acqua in faccia e dammi una mano. Non sono tranquillo. Dov'è tuo padre?»

Si sforzò di ricordare, ma ogni volta che si svegliava di soprassalto ci metteva qualche minuto a riposizionare la sua esistenza sulla linea del tempo. «Clive è... lui... ah, sì, è ad Aurora. Aveva un impegno.»

«Cos'è andato a fare in città?»

«Non ti riguarda. E comunque, Cole...» L'inflessione della voce si fece più marcata e decisa. «Vedi di usare nei miei confronti un tono rispettoso. Quest'intrusione...»

«Cazzo, Daniel! Come te lo devo dire? Ho visto delle persone attraversare il cortile» lo interruppe ancora quello che suo padre definiva il *vecchio smilzo*. «Non erano medici. Non erano infermieri e di certo non erano pazienti. Avevano delle divise particolari. Ho paura che qualcuno si sia introdotto nel centro senza autorizzazione, come la settimana scorsa. Non è casuale l'origine di questo blackout. E tu mi parli del tono di voce!»

«Ho capito, ho capito!» Daniel Werner afferrò la giacca

poggiata sullo schienale della poltrona di fronte alla scrivania, poi uscì dallo studio insieme a Cole. «Manteniamo la calma. Vieni con me.»

Ore 0.20

L'immagine alle spalle di Adam Coven si illuminò all'improvviso, mentre dietro le quinte tecnici e assistenti fremevano per l'improvvisa sortita degli agenti del distretto 5-Elmo. I poliziotti non avevano alcun permesso di irrompere in studio, ma la loro sola presenza nei pressi di Natura 2 metteva in difficoltà l'intera produzione. L'aspetto paradossale della vicenda, a cui Adam pensò in un lampo prima di riprendere la parola, era che per proteggersi dalla polizia avrebbero dovuto chiamare... altra polizia. In una proiezione istantanea offerta dal suo cervello, quella situazione poteva trasformarsi rapidamente in una drammatica lotta tra quartieri. Una guerra civile.

«E luce fu» sorrise il conduttore del programma più seguito della notte di Aurora. «Quella che vedete è una straordinaria ripresa in soggettiva di una delle nostre microcamere aeree. O, per meglio dire, è la combinazione di migliaia di minuscoli obiettivi. Grazie a questo eccellente lavoro di squadra su scala nanometrica, possiamo finalmente osservare il Santuario dall'interno, amici miei. Non credo che dimenticherete facilmente questa diretta.»

La colonia di spie volanti di Coven fluttuò a mezz'aria in una larga sala conferenze, poi si ammassò contro una porta e la percorse fino a terra, infine passò attraverso una serratura e il video per un attimo si frazionò in centinaia di mini-inquadrature sconnesse. Si ricompose qualche secondo più tardi, quando lo sciame tornò nella formazione originale oltre la barriera. Le nanosfere ripresero a sondare l'ambiente in modalità casuale e danzarono fino a imboccare un lungo corridoio. In prossimità di ogni porta parevano voltarsi tutte con un movimento sincronizzato verso l'elemento di interesse, per poi proseguire oltre. E pensare, si disse Adam mentre le vedeva in azione, che aveva ideato quel sistema di intrusione ben cent'anni prima, quando la guerra era ancora solo un'ipotesi pessimistica, buona per garantire ascolti ai talk show.

Ore 0.23

Una volta separati, Julian e Stan si inoltrarono nell'intricato labirinto di tunnel, con la torcia del taser puntata verso il buio. Quando si riattivarono i led all'interno del Santuario, i due ragazzi si incrociarono di fronte a una porta che diceva RISONANZA MAGNETICA 3.

«Trovato qualcosa?» chiese Julian.

«Niente di interessante. Salette chiuse. Stanze vuote. Per poco non finivo addosso a una signora che stava spingendo un carrello pieno di panni, scope e prodotti chimici.»

«Siamo nel reparto sbagliato.»

«Aileen?» Stan si rivolse al braccialetto, nella speranza che la ragazza, collegata in modalità CONFERENZA, fosse in ascolto. «Hai trovato qualcosa?»

Silenzio.

«Aileen? Ci senti?» La voce di Gordon risuonò negli auricolari. «Ragazzi, continuate a cercare. Non restate fermi.»

I due ripresero a camminare, questa volta insieme. Svoltarono a caso all'incrocio con un paio di intersezioni e si ritrovarono in un'area più spaziosa, vicino a tre erogatori di vivande e drink. A pochi metri da loro, un paio di scale mobili salivano verso il primo piano.

Viste le dimensioni delle nanosfere-spia, i ragazzi non poterono rendersi conto di essere appena passati di fronte a una colonia. Come i pulviscoli nell'aria, visibili solo in determinate condizioni di luce e altrimenti nascosti allo sguardo umano, i piccoli occhi volanti di Coven erano maestri di discrezione.

Julian e Stan non videro lo sciame, ma lo sciame vide loro.

Li inquadrò.

Li seguì mentre salivano circospetti al livello superiore.

E li trasmise in diretta a tutto schermo sui televisori di qualsiasi cittadino sintonizzato a quell'ora su Natura 2.

Ore 0.24

Aileen non arrestò la sua corsa finché non trovò finalmente il ponte trasparente che aveva già percorso durante il suo primo giorno al Santuario. Un tuono assordante fece tremare lo spesso vetro affacciato da una parte sull'oceano e dall'altra sulla costa est di Aurora. In fondo a quel lungo passaggio sospeso tra il cielo e la terra, lo ricordava bene, c'era l'ala dedicata al Programma Hansen.

Lo attraversò a passo svelto, ma senza correre. Aveva bisogno di rifiatare e, per il momento, decise di riporre il dissuasore elettrico nella fondina. Intanto, gocce sempre più gonfie di pioggia cadevano sulla superficie lucida, si aggregavano in sagome globulari e distorcevano l'immagine al di là della barriera, per poi rotolare via senza lasciare traccia. Adam aveva spiegato a lei, Julian e Stan, una sera, quel comportamento anomalo dell'acqua a contatto con certi rivestimenti.

"Si chiama effetto loto, per via del fenomeno naturale a cui si ispira: la capacità della foglia di quella pianta, da molte culture considerata sacra, di rimanere pulita anche in ambienti fangosi, grazie ai nanocristalli cerosi che coprono le sue cellule epidermiali e fungono da materiale idrorepellente e idrofobico. Ora che la pianta in questione non esiste più, il compito di mantenere vivo il suo insegnamento è affidato alle nanotecnologie."

Quando arrivò alla fine del tunnel, Aileen si voltò verso la protezione in vetro: il temporale aveva cominciato a scatenare la sua furia sull'isolotto, e con tutta probabilità anche sull'intera metropoli. Fu allora che un dottore dai capelli biondi a caschetto, la barba incolta e la corporatura minuta spuntò dalla sala verso la quale era diretta. Si fermò in prossimità dell'inizio del ponte, a una decina di metri da lei, come un guardiano improvvisato. Aileen lo riconobbe subito. Era il responsabile del test della griglia, lo stesso che aveva annunciato le dimissioni di Alec Bones e Miry.

«Piacere di rivederla» sibilò la ragazza.

«A... Aileen?» L'uomo non si mosse.

«Esatto: A-Aileen» gli fece il verso. «Sorpreso?»

«Dove stai andando? Che cosa ci fai qui?»

Lei avanzò senza alcun timore reverenziale, lo sguardo fisso su quello dell'uomo in camice grigio. Lo vide tremare. Esitare. Lo immaginò chiedersi se non fosse il caso di voltarsi e correre a chiamare aiuto.

Quando fu a un paio di metri da lui, Aileen si fece improvvisamente scura in volto e pronunciò quella che, dall'intonazione, suonava più come un'accusa che come una domanda. «Dove avete portato Miriam Palmer.»

Poi balzò in avanti, mentre con la mano destra estraeva il taser dalla fondina. Il medico indietreggiò fino all'ingresso della sala ma non fece in tempo a girarsi. Una scarica elettrica lo colpì prima al fianco e poi al petto. Cadde e cominciò a contorcersi su se stesso, mentre lei frugava nelle tasche del suo camice e gli sottraeva il tesserino magnetico.

Avanti un altro, pensò. E solo per un istante, mentre attraversava la sala deserta e il rombo di minacciosi tuoni faceva eco alle sue spalle, si soffermò sul pensiero, fino ad allora ignorato, di non temere affatto per la sua vita.

39

Ore 0.29

«Aileen, dannazione, rispondi!» La voce di Gordon risuonò negli auricolari di Julian e Stan, che arrestarono la corsa. «Ragazzi, avete sentito anche voi? Dobbiamo raggiungerla.»

Julian allargò le braccia. «Non sappiamo dove sia, ha disattivato la localizzazione.»

«Temo che abbia appena chiuso la chiamata» aggiunse Stan dopo aver armeggiato con le impostazioni della modalità CONFERENZA, sul braccialetto. «Non ci ascolta. Non ci vuole tra i piedi.»

Ore 0.30

Mentre le voci dei suoi uomini si accavallavano nell'auricolare, concitate, confuse, a tratti accompagnate da una fastidiosa interferenza, Adam Coven riprese a parlare alla popolazione di Aurora. Raccontò in poche parole quello che sapeva del mondo, quanto ricordava delle origini di Aurora a partire dall'istituzione del *Refoundation Calendar*. Tutti argomenti trattati per anni nel corso del programma, ora riassunti in brevi pillole, con supporti grafici, elenchi temporali e mappe, per informare anche lo spettatore medio che forse seguiva per la prima volta la trasmissione dall'inizio alla fine. Stando ai cartelli che gli mostrava l'assistente dietro le quinte, dovevano essere parecchi. Un bacino d'utenti mai registrato da quell'emittente. Un esercito di potenziali elettori.

La ricca e serrata digressione storica, che non durò più di cinque minuti, era volta a un'unica conclusione. Un momento atteso forse per una vita intera. Per arrivarci Adam prese il discorso alla larga, riallacciandosi alla battuta di Tarja Sheridan sulla contraffazione dei documenti digitali. Perché era proprio grazie a uno scherzo simile che, tanti anni prima, qualcuno era risultato il depositario del brevetto sul *Time Deal* al posto suo. Il suo nome era Horst Werner.

«Qualche tempo fa, amici miei» disse con voce rotta dall'emozione «mi avrebbero dato del pazzo, se avessi fatto una rivelazione del genere. Non so che cosa accadrà domani, ma è tempo di uscire allo scoperto.»

I tecnici accanto alle macchine da presa sembravano in apnea, il fiato sospeso di fronte al volto teso del conduttore.

«Sono stato io a ideare e rilasciare la prima versione del farmaco che ha rivoluzionato la vita di questa città. Io il primo a testarlo sull'unica persona della cui vita potevo disporre a piacimento: me stesso.»

L'operatore dietro la macchina da presa si scostò per affacciarsi e verificare con i propri occhi che stesse succedendo davvero. Gli altri della troupe accanto a lui si guardarono in faccia, muti, sconvolti.

«Dovrebbe essere vivo Horst Werner per darvi una prova di quanto sto dicendo. Purtroppo, io ho pochi mezzi per farlo. Ma guardate qui.» Coven alzò una mano verso la regia, situata al piano superiore dello studio, e sul megaschermo apparve la foto di due uomini sulla quarantina, le braccia poggiate su un corrimano, uno accanto all'altro, sorridenti. «Questi siamo io e il vecchio Horst, fondatore di WL Pharma, la casa madre di quella che tutti conoscete come TD. Alle nostre spalle potete ammirare la ruota panoramica del molo di Santa Monica, in California. Sì, amici, sto parlando del mondo distrutto dal conflitto nucleare.»

Adam prese fiato, attese che il pubblico metabolizzasse la scioccante rivelazione. Poi si schiarì la voce e ricominciò. «Sono qui da un bel po' di tempo, come avrete potuto intuire. E non sono nato ad Aurora. Così come lo stesso Horst Werner. Ma al di là della mia età e della mia storia, che forse vi racconterò un giorno, oggi voglio che sappiate qualcosa sul farmaco in libera circolazione da una ventina d'anni. Clive Werner, ai tempi, temeva che un'informazione del genere avrebbe dissuaso le persone dal sottoporsi alla terapia. Ma è proprio questo l'elemento chiave su cui si basavano le mie ricerche.»

E fu così che Adam Coven disse a ogni cittadino sintonizzato su Natura 2 in quell'istante che il miracolo medico non era in realtà un prodigio della biologia, ma dell'ingegneria molecolare. Non che questo fosse di per sé un problema. Il *Time Deal* funzionava a meraviglia ed era l'unico aspetto "sano" dell'essere affiliati. Il guaio era che quell'elisir era nelle mani di gente disposta a tutto pur di esercitare il proprio potere, allo stesso tempo spirituale e politico.

In quel momento, per un bizzarro scherzo del destino, che talvolta sa conciliare gli eventi secondo un ordine di sincronicità ignoto all'uomo, le nanospie risalirono lungo un condotto e si ricomposero nella formazione originale in un'ampia sala. Coven se ne accorse quando la sua giovane ed emozionata assistente gli indicò il megaschermo alle sue spalle, dove la fotografia di Horst e Adam era stata rimpiazzata dal video in tempo reale.

Al centro dell'inquadratura c'era Aileen Sheridan. Ai suoi piedi, la scritta impressa sulla moquette bordeaux diceva PROGRAMMA HANSEN.

«Amici!» Coven rivolse all'obiettivo un sorriso enigmatico, le sopracciglia inarcate, lo sguardo pieno di soddisfazione dell'atleta appena giunto in prossimità del traguardo. «Ci siamo. Aileen non può sentirci al momento, ma è tornata nel luogo della sua detenzione. Una stazione di passaggio obbligata dalla quale, e lo dico con il cuore distrutto, sono transitati fin troppi nostri concittadini. Presto conoscerete la destinazione finale di molti di loro. Presto saprete il vero scopo del lavoro occulto della TD Pharma.»

La regia del programma staccò sull'inquadratura dall'alto di Aileen che procedeva a passo spedito attraverso l'ampio salone, poi nel corridoio dove si susseguivano una serie di salette mediche numerate, infine lungo un percorso che la ragazza pareva ricordare a memoria. Fino a raggiungere due porte a scorrimento laterale che si erano appena chiuse dietro alla figura esile di Daniel Werner e a quella imponente di un infermiere in divisa.

Il passaparola doveva funzionare davvero, perché l'assistente di Coven sollevò un cartello con la scritta CI STA GUARDAN-

DO MEZZA AURORA. E Adam sapeva che non era un modo di dire. Immaginò le persone incollate allo schermo, pronte a tifare per quella giovane eroina dai capelli rossi, apparentemente indifesa di fronte a un armadio umano di due metri e al suo superiore.

Le nanosfere, invisibili agli occhi dei protagonisti in scena, seguirono gli spostamenti dei tre passo dopo passo. Si librarono nell'aria girando attorno alla ragazza e offrirono agli spettatori il suo sguardo cinico e spietato. Poi ruotarono sull'avanzata decisa del ragazzone in divisa viola, mentre il rampollo di casa Werner rimaneva immobile in disparte.

Adam seguì la scena in silenzio, certo di interpretare col dovuto rispetto il momento di tensione che tutti stavano vivendo con lui. Vide Aileen indietreggiare e poi prendere a correre a ritroso per il percorso appena fatto. Vide l'infermiere inseguirla. Lo sciame, ormai vincolato alla microsonda incastonata nella cintura della ragazza, accompagnò Aileen nella fuga, ma di lì a poco gli spettatori di Natura 2 si resero conto che la figlia degli Sheridan non stava affatto scappando. Stava solo tornando indietro fino al primo corridoio.

All'altezza di una porta con la targhetta che recitava SALA 3, Aileen si fermò per un solo istante, prese fiato e sferrò un calcio con tutta la violenza che aveva in corpo, poi entrò e scavalcò una scrivania. Infine sfilò una sciabola dall'apposita sede appesa al muro.

«Straordinario» riuscì solo a commentare Adam Coven.

Ore 0.38

«Adesso ci divertiamo» disse Aileen, la mano stretta sull'impugnatura anatomica della Legend 651. Il pregiato regalo di cui Daniel Werner si era vantato, proprio in quello studio, quando l'aveva accolta.

L'infermiere di due metri, appena entrato nella saletta, si bloccò in una posizione plastica. Poi sgranò gli occhi.

«Lascia giù quell'arma» azzardò. «Puoi farti male.»

«Qui l'unico che si farà male sei tu.» Aileen saltò di nuovo sulla scrivania per poi scendere e atterrare a un metro dall'avversario. Con un colpo eseguito senza distogliere lo sguardo dal ragazzone prese di taglio una miniatura in cristallo poggiata su una mensola e la mandò in frantumi. «Voltati e fai quello che ti dico.»

L'altro alzò le mani in segno di resa e obbedì. I due, a passo rapido, tornarono di fronte alla porta chiusa, per accorgersi con sorpresa che Daniel Werner era sparito.

«Se non ricordo male qui il tesserino magnetico non basta» disse lei. «Mi servono le impronte digitali.»

«Ci sono i pazienti, all'interno, io... i-io non posso...»

«Infatti tu non puoi. Tu *devi*.»

«Davvero, ti prego. Calmati.»

«Io sono calma.» Aileen sorrise, poi sbatté un paio di volte le ciglia. Sembrava il vezzo della bambina furba che faceva gli occhi dolci al genitore per avere l'autorizzazione a restare sveglia fino a tardi. «Ti sto solo informando che, se non passerai le tue dita su quella placca magnetica, le passerò io dopo avertele mozzate.»

Ore 0.40

Adam Coven aveva gli occhi lucidi mentre le porte dell'ala più segreta del Programma Hansen si aprivano di fronte allo sciame di microspie. In cuor suo fu felice di veder collaborare l'infermiere dietro la minaccia di Aileen, o i suoi spettatori avrebbero assistito a una scena spiacevole e a dir poco cruenta. Ma allo stesso tempo, come tutti, si chiese che fine avesse fatto Daniel Werner, sparito dall'inquadratura quando la ragazza era corsa a recuperare l'arma e al momento assente.

«Vorrei essere seduto accanto ad alcuni di voi» disse il conduttore, mentre l'inquadratura seguiva Aileen all'interno di un ambiente in penombra che presentava diversi divanetti, schermi sottilissimi, un bancone da bar sulla parete in fondo. «Vorrei tenervi per mano. Mi rivolgo ai genitori, ai fratelli e agli amici delle persone che questa ragazza sta per liberare da un'assurda prigionia. Semplici cittadini di Aurora, affiliati che hanno manifestato anomalie, problemi di natura psichica, disturbi della memoria… e che per questo motivo sono stati prelevati e condotti in quel luogo. Un posto dal quale stasera stessa li tireremo fuori.»

Coven si alzò in piedi proprio mentre un frastuono proveniente da dietro le quinte faceva voltare tutti di scatto.

Un agente in divisa giallonera – seguito da sei ragazzi più giovani, apparentemente dell'età di Julian e Stan –, fece irruzione in studio e puntò una mitraglietta verso il soffitto. «Interrompete immediatamente questa trasmissione.»

Nello stesso momento, all'interno della sala relax del Programma Hansen inquadrata dallo sciame, Daniel Werner venne fuori dal dormitorio maschile e indirizzò la canna della sua pistola verso Aileen.

Ore 0.41

Julian e Stan ritrovarono Gordon al secondo piano, in corrispondenza di una scala mobile. Era appena sbucato dalla parte opposta di un largo disimpegno, oltre una fila di ascensori.

«Avete sentito?» chiese l'uomo, sudato in volto.

«Sì» rispose Stan. «Che sta succedendo?»

Julian si passò le dita della mano sinistra sulla testa rasata. «La polizia... quella in combutta con Werner. Vogliono boicottare il programma.»

«Un momento» disse Gordon. «Zitti. Ascoltate...»

La voce di Adam Coven squillò negli auricolari, brillante ed energica. «Signori, che mirabile tempismo! Proprio nel momento del grandioso faccia a faccia finale.»

Julian scosse il capo e guardò gli altri con aria interrogativa. Adam si stava rivolgendo al pubblico, o agli agenti piombati in studio? Di quale faccia a faccia parlava?

In quel momento, alla loro sinistra, da un ascensore sbucò la figura rachitica e sinistra di Ernest Cole.

Ore 0.42

«Chiudete il collegamento!» gridò ancora l'uomo armato nello studio televisivo di Natura 2, mentre le immagini sul megaschermo mostravano l'avanzare impavido di Daniel Werner verso Aileen Sheridan, impietrita al centro della sala relax con la sciabola puntata verso terra. Quasi in contrasto con l'ordine appena impartito, l'agente del distretto 5-Elmo aveva gli occhi incollati al pannello alle spalle di Coven. E come lui i suoi uomini. E i tecnici dietro le quinte. E la gente a casa.

Tutti videro l'azione rapida e scellerata di un ragazzo appena emerso dall'oscurità del dormitorio maschile, un giovane di cui solo Aileen conosceva la reale identità. Aveva i capelli biondi, ricci, lo sguardo inferocito, e quelli erano i suoi ultimi istanti di vita. Si gettò su Daniel Werner per placcarlo da dietro ma il suo ultimo grido, quello che accompagnò la rincorsa, diede all'avversario un impercettibile attimo di vantaggio, utile per scostarsi appena, evitare l'impatto pieno e venire solo urtato e sbalzato di un metro abbondante alla sua sinistra. La bocca di Aileen si spalancò quando Daniel fece fuoco verso il paziente inerme e l'urlo della ragazza rimase indistinguibile al pubblico. Ma tutti ammirarono lo scatto repentino e il fendente con cui la figlia degli Sheridan, approfittando del momento di distrazione, fece volare l'arma di Werner verso la zona notte. E la fuga dell'uomo che seguì, lungo lo stesso corridoio in cui Aileen aveva tentato il suicidio dopo aver steso Cloe Ryle. Il tutto di fronte allo sguardo incredulo e impotente dell'infermiere che avrebbe dovuto difendere il suo capo, ma che sembrava sotto shock per la visione del corpo di Ray Lodge che si contorceva sul pavimento. Un'immagine che rischiava di diventare il simbolo della presa di coscienza dell'intera città di fronte al vero volto della dinastia Werner.

Mentre l'inquadratura si frammentava per spezzarsi di nuovo in centinaia di minuscole schegge colorate, la squadra di poliziotti superò la fila di macchine da presa, decisa a entrare in campo. Nello stesso istante, dalla parte opposta dello studio, due figure spuntavano da dietro un sipario. La prima era il giovane Andreas Linney, le mani salde sull'impugnatura di una mitraglietta. La seconda, al suo fianco, pronta a prendere posto suo malgrado sulla sedia riservata all'ospite d'onore del programma, era l'ultima persona che gli spettatori, e gli stessi agenti, si sarebbero potuti immaginare.

Finalmente, Aurora poteva assistere al duello televisivo tra i due candidati più importanti al ruolo di Governatore Supremo: Adam Coven e Clive Werner.

Ore 0.48

«So che cosa state facendo» disse Ernest Cole con un rantolo, poi tossì con forza.

«Potremmo dire la stessa cosa» replicò Julian.

«Ci conduca nella zona del Programma Hansen» lo incalzò Stan.

L'espressione sul viso di Cole si fece sospettosa. «Dove ho già visto la tua faccia...»

«Dice a me?» chiese Stan.

«Sì, a te.»

«Io non la conosco.»

«Io invece so chi sei, solo non saprei dire dove...» Cole assottigliò le palpebre e stirò le labbra, l'espressione di chi sta passando in rassegna i ricordi alla ricerca di quello giusto. «Ma certo. Certo. Sei uno dei poveracci che lavoravano per il dottor Klaus.»

Julian avanzò di un passo con fare minaccioso, la mano destra all'altezza della fondina, sull'impugnatura del taser. «Come fa a sapere di questa storia?»

«Perché ho seguito quel delinquente per giorni e notti» sghignazzò Cole, lo sguardo sempre fisso su Stan. «Ti ho visto agghindato come un netturbino nel quartiere Teatro, ho visto lui salire in casa della dottoressa Hall. E l'ho visto anche mentre gli saltavano le cervella. Pessimo spettacolo, devo ammettere.»

«Figlio di puttana» sussurrò Stan, poi estrasse il taser. «L'hai ucciso tu.»

«Stai attento a come parli, moccioso!» Ernest Cole infilò una mano nella tasca interna della giacca e tirò fuori una pistola dalle dimensioni talmente ridicole da sembrare un giocattolo per bambini.

«Veramente è lei a dover stare attento a come parla.» Stan spiazzò Cole con un sorriso beffardo. «I nostri braccialetti sono collegati alla trasmissione in diretta di Adam Coven. E lei ha appena dichiarato di essere un assassino.»

40

La notte di Aurora era un affresco tetro e spaventoso, la gola di un inferno gelido spalancata sui destini di ogni singola anima. Di ogni impotente formica, di ogni inutile moscerino. Perché questo erano i cittadini della metropoli. Nient'altro che questo. Affiliati e non affiliati. Adulti e ragazzi. Anziani e bambini. Il temporale che batteva sui tetti delle loro case era solo l'ennesimo schiaffo. Da dove venivano? Chi erano? Quali sottili e incomprensibili dinamiche guidavano le loro esistenze? Se ci si poteva soffermare sul particolare, sull'isolato tratto di una singola vita, qual era in verità il grande disegno? Quali i suoi contorni? E chi il pittore?

Il tuono, puntuale come il rintocco di una campana, scandì una volta ancora i passi di un conto alla rovescia pronto a scrivere la parola fine su un capitolo controverso della storia di quel piccolo angolo di cosmo. Niente più che un pezzo di terra ancora vivo in un mondo defunto. Un mondo di operose e insignificanti formiche. Di minuscoli e sacrificabili moscerini.

Eppure, di quali sorprendenti slanci erano capaci gli esseri di quella razza, e in particolare alcuni di questi più illuminati o ambiziosi, più geniali o folli, nell'eterna e impari lotta con la Natura.

Ore 0.49

«Arrestate quest'uomo» disse in tono quasi impercettibile Clive Werner subito dopo essersi seduto di fronte ad Adam Coven. Poi si voltò verso gli agenti e ripeté la frase a volume più alto. La luce dei fari batteva sui suoi capelli tirati a lucido, sulla fronte increspata, sugli occhi stanchi.

Adam reagì con una smorfia di sdegno. «Mi delude, dottore. Io non credo che i cittadini di Aurora vogliano questo. Io credo che desiderino sentire la sua versione dei fatti. O non ne ha una?»

«Quello che è successo questa notte è indegno.» Werner allungò il braccio verso il gruppo di agenti, la mano aperta in segno di stop. «Anzi, di qualcosa è degno. Di una condanna esemplare per lei e per gli uomini al suo servizio. Le assicuro che siete in una pessima posizione, al momento.»

«Mi spiace che lei si sia perso il meglio» lo schernì Coven. «Suo figlio ha appena sparato a un paziente, in diretta nazionale. Io credo sia ben più scomoda la sua, di posizione. Gradisce un cuscino?»

Werner restò impassibile, con l'esemplare atteggiamento del leader che non si lascia scalfire neanche dalla più sconcertante delle rivelazioni. Freddò il rivale con uno sguardo di ghiaccio. Poi si rivolse alle telecamere. «È una montatura. Qualsiasi immagine vi abbia mostrato finora. Non crederete alle parole di questo ciarlatano.»

«La farsa è finita, Werner, gli spettatori hanno visto tutto.» Coven si alzò in piedi, mentre l'immagine sul maxischermo risultava ancora frammentata e incomprensibile. «È venuto il momento di raccontare che fine hanno fatto migliaia di loro amici e parenti negli ultimi anni.»

E così fece, con poche e misurate parole, di fronte ai volti impalliditi dei presenti. Poi chiese alla regia di aprire l'audio proveniente dal braccialetto di Julian, per chiedere una testimonianza a Gordon. Fu allora che in studio rimbombò l'esplosione di tre colpi di arma da fuoco, due ravvicinati e uno isolato. E nessuno, per una manciata di secondi, riuscì ad aprire bocca.

Ore 0.51

«NO!» Julian si gettò sul corpo di Stan, steso a terra in un bagno di sangue.

Ernest Cole rimase con il braccio teso e tremante, la pistola puntata ora verso Gordon, poi il viso si fece cereo e gli occhi, scavati, sprofondarono nell'abisso della consapevolezza. L'uomo portò l'arma alla gola e la diresse verso l'alto. Poi premette il grilletto. Il suo cervello schizzò per aria come lo zampillo di una fontana. Il corpo, floscio e futile accessorio, si accasciò al suolo.

Senza prestargli attenzione, Julian rimase inginocchiato accanto al corpo di Stan, che pareva la vittima di una crisi epilettica in preda alle convulsioni, come doveva essere capitato tante volte al fratello Joey. La persona più buona del mondo, stando alle parole dell'amico. L'unico ad apprezzare quel bizzarro ciuffo laterale da modello d'altri tempi.

«Non farmi questo, ti prego» singhiozzò.

Stan aveva gli occhi sbarrati.

«Non farlo» disse ancora Julian, le mani premute sul volto

per impedire la visione di tanto orrore. «Perché tu. Perché.»

«Il t-tr… tre vol…» balbettò l'amico. I muscoli smisero di colpo di contrarsi. «Tre volte c-camp…»

«Stan. Stan!» Julian inclinò il capo e cercò di schiacciare l'orecchio all'altezza del cuore. «Resisti.»

«…pione in carica.» La testa di Stan si piegò su un lato, gli occhi semiaperti e fissi verso un punto alle spalle di Julian.

«Rimango io con lui» disse Gordon. «Corri a cercare qualcuno. Qualcuno che lo porti alla clinica del Santuario.»

Julian si alzò di scatto e si lanciò giù dalle scale mobili, non prima di essersi asciugato le lacrime e aver gridato all'amico di una vita di non azzardarsi per niente al mondo a lasciarlo.

Ore 0.53

Nello studio di Natura 2 trascorsero secondi di irreale silenzio, a seguito degli spari e delle successive grida. La regia abbassò a zero il volume del collegamento subito dopo l'ultimo colpo. Il pianto disperato di Julian di fronte all'amico steso a terra, dunque, risuonò solo nell'auricolare di Adam Coven come una musica straziante, riservata esclusivamente a lui. Come la fatale conferma di un dubbio che lo accompagnava da una settimana. Il dubbio che quell'operazione potesse costare la vita di qualcuno dei suoi. Che il prezzo da pagare per raccontare la verità fosse altissimo.

Proprio mentre alcuni degli agenti del distretto 5-Elmo abbassavano le armi in segno di resa, l'inquadratura sul maxischermo tornò uniforme. Mostrava Aileen, spalle al muro, lo sguardo affranto.

41

Ore 1.03

«Controllo» ansimò Daniel Werner nel braccialetto, in preda a una crisi respiratoria dopo una fuga durata quasi un quarto d'ora per le scale della Torre Nord. Finalmente al riparo in un ascensore del settore ad accesso limitato, in cui era riuscito a infilarsi prima che Aileen riuscisse a raggiungerlo.

«Signore, mi dica.» La voce di un tecnico venne fuori in viva voce dal dispositivo.

«Preparate *Back8*. Lasciamo l'isola questa notte.»

«Ma i passeggeri stanno dorm…»

«Il setup è completo da ieri. Si dia una mossa e li svegli. Si parte immediatamente.»

Ore 1.05

Miry si svegliò di soprassalto. L'ultima immagine del sogno confuso che stava facendo fu quella di un sole accecante che, invece di tramontare all'orizzonte, si ingigantiva fino a ingoiare il pianeta. Quando aprì gli occhi si rese conto che qualcuno aveva acceso i led della sala notte, impostando un livello massimo di illuminazione.

«Che cosa state...» disse mentre vedeva gli altri del gruppo misto alzarsi a loro volta dai rispettivi letti. Tra questi, Claire Hall. Un medico di bordo, stando alle parole di Werner, trattato come un paziente qualsiasi.

«Indossate le tute da viaggio, siamo in partenza.»

Un coro di voci seguì l'ordine impartito da un tecnico della spedizione, un uomo più basso di lei, calvo e privo di sopracciglia.

«Senza fiatare!» aggiunse il responsabile, poi uscì dalla stanza parlottando al suo braccialetto.

Ore 1.12

Claire Hall, in testa al gruppo di passeggeri, scese per una scala stretta e si ritrovò in una sala buia e angusta, che a fatica avrebbe contenuto l'intero equipaggio. Le uniche luci provenivano da una fila di monitor oltre un bancone a mezzaluna. Il gruppo si radunò e attese in silenzio ulteriori istruzioni, mentre un paio di tecnici armeggiavano con dei comandi digitali. Oltre gli schermi, uno spesso vetro separava la saletta dall'oceano.

Miry si avvicinò alla dottoressa e la prese in disparte. «Ho paura.»

«A chi lo dici» confessò lei.

«Perché sei qui? Non sei una di loro.»

Claire si legò i capelli in una coda di cavallo, poi chiuse per un istante gli occhi. Prese un lungo respiro, li riaprì e scosse il capo. «Non lo sono affatto. Sono costretta a partire, come tutti voi.»

«Ma non eri neanche una paziente del programma.»

«No.» Claire si appoggiò con la schiena a una colonna al centro della stanza. «Ma ho remato contro la TD Pharma e ho vinto questo viaggio premio.»

«Moriremo, vero?» La mascella di Miriam Palmer tremò, mentre lei cominciava ad ansimare.

«Non lo so. Non ha più importanza.»

In quel preciso istante, dalla scaletta scese Daniel Werner, e tutti lo videro per la prima volta agitato, con i capelli in disordine, il volto sudato e gli occhi carichi di un inspiegabile timore. L'uomo si affrettò a raggiungere il banco e confabulò con i tecnici, senza prestare attenzione al resto del gruppo.

«Che senso ha questa partenza anticipata...» bisbigliò Miry, poi cercò conforto in Claire. Lei le sorrise, con la serenità di chi ha smesso di farsi domande.

Trenta secondi più tardi, i due tecnici invitarono i passeggeri a seguirli oltre un varco immerso in una tonalità di color rosso. Claire, seguita da Miry, procedette in testa all'equipaggio. Giunto in fondo al passaggio il gruppo si ritrovò in un ambiente confortevole, che profumava di materiali freschi di produzione, insonorizzato e pressurizzato a tal punto da rendere sordo il suono originato da ogni minimo spostamento d'aria. La pavimentazione era rivestita da uno strato gommoso di un rilassante color carta da zucchero, mentre ai lati correvano parallele due file di posti a sedere. Le pareti presentavano una sezione in vetro oltre la quale si potevano scorgere i fondali marini.

«Ci siamo» mormorò Miry, il volto contratto, mentre tutti tacevano.

I membri della spedizione si accomodarono uno dopo l'altro. Solo quando furono seduti entrò in scena anche Daniel Werner, che prese subito la parola.

«Benvenuti a bordo di *Back8*. Avremo tempo di parlare del viaggio e dell'obiettivo di questa missione. Ciò che ora scambiate per forzatura è in realtà un'impareggiabile opportunità, ma lo scoprirete col tempo. Ora seguite le indicazioni sul monitor di bordo di fronte a ciascuno di voi, e per qualsiasi problema di natura medica rivolgetevi senza esitazione alla dottoressa Hall.»

Claire, imperturbabile, lo fissò negli occhi. Vide per la prima volta ansia, insicurezza. Fretta. Si chiese che cosa diamine potesse essere successo per modificare a tal punto l'umore di Daniel e rendere necessario un simile cambio di programmi rispetto a quanto confermato solo poche ore prima.

Si augurò che ci fosse di mezzo Adam. Che stesse succedendo qualcosa per cui quella di Daniel non era una partenza, ma una fuga.

Le palpebre socchiuse, pregò che qualcuno impedisse la messa in moto di quella gigantesca noce sottomarina, intervenisse in tempo e li tirasse presto fuori di lì.

Claire Hall pregò a lungo. Troppo a lungo. Di lì a poco il rumore dei motori, ovattato dal sistema di insonorizzazione interna, fece vibrare le pareti di *Back8*. Il piccolo schermo di fronte a lei si accese e le offrì le immagini in tempo reale dalle telecamere poste ai lati della nave. Lo sconosciuto, gelido e tenebroso oceano.

Il cuore le balzò in gola quando, con un violento quanto improvviso scossone, il mezzo iniziò a muoversi.

NELL'ANGOLO MALE ILLUMINATO di un corridoio, intanto, Aileen Sheridan si arrese definitivamente di fronte a un passaggio che non si sarebbe più riaperto. E scivolò con la schiena lungo la parete, stremata.

Negli occhi la consapevolezza di non poter fare di più. Nelle gambe e nelle braccia, una spossatezza mai sperimentata prima. Il cuore schiacciato dal peso di una carta a sorpresa che Daniel Werner aveva giocato prima di uccidere Ray Lodge, una rivelazione a labbra serrate che i telespettatori non avevano potuto sentire.

"Lascerò Aurora questa notte, non sarai certo tu a impedirmelo. Claire e la tua amichetta dai capelli viola verranno con me."

Dopo qualche minuto, con uno sforzo notevole Aileen tirò su il polso e premette una combinazione di tasti sul braccialetto, per riattivare la localizzazione. Poi selezionò un numero.

«Julian...» disse soltanto, prima di perdere i sensi.

42

Julian incontrò se stesso nello specchio e si salutò con un sorriso nervoso. L'agitazione gli aveva fatto spalancare le palpebre all'alba, mentre Sara dormiva ancora beata in un lettino tutto suo all'interno dell'appartamento asettico ma senz'altro funzionale fornito loro dall'amministrazione Colier, in attesa che gli strascichi giudiziari di quella che la stampa aveva definito "notte degli sciami" delineassero un futuro più chiaro per tutti.

Alle sue spalle, la televisione a schermo piatto e sottile come un foglio di carta era accesa sul primo canale, e nel consueto talk show del mattino si dibatteva su alcune questioni di natura etica. Era così da settimane. La trasmissione condotta da Adam Coven, nonostante l'orario, aveva fatto registrare numeri senza precedenti, frantumando ogni record non solo del canale Natura 2, ma di tutte le reti televisive della città. Nei giorni successivi, numerosi giornalisti al soldo dei Werner erano stati licenziati o si erano dimessi, mentre gli agenti corrotti dalla TD Pharma erano stati sospesi a tempo indeterminato. Lo scandalo era destinato a invadere posti di lavoro, abitazioni, quartieri, a occupare i discorsi di cittadini di ogni estrazione e alimentare continui confronti sia nelle piazze che in TV. Era in gioco il futuro stesso della metropoli. Dunque, del mondo intero.

A petto nudo e con addosso solo un paio di jeans scuri stretti, Julian camminò fino a un armadio e lo aprì. Ne tirò fuori una maglietta bordeaux a maniche lunghe. La infilò mentre il conduttore del programma deviava la discussione sui temi urgenti della politica di Aurora. Julian smise di ascoltare. Da quando le elezioni, come era prevedibile, erano state congelate e rinviate, l'amministrazione di Otis Colier aveva portato avanti i lavori del governo senza un vero leader al comando, e a molti non andava giù. Ma era grazie agli uomini del compianto Colier che lui e Sara potevano dormire sotto un tetto a spese del governo fino a nuova sistemazione, e questo era già un inizio.

Una volta vestito (la giacchetta beige della Synth aveva finalmente lasciato il posto a un elegante giaccone scuro dalle ampie tasche, gentile e inatteso dono della signora Alma), Julian lasciò un biglietto per la sorellina e uscì dalla residenza. Gli assistenti sociali sarebbero arrivati a metà mattina per chiacchierare con Sara fino all'ora di pranzo, come da protocollo. Per lui, invece, era una giornata importante. Non poteva far tardi all'appuntamento.

Scese a piedi per le scale e, non appena fu in strada, alzò gli occhi verso il cielo della sua città. A conferma dei sospetti nutriti da lui e Adam, una volta messi i lucchetti alle fabbriche di droni di Les K. Moun il clima aveva iniziato a manifestare drastici mutamenti. Da un giorno all'altro. Il forte vento continuava a soffiare sull'isola, ma ora non trascinava che rade e distanziate nubi bianche. Si era scatenato solo un temporale, nelle prime settimane dalla "notte degli sciami", che lui aveva interpretato quasi come un mistico momento di purificazione dell'intera metropoli, e non come la consueta doccia acida a cui la popolazione era abituata da sempre. Nei bar e nei luoghi di ritrovo di Aurora si erano sprecate le battute sulla controversa questione: Clive Werner era davvero il re dei cieli? Aveva cercato, alla stregua di una sadica divinità, di ammalare e allo stesso tempo curare i suoi concittadini, in modo da avere a disposizione il più vasto laboratorio di cavie umane mai concepito? L'aveva fatto per studiare e migliorare il *Time Deal*, così da poterlo utilizzare in un progetto di ben più ampio respiro, o solo per renderlo indispensabile? Julian stesso se lo chiedeva di continuo.

Serpeggiava peraltro, tra i discorsi della gente, un dubbio la cui risoluzione avrebbe potuto cambiare la storia: se davvero la minaccia nucleare si era esaurita così tanto tempo prima, il resto del pianeta poteva tornare a essere terra di conquista e semina? O forse lo era già?

Il tempo avrebbe risposto.

Julian procedette a passo svelto verso la destinazione che, per ventotto interminabili giorni, era stata per lui un luogo inaccessibile. Ma quante volte ci era passato davanti, e aveva chiuso gli occhi pregando che tutto stesse andando per il meglio all'interno di quelle maestose e pallide mura? Quante volte aveva fissato l'enorme insegna che diceva OSPEDALE CENTRALE DI AURORA - ISOLAMENTO, sperando che la medicina potesse finalmente assolvere ai suoi sacri compiti e riparare i danni generati dalla follia umana?

In quella stessa ala distaccata della struttura erano stati accolti, dal giorno successivo alla liberazione e alla messa sotto sequestro di ogni angolo del Santuario, tutti i pazienti del Programma Hansen, e molti altri degenti ricoverati presso la sede della TD Pharma. Era lì che Aileen stava seguendo il programma di disintossicazione dalle radiazioni, senza che le fosse concesso di avere contatti con nessuno, di alcun tipo, fino al termine del trattamento.

Dalle notizie filtrate a mezzo stampa, Julian aveva appreso che alla ragazza era stata rifilata anche una sostanza, somministrata durante un esperimento a doppio cieco, risultata alle analisi un concentrato di steroidi anabolizzanti capaci di causare agitazione, aggressività ingiustificata, perfino deliri di onnipotenza e tendenze suicide. Da alcune carte trovate negli uffici privati di Daniel Werner era emerso che questo tipo di terapia era considerata necessaria, al fine di preparare i passeggeri dei viaggi oltreoceano ad affrontare realtà ostili e inospitali come quelle della California post-nucleare.

E chissà quanti altri abomini perpetrati dai titolari della casa farmaceutica sarebbero potuti saltar fuori col tempo, pensava mentre incrociava il suo riflesso nelle vetrine dei negozi. Nelle ultime quattro settimane, infatti, la polizia aveva perquisito gli uffici dei vertici della TD Pharma e le abitazioni del quartiere residenziale dell'isolotto, transennato i gusci sparsi per la città e archiviato una mole di documenti sia digitali che cartacei. Come aveva detto il capo della polizia alla stampa, in un'intervista che aveva colpito molto la piccola Sara, fare chiarezza su un sistema che andava avanti da così tanto tempo e aveva coinvolto centinaia, se non migliaia di persone a vari livelli, sarebbe stato un lavoro molto lungo. Forse infinito, o impossibile. Anche perché, nonostante le evidenti colpe di Werner e soci, il numero di famiglie affiliate chiuse in un silenzio totale per paura di ripercussioni era altissimo. Era davvero possibile sradicare ogni pianta marcia dal suolo, oppure l'ingranaggio messo a punto dalla casa farmaceutica era talmente ben oliato da permettere di resistere in silenzio al periodo di maggiore crisi, per poi riemergere e tornare più forti di prima?

Il tempo avrebbe risposto.

Julian si fermò di fronte a un semaforo rosso. Sull'asfalto delle strade poco trafficate del quartiere Mercato batteva un sole caldo, gentile. Anche la vita sembrava meno frenetica. Ma non era la gente a essere cambiata. Era il tumulto nel suo cuore ad aver trovato un momento di quiete.

L'Ospedale era a un paio di isolati di distanza e il momento si stava avvicinando. Prima di attraversare, Julian si voltò verso la vetrina di un negozio di elettrodomestici. Un servizio su Aurora 1 informava la popolazione a proposito delle condizioni di Clive Werner, relegato in attesa di processo in un'ala distaccata e monitorata ventiquattr'ore su ventiquattro del carcere Medina, con la sola possibilità di conferire con il suo avvocato. A quanto era stato detto nelle trasmissioni degli ultimi giorni, che Julian seguiva fino a tarda ora senza riuscire a prendere sonno, per prima cosa il leader della TD Pharma aveva chiesto di poter disporre della sua personale fornitura di prodotti, in gran parte psicofarmaci. Non accontentato, aveva promesso di far saltare i vertici di mezza città. Peccato che questo, a sua insaputa, stesse già accadendo. Dopo una decina di giorni aveva iniziato a manifestare evidenti segni di squilibrio mentale, cominciando col parlare da solo e ripetendo per ore, come in una lenta e inarrestabile nenia, i famosi slogan pubblicitari della casa farmaceutica (*La gioventù non è il futuro / La vita eterna non è un sogno / La gioventù è il presente / La vita eterna è realtà*); poi sostituendo le stesse parole al testo di una celebre canzone di Paulie Nelson; quindi prendendosela con le telecamere, poste troppo in alto per essere raggiunte (altrimenti le avrebbe mandate in pezzi); infine mettendosi a dialogare con persone immaginarie, alle quali impartiva ordini. Nel più completo delirio, pareva che Werner avesse anche dichiarato che Aurora era uscita dalla minaccia tossica da almeno diciotto anni. L'aveva fatto ridendo a crepapelle e battendo più volte la testa contro una parete.

Prima di raggiungere l'ala dedicata ai pazienti in quarantena, Julian passò di fronte al blocco più vasto dell'Ospedale Centrale di Aurora, quello accessibile a tutti. Sin dal primo giorno dopo la "notte degli sciami" aveva preso fissa dimora nel reparto di terapia intensiva, al fianco del suo unico vero amico. Stan era circondato da un groviglio di tubi, coperto da metri di bende, attaccato a svariati macchinari. Ma era lì. Era lì accanto a lui.

La sera, lontano da orecchie indiscrete, Julian gli parlava. Gli parlava anche per ore, fino a tarda notte, per poi addormentarsi sulla scomoda sedia di plastica. Sapeva che Stan non poteva sentirlo (anche se sotto sotto credeva che questo fosse in qualche modo possibile, perché due animi da sempre in marcia lungo lo stesso sentiero e legati dal medesimo destino dovevano per forza poter comunicare su livelli diversi della coscienza), ma gli raccontava tutto. Gli raccontava la fine dell'impero farmaceutico dei Werner, gli effetti del loro blitz al Santuario, la situazione di stallo politico e sociale. I dubbi di tutti a proposito di un domani incerto, imprevedibile.

Gli raccontava di quanto gli mancasse Aileen, la *sua* Aileen, quella che lo amava e lo rispettava nonostante le umili condizioni, quella che lo aveva sempre difeso e che si divertiva a ideare teorie sull'esistenza. La campionessa di scherma che sognava di diventare una grande giornalista.

Ogni tanto, anche la piccola Sara si sedeva accanto a lui. L'assistente sociale rimaneva in disparte, talvolta si allontanava per lasciare soli i Darrel. E lì, nella penombra di una stanza avvolta dal silenzio, la bambina montava sulle sue gambe e osservava quel corpo immobile, l'intreccio di serpenti di gomma, gli incomprensibili numeri sui monitor. E sorrideva, con la sana incoscienza e la genuina speranza di chi ancora non è stato corrotto dallo scorrere del tempo.

«*Stanny* si sveglierà, vero?» aveva chiesto una sera, a bassa voce.

«Tu ci credi?»

«La mamma in sogno mi ha detto che si sveglierà.»

«Sai cosa diceva nostro padre?» Julian aveva lasciato che Sara appoggiasse la testa al suo petto e poi, senza distogliere lo sguardo dalle palpebre serrate di Stan, aveva preso ad accarezzarle i capelli, certo di non poter fare di più per le persone che amava, ma allo stesso tempo consapevole del fatto che *esserci*, fino all'ultimo degli istanti, fosse una delle più concrete dimostrazioni di amicizia e affetto. «Diceva che la mamma ha sempre ragione.»

Il tempo avrebbe risposto.

Il tempo, indiscusso padrone delle azioni umane, metro di paragone e giudizio, elemento di certezza e inganno, amico e nemico, assassino e guaritore, partenza e traguardo, avrebbe emesso il suo verdetto sopra i destini terreni.

Nella sua natura mutevole e inafferrabile, si sarebbe espresso. Ogni tessera del mosaico, prima o poi, avrebbe preso posto nella propria sede. Poiché il futuro, la fortuna, la salute e dunque l'esistenza stessa di ogni creatura non erano altro che un contratto con il tempo.

Julian superò l'edificio principale e intravide in lontananza la struttura più piccola, la cui porzione in prospettiva offriva solo le lettere finali dell'insegna.

Niente si era sistemato davvero, questo lo sapeva bene. Stan era ancora in coma. Adam Coven, Moun e Gordon in custodia in attesa di un delicato processo. E poi c'erano Sara e la silenziosa ombra della malattia alle sue spalle. Eppure, mentre attraversava a passo svelto l'incrocio, Julian fece caso all'inusuale leggerezza e calma interiore che lo accompagnavano. La sensazione di essere nel posto giusto, la rara e inspiegabile percezione che il mondo si stesse lentamente ricollocando sul binario previsto. Nessuna certezza sulla destinazione, ma la convinzione che il presente fosse l'unica cosa importante, come qualcuno gli aveva insegnato.

E il presente era il volto incantevole di Aileen Sheridan, in piedi accanto al cancello d'ingresso dell'ospedale, i capelli di un rosso più vivo e quel sorriso timido e puro che non era solo un compagno di vita, per lui. Era la vita stessa. Una ragione per andare avanti.

«Come ti viene in mente di farmi stare così in pensiero?» scherzò Julian quando fu a pochi passi da lei, tentando di inghiottire il magone. «Non si fa.»

Aileen avanzò e poggiò le mani su quelle del ragazzo. «I tuoi capelli sono più lunghi.»

Lui stirò le labbra in un sorriso, poi la prese fra le sue braccia. Così rimasero per un po', stretti l'uno all'altra, senza guardare più in là di un istante. Poi si incamminarono in direzione Elmo e non dissero una parola per svariati minuti, perché tutto ciò di cui avevano bisogno era stare assieme. Nel sereno scorrere delle ore. Nella piena gioia di una libertà ritrovata.

Fu Aileen a spezzare il silenzio, in prossimità di un semaforo rosso. «Non ho saputo niente degli altri. A parte Stan, di lui mi hanno detto.»

«Les K. Moun è stato arrestato, ma dicono che le attenuanti gli eviteranno la galera. Pare che non fosse davvero al corrente di quello che i Werner facevano con i suoi droni.»

«Coven? I ragazzi dell'Arsenale?»

«Subiranno un processo. Adam ha chiesto di poter mettere mano alle arnie del Santuario per studiarle. Dice che in cambio possono anche chiuderlo in isolamento e buttare la chiave.»

«Potrebbe riuscire a salvare Sara.»

Julian restò in silenzio e cercò di mascherare la commozione, ma gli occhi lucidi lo tradirono.

«Ho sentito i miei genitori al telefono poco fa, prima di essere dimessa» riprese Aileen. «Dicono che diversi quartieri non collaborano. La gente non parla. Ha paura.»

«Ci vuole tempo per svegliarsi da un sogno e capire che si trattava del peggiore degli incubi.»

«E noi?» La ragazza si fermò vicino alla vetrina di un negozio di dolci. «Che faremo?»

«Semplice» sorrise Julian. «Io invecchierò e tu rimarrai uno splendore. A parte gli scherzi, che dicono i medici? Dimmi che sei fuori pericolo.»

«Così sembra.» Adesso era Aileen a tremare. «Ho avuto paura di non uscire più, da quell'ospedale.»

«Ora sei qui.» Julian le passò una mano dietro la nuca e si chinò piano su di lei. Le labbra si avvicinarono fino a sfiorarsi. «Conta solo questo. Prima Teoria sull'Esistenza di Aileen Sheridan.»

Si baciarono, e fu come farlo per la prima volta. Come azzerare tutto ciò che era stato per ricominciare da capo, tracciare una riga sotto la catena di eventi che li aveva portati fin lì e muovere i primi passi in una nuova realtà. Una nuova età.

D'un tratto, mentre pareva che il mondo circostante fosse scomparso, il braccialetto di Julian, quello che gli era stato fornito da Adam e che il ragazzo non si era mai tolto dalla notte in cui erano state rovesciate le sorti di Aurora, prese a vibrare.

Lui si scostò, lesse sul display il numero di un interno della terapia intensiva che aveva salvato nella rubrica del dispositivo e, di fronte allo sguardo stupito di Aileen, rispose alla chiamata in modo che anche lei potesse sentire. In quell'impercettibile lasso di tempo gli passarono davanti agli occhi i giorni senza fine trascorsi in sala rianimazione, accanto a quelle palpebre chiuse. E le notti insonni. E le parole dette, nella speranza che da qualche parte venissero ascoltate. E quelle rimaste nei pensieri.

La voce era rauca, debole, ma conservava quella punta di ironia che nessuno sarebbe mai stato in grado di mettere a tacere. Il tono sarcastico e dissacrante che aveva reso l'adolescenza di Julian un posto migliore perché, in quegli anni, niente poteva fare la differenza più di una vera amicizia.

«Il tre volte camp…» iniziò Stan, poi diede un leggero colpo di tosse. «Il tre volte campione in carica… è tornato.»

EPILOGO

Fu così che ricominciò una vita all'apparenza normale, per le strade di una metropoli profondamente ferita e in ricostruzione. Un'isola e una città su cui ora splendeva un sole nuovo, capace di illuminare ogni angolo marcio e rivelare l'identità di maschere e ombre.

Ma in una notte glaciale e senza luna, mentre il microcosmo di Aurora si sforzava di cercare un ordine, un equilibrio duraturo, una possibile quiete dopo la tempesta, sull'intera facciata del palazzo che ospitava il Bradbury si accesero all'improvviso migliaia di minuscole luci. In pochi secondi le luci divennero quadratini più larghi, e infine spessi tratti e linee. E le linee si sovrapposero e si fecero contorni. E i contorni, forme. E le forme, un'unica grande immagine.

Si intravedeva in lontananza, sfocata, un'imponente cupola dalla superficie azzurra affacciata su una distesa d'acqua. Oltre il profilo della maestosa struttura si stagliava il disco arancione del sole nascente.

La voce, che avrebbe fatto eco nel quartiere da quel momento in avanti, e poi nei notiziari, negli uffici e nelle abitazioni, racchiusa in un messaggio ciclico della durata di dieci secondi programmato per ripetersi all'infinito, e forse primo di una lunga serie, era placida e sottile, quasi sussurrata.

«Qui è Daniel Werner, dalla Prima Colonia Aurale del Pacifico, sulla costa californiana. Il futuro è meraviglioso, amici. Mi raccomando, non cambiate canale.»

Nella stessa collana

R. Graudin, *Wolf. Il giorno della vendetta*
J. Klein, *Playlist*
K. McGarry, *Un cuore bugiardo*
D. Pearl, *Ruin Me*
L. Rubin, *Birthdate*
P. Zannoner, *L'ultimo faro*
J. Niven, *L'universo nei tuoi occhi*
A. Royer, *Ricordati di dimenticare*
J. McNelly, *Le ragazze vogliono la luna*
A. Plum, *If I Should Die*
G. Moldavsky, *The Boy Band*
C. Ahern, *Flawed*
D. Reinhardt, *Il Club delle Seconde Occasioni*
S. Young, *The Recovery*
S. Young, *The Treatment*
J. Buxbaum, *Dimmi tre segreti*
M. Bedford, *Tutta la verità su Gloria Ellis*
K. McGarry, *Una sfida come te*
R. Graudin, *Wolf. La ragazza che sfidò il destino*
L. Sales, *Resta con me fino all'ultima canzone*
A.G. Bailey, *Perfect*
E. Laure, *La notte che ho dipinto il cielo*
B. Ashton, *Everneath*
A. Plum, *Until I die*
M. McStay, *La strada che mi porta a te*
L. Rubin, *Deathdate*

A. Talkington, *Liv, forever*

S. Bowen, *Prendimi per mano*

S. Perkins, *Il primo amore sei tu*

J. Niven, *Raccontami di un giorno perfetto*

L. Hillyer, *Per un attimo e per sempre*

C. Philpot, *Nemmeno in paradiso*

P. Zannoner, *A piedi nudi, a cuore aperto*

K. McGarry, *Un'estate contro*

E. Cahill, *Regole d'amore per amici confusi*

R. Serle, *Io, Romeo e Giulietta*

S. Young, *The Program*

K. West, *Reflections*

S. Perkins, *Il primo bacio a Parigi*

A. Plum, *Die for me*

V. Roth, *Four*

J. Murphy, *Amore e altri effetti collaterali*

C. Moracho, *Althea & Oliver*

A. Carter, *Spy Girls - Me la cavo da sola ma insieme si spia meglio*

K. McGarry, *Scommessa d'amore*

H. Fitzpatrick, *Quello che c'è tra noi*

E. Lockhart, *L'estate dei segreti perduti*

A. Puleo, *Gli infiniti battiti del mio cuore*

A. Carter, *Spy Girls - Potrei stare ad aspettarti ma è meglio se ti vengo a cercare*

A. Carter, *Spy Girls - Non mi fido di te ma il rischio è il mio mestiere*

V. Roth, *Allegiant*

S. Winnacker, *Alter Ego*

K. McGarry, *Oltre i limiti*

A. Cremer, *Nightshade*

A. Cremer, *Wolfsbane*

E.J. Allibis, *Primal Spirit. Immortal*

E.J. Allibis, *Unika - La Trilogia*

A. Carter, *Spy Girls - Sono come mi vedi ma l'apparenza inganna*

A. Carter, *Spy Girls - Giuro di dire la verità ma tu non credermi*

A. Carter, *Spy Girls - Vorrei dirti che ti amo ma poi dovrei ucciderti*

A. Cremer, *Bloodrose*

E.J. Allibis, *Unika - Il Capitolo Segreto*

E.J. Allibis, *Unika - L'Ultima Porta*

E.J. Allibis, *Unika - La Fiamma della Vita*

V. Roth, *Insurgent*

S. Mlynowski, *10 cose che abbiamo fatto (e forse non avremmo dovuto)*

V. Roth, *Divergent*

K. Cashore, *Bitterblue*

K. Cashore, *Fire*

K. Cashore, *Graceling*